政务公开
实践与进阶 2

主　编　陈　丹　卞泽娟

副主编　王正亮　路亚南　卢　磊

编　委（按姓氏笔画排序）

丁松秋　车双利　田质璇　庄传金　刘　键
江文文　许　叶　许耀尹　孙竹美　孙庆洋
孙　磬　李方平　杨红萍　杨　娣　吴建飞
余娇娇　汪双根　汪银萍　宋　耀　张文阁
张伟楠　张　雨　张家福　张　博　张赛玉
陈丽萍　陈　杰　陈孟郡　陈　蕾　姚　娴
贾文燕　徐　佳　徐　娅　高亚琴　陶　然
黄灿灿　曹　喆　程　敏　程　晨

中国科学技术大学出版社

内 容 简 介

本书是根据中共中央和国务院有关新时代政务公开工作的重要文件，以及作者团队多年的政务公开实践经验，在已出版的《政务公开实践与进阶》基础上编写的，是一本能让广大政务公开工作人员提升政务公开认识、掌握政务公开实践方法的实用手册。分基础信息公开、重点领域信息公开、解读回应、监督保障、依申请公开五个专题，深入研析各政务公开领域政策文件要点演变、公开要求等方面，同时结合公开注意事项、优秀案例，力求为政务公开工作者的公开实践提供操作指南与参考指引，助力政务公开工作人员专业能力和业务素质提升。

图书在版编目(CIP)数据

政务公开实践与进阶. 2/陈丹，卞泽娟主编. —合肥：中国科学技术大学出版社，2023.10

ISBN 978-7-312-05697-0

Ⅰ. 政…　Ⅱ. ① 陈… ② 卞…　Ⅲ. 地方政府—行政管理—研究—中国　Ⅳ. D625

中国国家版本馆 CIP 数据核字(2023)第 090393 号

政务公开实践与进阶(2)

ZHENGWU GONGKAI SHIJIAN YU JINJIE(2)

出版　中国科学技术大学出版社
安徽省合肥市金寨路 96 号，230026
http://press.ustc.edu.cn
https://zgkxjsdxcbs.tmall.com

印刷　合肥市宏基印刷有限公司

发行　中国科学技术大学出版社

开本　787 mm×1092 mm　1/16

印张　17.75

字数　338 千

版次　2023 年 10 月第 1 版

印次　2023 年 10 月第 1 次印刷

定价　100.00 元

序

政务公开是保障公众知情权、鼓励公众参与社会治理、依法监督行政权力运行的重要途径，是我国民主政治的必然要求和行政管理现代化的必然选择。自20世纪80年代后期至今，我国政务公开历经了从局部到全国、从面上到深入的长期发展过程，现已初步形成了具有鲜明中国特色的政务公开制度体系和政务公开格局。

随着社会发展、环境变迁和技术进步，尤其世界百年未有之大变局加速演进，以及大数据、区块链、云计算等现代信息技术高速发展，政务公开工作面临的不确定性和复杂性日益增加，社会公众对公开诉求逐步从公权力机构拓展至经济社会发展各领域，是政务公开的内涵也因此变得更加丰富。在此背景下，如何发扬真抓实干精神全面推进政务公开，推进"阳光政务"建设打造阳光政府，是政务公开的研究者和实践者们面对的更大挑战。

一般来说，应对不确定性和复杂性朴素且有效的措施之一是从底层逻辑出发，即从事物的底层、本质出发寻找事物发展规律，于不同之中寻找相同之处、变化背后探寻不变之道，从而构建一套科学的、系统的、可动态调整的工作标准和规范。应用在政务公开领域也就是通过理顺法律法规和政策文件对各公开领域的公开原则和具体要求，以及社会公众的具体需求等，"以不变应万变"——在行动上有对策，以适宜的策略、路径与方法应对不确定性、复杂性，与变共舞、顺势而为。

但是如何构建科学的、系统的、可动态调整的工作标准和规范，纷繁复杂的法律法规和政策文件对各公开领域提出了哪些原则和要求？有哪些优秀实践可供借鉴？

《政务公开实践与进阶(2)》从理论和实践两个方面尝试，比较系统地回应这些问题。该书根据《中华人民共和国政府信息公开条例》(国务院令第

711 号)及历年政务公开工作要点规定，按照基础信息、重点领域、解读回应、监督保障、依申请公开五个部分，详细梳理各公开领域的法律法规、政策文件、发展脉络等，全面分析公开要求、公开注意事项。此外，该书在各具体公开内容上还配以地方优秀实践作为参考，例如，在规划篇中深入分析规划体系内容、各类规划内涵与编制主体、规划体系建设意义、各类规划历史沿革、规划公开注意事项、规划公开经验总结与建议等。

该书具有简洁性、系统性、实践性，内容翔实、概念清晰、结构层次分明、重点突出、案例典型。作者团队自 2016 年起深耕政务公开研究评估工作，对政务公开的理论和实务有较深的理解，积累了丰富的经验和非常可靠的方法论。因此，该书值得政府和企事业单位政务公开工作人员应用，也适合学术研究人员学习借鉴，相信能有效提升对政务公开工作的理解，以及对政务公开助推法治、创新、廉洁、服务型政府建设的认知。

吕艳滨

前　　言

政务公开是现代行政的一项重要制度，是强化权力运行、制约和监督体系的重要手段，是保障人民主体地位、加快建设法治政府的必然要求。政务公开是建设法治政府的一项重要制度，要以制度安排把政务公开贯穿政务运行全过程，权力运行到哪里，公开和监督就延伸到哪里。

当前，从外部来看，世界百年未有之大变局加速演进，逆全球化思潮抬头，单边主义、保护主义明显上升，世界进入新的动荡变革期，我国经济社会发展环境的复杂性、严峻性、不确定性日益上升，也给政务公开工作带来了前所未有的新挑战、新任务、新期待。统筹兼顾好政务公开与安全保密之间的关系，有效防范风险隐患，成为新时代政务公开工作的一项重要任务。从我国内部来看，随着政务公开深入推进，主动公开信息数量极大丰富，公开渠道不断拓宽，政务公开工作的主要矛盾已经从公开意识不强、数量不够，逐步转变为如何提升公开实效、解决公开渠道多样性与权威性不平衡等问题。准确把握新形势新要求，主动回应人民群众的新期待，接受信息技术发展带来的新挑战，完成政府职能转变提出的新任务，走出被动公开的“舒适圈”，亟须政务公开工作者充分发挥积极性、创造性，主动求变、科学应变，不断改进工作方式，调整工作重心，全面提升政务公开质量和实效。

本书是根据中共中央和国务院有关新时代政务公开工作的重要文件，以及作者团队多年的政务公开实践经验编写的。全书分为基础信息公开、重点领域信息公开、解读回应、监督保障、依申请公开五个专题，在《政务公开实践与进阶》（中国科学技术大学出版社，2020 年）基础上，意图通过深入研析历年政务公开工作要点、各政务公开领域相关业务文件，全面、准确把握公开要求，同时梳理出一些有代表性的省、市、县（区）在政务公开工作中的创新举措和优秀经验，以期帮助政务公开工作者在专业能力和业务素质上持续精进，助推政务公开工作迈上新台阶，切实增强人民群众满意度、获得感。

本书由陈丹、卞泽娟任主编，王正亮、路亚南、卢磊任副主编，汪双根、吴建飞、张雨等在教材框架方面提供了很好的建议，陈蕾、张赛玉、孙竹美、程敏、陈孟郡、徐佳参与了书稿的撰写及多轮修改，丁松秋、陶然、余娇娇、江文文、黄玲、黄灿灿、车双利、张博、陈杰、曹喆、陈丽萍、汪银萍、孙庆洋、姚娴等人参与了案例的收集与编写、案例图片处理，对于他们的辛苦付出，表示衷心的感谢。

囿于学识及研究水平，本书亦难免有谬误和疏漏之处，敬请读者批评指正。

编　者

2023 年 2 月

目　录

第一章　基础信息公开专题

根据《中华人民共和国政府信息公开条例》（国务院令第 711 号）、《关于全面推进政务公开工作的意见》（中办发〔2016〕8 号）、历年国务院办公厅政务公开工作要点的要求，本专题围绕决策公开、执行公开、管理公开、服务公开和结果公开，选取规章、行政法规、行政规范性文件、重大行政决策、机构信息、规划、国民经济和社会发展统计信息、行政权力运行、行政执法公示与“双随机、一公开”、财政预决算、部门项目、财政收支、地方政府债务、行政事业性收费、政府集中采购、公务员招考、政府工作报告、人大代表建议和政协委员提案等基础信息领域进行研究，在全面、深入分析相关领域公开要求、公开现状等基础上，精选优秀案例，为相关公开工作提供借鉴，不断提升政务公开工作纵深化、智能化、数字化、便民化。

第一节　规　　章

规章，包括部门规章和地方政府规章。《中华人民共和国立法法》①要求规章在签署命令后予以公布，国务院办公厅《关于印发 2021 年政务公开工作要点的通知》（国办发〔2021〕12 号）要求，“全面推进规章集中统一公开，具有规章制定权的地方政府和国务院部门在 2021 年底前将本地区本部门现行有效规章通过政府门户网站的‘政府信息公开专栏’集中公开，方便公众查询使用。”规章集中公开是深化政务公开、加强政务信息管理的重要内容，是贯彻落实《法治中国建设规划（2020—2025 年）》《法治政府建设实施纲要（2021—2025 年）》等中央文件的重点工作之一，事关优化营商环境、推进国家治理体系和治理能力现代化。因此，本节从规章的制发主体、制发程序及要求、集中公开要求、公开载体、平台建设及公开建议等方面展开研究。

① 《中华人民共和国立法法》于 2000 年 3 月 15 日第九届全国人民代表大会第三次会议通过，根据 2015 年 3 月 15 日第十二届全国人民代表大会第三次会议《关于修改〈中华人民共和国立法法〉的决定》修正。

一、规章制发主体

部门规章制发主体包括国务院各部、委员会、中国人民银行、审计署和具有行政管理职能的直属机构;地方政府规章制发主体包括省、自治区、直辖市和设区的市、自治州的人民政府。[①]

二、规章制发程序及公开要求

规章在立、改废、释和解读各环节具有不同的公开要求,具体如下:

(1) 立,即新立。起草规章,除依法需要保密的外,应当将规章草案及其说明等向社会公布征求意见,向社会公布征求意见的期限一般不少于 30 日,可通过采取书面征求意见、座谈会、论证会、听证会等多种形式征集意见。[②]

(2) 改废,即修改和废止。规章修改、废止后,应当及时公布。[③] 在修改规章过程中充分听取企业和行业协会商会意见[④]。健全规章清理工作机制,及时开展规章清理。[⑤]

(3) 释,即解释。规章解释权属于规章制定机关。规章解释由规章制定机关的法制机构参照规章送审稿审查程序提出意见,报请制定机关批准后公布。规章的解释同规章具有同等效力。[⑥]

(4) 解读,即创新运用多种形式,加强对新出台规章的解读。[⑦]

三、规章集中公开的要求

国务院办公厅政府信息与政务公开办公室印发《关于做好规章集中公开并动态更新工作的通知》(国办公开办函〔2021〕33 号)对规章集中公开的格式、版式进行了明确的规定,并要求建立动态调整机制,持续发挥规章集中公开工作的作用。

(1) 规章集中公开时,只公开标题、题注和正文,不重复公开负责人签署的命令。

(2) 题注要求。题注应当包含公布时间及文号、修订时间及文号、施行时间等标识性信息,可参照中国政府法制信息网(司法部网站)“行政法规库”的题注格

---

① 《中华人民共和国立法法(2015 年修正)》第八十条、第八十二条。

② 《国务院关于修改〈规章制定程序条例〉的决定》(国务院令第 695 号)第十五条、第十六条。

③ 《国务院关于修改〈规章制定程序条例〉的决定》(国务院令第 695 号)第三十九条。

④ 《法治政府建设实施纲要(2021—2025 年)》指出:“加强政企沟通,在制定修改行政法规、规章、行政规范性文件过程中充分听取企业和行业协会商会意见。”

⑤ 《法治市场监管建设实施纲要(2021—2025 年)》(国市监法发〔2021〕80 号)第(四)条。

⑥ 《国务院关于修改〈规章制定程序条例〉的决定》(国务院令第 695 号)第三十三条。

⑦ 《法治市场监管建设实施纲要(2021—2025 年)》(国市监法发〔2021〕80 号)第(二十四)条。

式，公布时间、修订时间及施行时间按照时间的先后顺序排列。

(3) 规章的版式。即对规章的网页版式和下载版式的字体、字号、行距、间距、边框等作出明确要求，具体如图 1-1-1 所示。

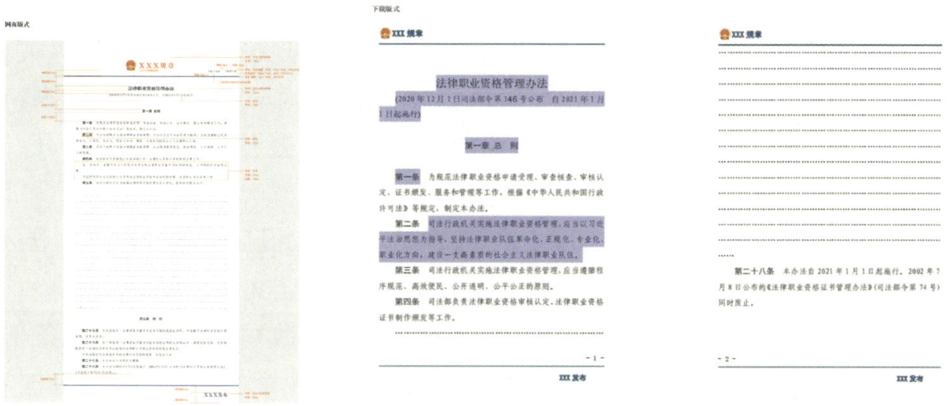

(a)　　(b)　　(c)

规章网页版式、下载版式
及专栏页面设计要求

图 1-1-1　规章网页版式、下载版式要求(扫码阅读)

(4) 平台的规范。通过“政府信息公开专栏”集中统一公开规章，省(自治区、直辖市)门户网站“政府信息公开专栏”还要集中展示设区的市、自治州人民政府规章。规章专栏布局和规章库页面要求，具体如图 1-1-2 所示。

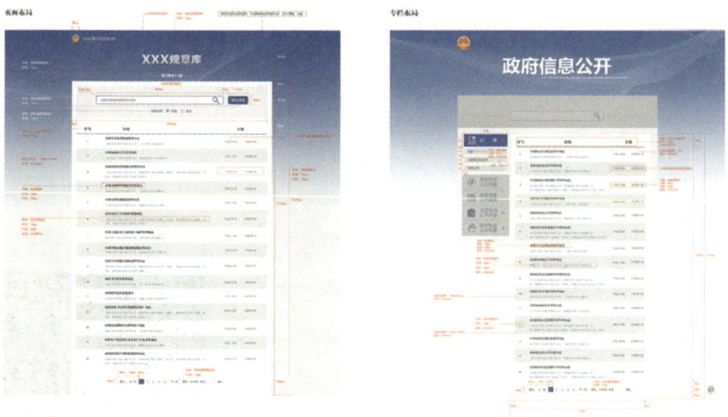

规章网页版式、下载版式
及专栏页面设计要求

(a)　　(b)

图 1-1-2　规章专栏页面设计要求(扫码阅读)

四、规章的公开载体

规章公开载体主要有政府信息公开专栏、政府公报、中国政府法制信息网和报纸等。具体来看：

(1) 政府信息公开专栏。国务院办公厅政府信息与政务公开办公室《关于做好规章集中公开并动态更新工作的通知》(国办公开办函〔2021〕33 号)要求，本地区本部门现行有效规章通过政府门户网站的“政府信息公开专栏”集中公开，方便公众查询使用。

(2) 政府公报。国务院办公厅《关于做好政府公报工作的通知》(国办发〔2018〕22 号)指出，政府公报是刊登行政法规和规章标准文本的法定载体。

(3) 中国政府法制信息网和报纸。国务院《关于修改〈规章制定程序条例〉的决定》(国务院令第 695 号)要求，部门规章和地方政府规章签署公布后，及时在中国政府法制信息网以及在全国范围内发行的报纸上刊载。

五、信息化平台建设

《法治政府建设实施纲要(2021—2025 年)》明确提出，建设法规规章行政规范性文件统一公开查询平台，2022 年年底前实现现行有效的行政法规、部门规章、国务院及其部门行政规范性文件的统一公开查询；2023 年年底前各省(自治区、直辖市)实现本地区现行有效地方性法规、规章、行政规范性文件统一公开查询。

例如，上海市从市民、企业、政府三个维度细化文件颗粒度，实现规章规范性文件统一公开查询，同时支持批量下载功能，极大程度便民利企，具体如图 1-1-3 所示。河南省郑州市围绕规章规范性文件发布、清理、意见征集等维度建立全市统一的规章规范性文件库，规章的立、改、废均能通过数据库查阅、检索、下载，具体如图 1-1-4、图 1-1-5 所示。

上海城市法规全书

图 1-1-3　规章网页版式、下载版式要求(扫码阅读)

郑州市规范性文件数据库

图 1-1-4　郑州市规范性文件数据库（扫码阅读）

郑州市政府规章

图 1-1-5　郑州市政府规章（扫码阅读）

六、公开建议

（1）注重规章的解读。建议借鉴福建省人民政府、安徽省人民政府、安徽省蚌埠市人民政府的做法，通过文字、图片、媒体、新闻发布等多种形式方式开展规章解读，具体如图 1-1-6、图 1-1-7、图 1-1-8 所示。

福建省人民政府规章

图 1-1-6　福建省人民政府规章库（扫码阅读）

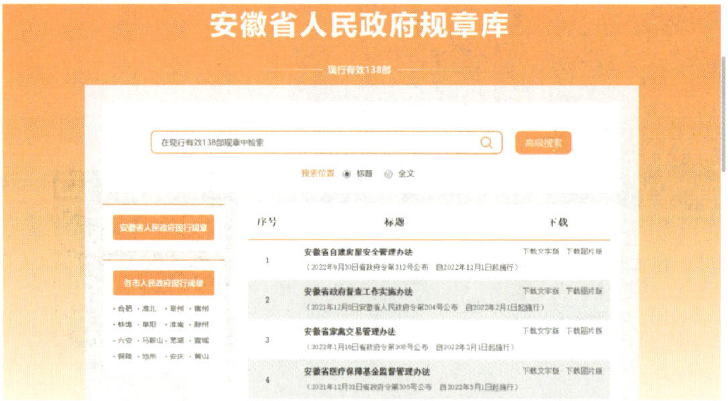

安徽省人民政府规章库

图 1-1-7　安徽省人民政府规章库(扫码阅读)

蚌埠市人民政府规章

图 1-1-8　蚌埠市人民政府规章库(扫码阅读)

(2) 围绕规章的制定发布解读推进全流程公开。例如,安徽省六安市依托“意见征集库”全过程展示规章草案、意见征集、意见反馈、规章解读,具体如图 1-1-9 所示。

六安市意见征集库

图 1-1-9　六安市意见征集库(扫码阅读)

第二节 行政法规

行政法规是指国务院为领导和管理国家各项行政工作，根据宪法和法律，按照法定程序制定的有关行使行政权力，履行行政职责的规范性文件的总称，具有法律效力。《中华人民共和国立法法》规定，行政法规起草过程中应当广泛听取有关机关、组织、人民代表大会代表和社会公众的意见，发布行政法规需要国务院总理签署国务院令，发布有关国防建设的行政法规可以由国务院总理、中央军事委员会主席共同签署国务院、中央军事委员会令。行政法规公布实施后，国务院可根据情况作出对行政法规的配套解释，行政法规的解释与行政法规具有同等效力。①

行政法规一般称“条例”，也可以称“规定”“办法”等，实践中也有“规则”“命令”“实施细则”等名称。国务院根据全国人民代表大会及其常务委员会授权决定制定的行政法规，则称“暂行条例”或者“暂行规定”。

一、行政法规在法律体系中的地位

行政法规的效力仅次于宪法和法律，高于规章和地方性法规。具体如表 1-2-1 所示。

表 1-2-1 行政法规在法律体系中的地位

规范形式	制定主体	地位
宪法	全国人民代表大会	最高效力
法律	全国人民代表大会及其常务委员会	效力低于宪法，但高于行政法规、地方性法规、自治条例和单行条例、规章
行政法规	国务院	效力低于法律，高于地方性法规、规章
地方性法规	省、自治区、直辖市人民代表大会及其常务委员会，设区的市和自治州的人民代表大会及其常务委员会	效力低于宪法、法律和行政法规，但高于本级和下级地方政府规章
民族自治条例和单行条例	民族自治地方的人民代表大会	效力相当于地方性法规，但可以对法律、行政法规、地方性法规作变通规定

① 《行政法规制定程序条例》(2001 年 11 月 16 日中华人民共和国国务院令第 321 号公布，根据 2017 年 12 月 22 日《国务院关于修改〈行政法规制定程序条例〉的决定》修订）第三十一条。

续表

规范形式	制定主体	地　位
部门规章	国务院组成部门、具有行政管理职能的直属机构和直属事业单位	效力低于宪法、法律和行政法规，且部门规章之间、部门规章与地方性政府规章之间具有同等效力
地方政府规章	省、自治区、直辖市人民政府，设区的市和自治州的人民政府	效力低于宪法、法律、行政法规和本级地方性法规

二、行政法规制定的程序

根据《中华人民共和国立法法》[①]《行政法规制定程序条例》[②]相关规定，行政法规的制定需要经过立项、起草、审查、决定、公布、实施等程序，最终发生效力。具体程序如图 1-2-1 所示。

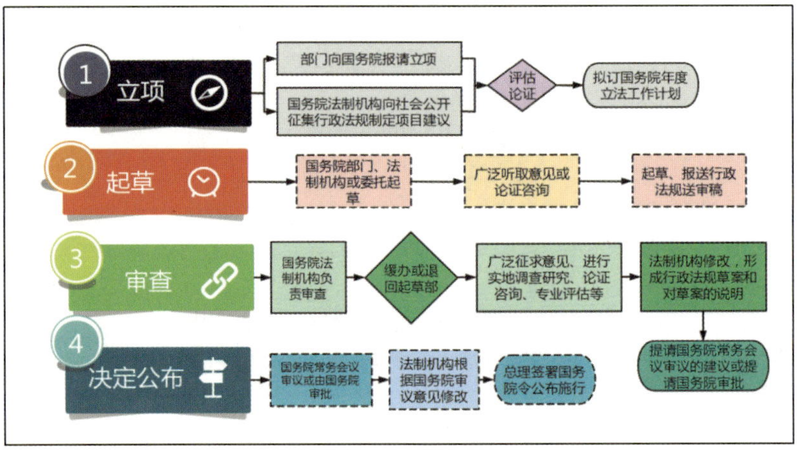

图 1-2-1　行政法规制定的程序

三、行政法规的公开要求

2016 年国务院办公厅印发《关于全面推进政务公开工作的意见实施细则的通知》(国办发〔2016〕80 号)，要求进一步推进决策、执行、管理、服务、结果公开。行政法规的制定过程公开，有利于规范行政法规的制定程序，有利于扩大公众参与、提高行政法规制定的科学性、合理性。行政法规的修改、废止等公开，有利于公众及时了解行政法规的动态调整结果。

---

① 《中华人民共和国立法法》于 2015 年 3 月修改发布。

② 2017 年 12 月国务院总理李克强签署国务院令公布了《国务院关于修改〈行政法规制定程序条例〉的决定》(国务院令第 694 号)，通过后的“程序条例”于 2018 年 5 月正式实施。

行政法规的公开要求详见表 1-2-2，主要有以下几个方面：

（1）立、改、废公开。行政法规立项、起草和审查过程中，国务院及相关部门应当向社会公布并征求意见（经国务院决定不公布的除外）。行政法规修改、废止后，应当及时公布。

（2）制定结果公开。行政法规签署公布后，应及时在国务院公报和中国政府法制信息网以及在全国范围内发行的报纸上刊载。

（3）公开平台功能要求。行政法规要依托法规、规章、行政规范性文件统一公开查询平台，实现行政法规的集中公开和动态更新，平台应具有完善的查阅、检索、下载功能。

表 1-2-2　行政法规的公开要求

文　件	要　求
《行政法规制定程序条例》	立项：国务院法制机构应当向社会公开征集行政法规制定项目建议
	起草：起草行政法规，起草部门应当将行政法规草案及其说明等向社会公布，征求意见，但是经国务院决定不公布的除外。向社会公布征求意见的期限一般不少于 30 日
	审查：国务院法制机构可以将行政法规送审稿或者修改稿及其说明等向社会公布，征求意见。向社会公布征求意见的期限一般不少于 30 日
	决定与公布：行政法规签署公布后，应及时在国务院公报和中国政府法制信息网以及在全国范围内发行的报纸上刊载。国务院法制机构应当及时汇编出版行政法规的国家正式版本
	修改废止：行政法规修改、废止后，应当及时公布
《国务院办公厅关于印发 2020 年政务公开工作要点的通知》（国办发〔2020〕17 号）	要求以行政法规规章规范性文件为重点，国务院司法行政工作主管部门要在 2020 年底前集中统一对外公开现行有效行政法规，并提供在线查阅、检索、下载等服务
《国务院办公厅关于印发 2021 年政务公开工作要点的通知》（国办发〔2021〕12 号）	要用好行政法规集中统一公开成果，对照中国政府法制信息网（即中华人民共和国司法部官网）行政法规库公布的行政法规国家正式版本，更新本机关网站上的行政法规文本
《法治政府建设实施纲要（2021—2025 年）》	建设法规规章行政规范性文件统一公开查询平台，2022 年年底前实现现行有效的行政法规、部门规章、国务院及其部门行政规范性文件的统一公开查询
《国务院办公厅关于印发 2022 年政务公开工作要点的通知》（国办发〔2022〕8 号）	完善中国政府法制信息网行政法规库，2022 年底前完成现行有效行政法规历史文本收录工作，规范网络文本格式，优化数据下载功能

第三节　行政规范性文件

制发行政规范性文件是行政机关依法履行职能的重要方式，直接关系群众切身利益。《国务院办公厅关于加强行政规范性文件制定和监督管理工作的通知》（国办发〔2018〕37 号）规定，行政规范性文件经审议通过或批准后应及时向社会发布，未经公布的行政规范性文件不得作为行政管理依据，《中华人民共和国政府信息公开条例》（国务院令第 711 号）将行政规范性文件作为法定主动公开内容之一，历年来的政务公开工作要点也对此项内容作出系列公开要求，其重要程度可见一斑。但实践过程中，行政规范性文件公开依然存在底数不清、公开要素不全、公开不规范等问题。基于此，本节将围绕行政规范性文件内涵、公开要点、特殊情形文件认定等方面展开研究。

一、行政规范性文件的内涵

行政规范性文件有广义和狭义之分。广义的行政规范性文件，是指包括行政机关制定的行政法规、规章、决定、命令以及其他涉及公民、法人和其他组织权利义务，具有普遍约束力，在一定期限内反复适用的规范性文件。狭义的行政规范性文件，是指依据国务院办公厅《关于加强行政规范性文件制定和监督管理工作的通知》（国办发〔2018〕37 号）规定，除国务院的行政法规、决定、命令以及部门规章和地方政府规章外，由行政机关或者经法律、法规授权的具有管理公共事务职能的组织（以下统称行政机关或授权组织）依照法定权限、程序制定并公开发布，涉及公民、法人和其他组织权利义务，具有普遍约束力，在一定期限内反复适用的公文。为有别于行政法规、规章、决定、命令，一般所称的行政规范性文件，是指狭义上的行政规范性文件。

二、行政规范性文件的界定

根据实践经验，主语可从文件制定主体、文件内容、行政行为、制发程序等方面判断该文件是否是行政规范性文件。

第一，国务院的行政法规、决定、命令以及部门规章和地方政府规章是文件中明确排除的，不属于行政规范性文件。

第二，从文件制定主体，判断制定主体是否是行政机关或法定授权组织。例如，地方性法规的制定主体是地方人民代表大会和地方人民代表大会常务委员会，是权力机关，故不属于规范性文件。

第三，从文件内容，判断内容上是否涉及公民、法人和其他组织权利义务。例如，行政机关的内部管理制度、人事任免决定之类信息内容上并不涉及外部公民、法人和其他组织的权利义务，故也不属于行政规范性文件。

第四，从是否具有普遍约束力，即在一定期限内可以反复适用的抽象行政行为，以区别于行政机关或法定授权组织针对特定人、特定具体事项作出处理的具体行政行为。例如，对具体事项的通报（通知）、行政许可、行政处罚或处理决定等均属于具体行政行为，故也不属于规范性文件。

第五，从制发程序，行政规范性文件必须严格依照法定程序制发，重要的行政规范性文件要严格执行评估论证、公开征求意见、合法性审核、集体审议决定、向社会公开发布等程序。

三、行政规范性文件的公开要点

根据政策文件及部分地方实践经验，对行政规范性文件公开要点总结如下：

（1）行政规范性文件集中统一对外公开。[①]

（2）行政规范性文件公开规范性（标题、文号、正文、有效性）。[②]

（3）行政规范性文件清理结果信息。[③]

四、行政规范性文件特殊情形的认定[④]

在实践中，存在一些特殊情形的文件，各地可根据工作实际制定相应标准。本书选取上海市普陀区的认定标准作为示例，具体如下：

（1）上级行政机关批转下级行政机关的规范性文件，属于上级行政机关的规范性文件。

（2）下级行政机关转发上级行政机关的规范性文件，并提出具体实施措施或者补充意见的，属于下级机关的规范性文件。

（3）行政机关为开展专项行动或者阶段性整顿，部署有关工作，明确有关部门工作职责和工作要求的方案，一般不属于规范性文件，但方案中有部分内容涉及不特定的公民、法人和其他组织权利义务的，属于规范性文件。

（4）规范性文件清理后，宣布文件继续有效、废止、失效的文件，属于规范性文件。

（5）行政机关参照《上海市地方标准管理办法》（沪府令 8 号）制定的地方标准化指导性技术文件，是为仍处于技术发展过程中的标准化工作提供指南，供研

---

① 出自《2020 年政务公开工作要点》（国办发〔2020〕17 号）第一条第（三）款。

② 根据浙江省、河南省等地方实践总结。

③ 出自中共中央办公厅、国务院办公厅印发《关于全面推进政务公开工作的意见》第（九）条。

④ 出自上海市普陀区：http://www.shpt.gov.cn/shpt/gkzt-xzgfxwjgl/gengduowd.html。

究、设计、生产、使用和管理等人员参考使用的文件，内容不涉及公民、法人或者其他组织的权利义务，不属于规范性文件。若行政机关制定的文件形式上是地方标准化指导性技术文件，但具体内容涉及公民、法人或者其他组织权利义务的，应纳入规范性文件管理范围。

五、行政规范性文件的公开建议

（1）推进行政规范性文件数据库建设。在政府门户网站、政府信息公开平台完善行政规范性文件查询渠道，实现一库查询，同时做好行政规范性文件增量和存量管理，摸清底数，做好政府信息管理工作，避免出现底数不清、体系不完善的情况。

（2）确保公开要素齐全。行政规范性文件公开要完整，包括标题、制定机关、文号、正文、成文日期、发布日期，明确标注有效性。将行政规范性文件、政策解读、意见征集情况实现"三关联"，提高查阅的便利性。

（3）规范制发程序，确保合法有效。对于重要的行政规范性文件要严格执行评估论证、公开征求意见、合法性审核、集体审议决定、向社会公开发布等程序。加强制发程序管理，健全工作机制，完善工作流程，确保制发工作规范有序。

（4）加强监督检查，严格责任追究。健全责任机制，发现存在侵犯公民、法人和其他组织合法权益，损害政府形象和公信力的，要依纪依法追究责任。强化备案监督，做到有件必备、有备必审、有错必纠。加强督查考核，完善行政规范性文件制发管理制度，建立督查情况通报制度。

六、行政规范性文件数据库建设典型案例

各地陆续建设规范性文件库，有效解决行政规范性文件底数不清、不成体系的问题。本书梳理总结的各地规范性文件库建设案例可为地方政府提供参考。主要有以下四点创新：

第一，添加下载功能，可自行选择文本模式（Word、PDF 版本）。

第二，关联规范性文件意见征集、反馈、解读及清理结果信息，集中展示规范性文件全流程信息。

第三，进一步确定规范性文件废止时间，实现自行清理功能。

第四，部分地区从"以人民为中心"的角度出发，细化规范性文件类别，将文件库与咨询服务相结合，集文件发布、解读、咨询、问答于一体。

案例分享具体如下：

（一）自上而下建立统一的文件库

搭建统一的数据库，自上而下提供统一的查询入口，实现规范性文件"一站

式”管理和查询。

1. 贵州省规章和规范性文件库

贵州省建立省、市、县三级统一的数据库，并且设置规范性文件备案审查，将规范性文件备案信息与清理结果动态展示，具体如图 1-3-1、图 1-3-2 所示。

贵州省规章和规范性文件库

图 1-3-1　贵州省规章和规范性文件库（扫码阅读）

贵州省规范性文件备案审查

图 1-3-2　贵州省规范性文件备案审查（扫码阅读）

2. 河南省规章规范性文件数据库

河南省按季度更新现行有效规范性文件和备案信息，掌握规范性文件底数，确保现行有效规范性文件能在数据库中一网通查，且规范性文件来源统一，具体如图 1-3-3、图 1-3-4 所示。

河南省规章规范性文件数据库

图 1-3-3　河南省规章规范性文件数据库（扫码阅读）

河南省规范性文件数据库建设

图 1-3-4　河南省规范性文件数据库（扫码阅读）

3. 海南省规范性文件库

海南省规范性文件库可通过省直部门、下辖市（县）进行分类检索，也可通过文号、公布日期、制定机关、时效性等要素进行查找，具体如图 1-3-5 所示。

（a）

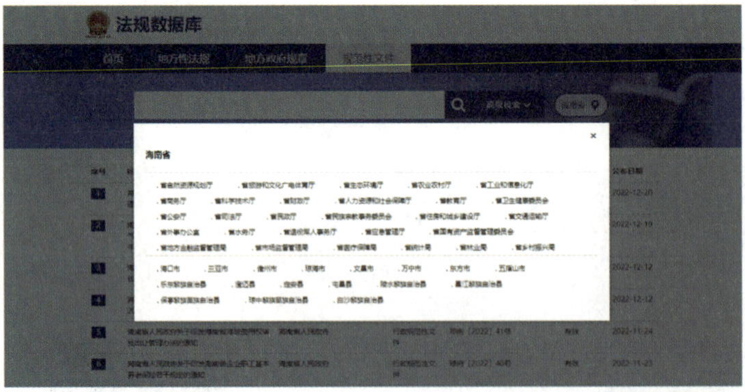

（b）

海南省法规数据库

图 1-3-5　海南省法规数据库（扫码阅读）

4. 重庆市行政规范性文件库

重庆市将市政府、市政府组成部门、市政府直属机构、区县政府等单位分别列出，可以快速筛选各个机构发布的行政规范性文件，同时提供 Word 和 PDF 文本模式下载，具体如图 1-3-6 所示。

重庆市行政规范性文件库

图 1-3-6　重庆市规范性文件库（扫码阅读）

（二）围绕规范性文件意见征集、发布、清理全过程公开

1. 杭州市规范性文件数据库

浙江省杭州市关联公开规范性文件解读、意见征集情况，具体如图 1-3-7、图 1-3-8 所示。

杭州市规范性文件数据库

图 1-3-7　杭州市规范性文件数据库（扫码阅读）

杭州市文件关联解读和意见征集

图 1-3-8　杭州市文件关联解读和意见征集（扫码阅读）

2. 南宁市政策法规数据库

广西壮族自治区南宁市建设政策法规数据库，有序管理法规、规范性文件，公开要素齐全，分类清晰，且提供检索、查阅、下载功能。另单独开设行政立法和决策公开征求意见平台，广泛听取社会公众意见，并将规范性文件的意见征集情况进行公示，具体如图 1-3-9、图 1-3-10 所示。

南宁市政策法规数据库

图 1-3-9　南宁市政策法规数据库（扫码阅读）

南宁市行政立法和决策公开征求意见平台

图 1-3-10　南宁市行政立法和决策公开征求意见平台（扫码阅读）

（三）明确规范性文件废止时间实现自动清理

1. 广州市行政规范性文件统一发布平台

广东省广州市行政规范性文件统一发布平台具有检索查询、显示文件效力、自动清理等功能，规范性文件明确废止时间，平台可根据废止时间实现自动清理，解决现行有效规范性文件存量问题，方便公众查询了解广州市行政规范性文件，具体如图 1-3-11 所示。

(a)

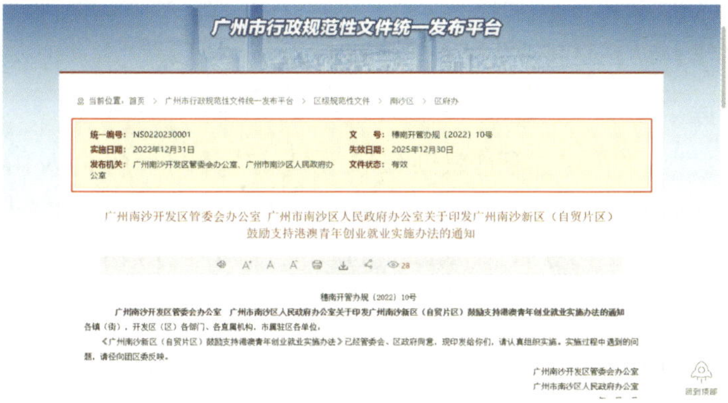

(b)

海南省法规数据库

图 1-3-11　广州市行政规范性文件统一发布平台(扫码阅读)

2. 昆明市人民政府行政规范性文件库

云南省昆明市人民政府行政规范性文件库收录了全市现行有效规范性文件，并动态更新已废止行政规范性文件目录，具体如图 1-3-12、图 1-3-13 所示。

昆明市行政规范性文件库

图 1-3-12　昆明市行政规范性文件库(扫码阅读)

昆明市已废止行政规范性文件目录

图 1-3-13　昆明市已废止行政规范性文件目录（扫码阅读）

（四）集规范性文件发布、解读、咨询、问答于一体

1. 池州市规范性文件库

安徽省池州市将规范性文件库与其他数据关联互通，提供网上咨询及解读预约功能，依托政务服务大厅政策咨询综合服务窗口，提供集政策解读、咨询、问答、兑现于一体，为公众和企业提供“一号答、一站式”的政策咨询服务，精准传达政策意图，具体如图 1-3-14、图 1-3-15 所示。

池州市最新政策列表

图 1-3-14　池州市最新政策列表（扫码阅读）

池州市关联政策问答

图 1-3-15　池州市关联政策问答（扫码阅读）

2. 淮北市政策文件库

安徽省淮北市政策文件库将规范性文件和政策解读关联发布，提供下载功能，同时创新性地提供“我要咨询”与“我要办事”选项，链接到互动交流与政务服务平台发文机关办事栏，具体如图 1-3-16 所示。

淮北市政策文件库

图 1-3-16　淮北市政策文件库(扫码阅读)

第四节　重大行政决策

重大行政决策作为一项过程性信息，无论是在认知还是实践层面，各地都达成共识，公开相关信息。2019 年司法部相关负责人在进行《重大行政决策程序暂行条例》解读时指出，在实际公开工作中仍有不少典型问题，比如一些地方决策尊重客观规律不够，听取群众意见不充分，违法决策、专断决策、应及时决策而久拖不决等问题较为突出；一些关系国计民生的重大项目因当地群众不了解、不理解、不支持而引发群体性事件，导致项目无法落地或者匆匆下马。上述问题严重损害政府公信力，影响改革推进和经济社会发展。为进一步提高重大行政决策质量和效率，亟须梳理重大行政决策程序，明确公开要点。

一、文件综述

根据政策文件梳理可以看出，重大行政决策程序逐步趋于规范，实现从强调“建立健全公众参与、专家论证和政府决定相结合的行政决策机制”“合法性论证程序”，到确定公众参与、专家论证、风险评估、合法性审查、集体讨论决定为重大行政决策的法定程序，再到对上述程序具体环节作出详细规定。具体文件如表 1-4-1 所示。

表 1-4-1　相关政策文件要求

文　件	要　求
《国务院关于印发全面推进依法行政实施纲要的通知》(国发〔2004〕10 号)	科学、合理界定各级政府、政府各部门的行政决策权,完善政府内部决策规则。建立健全公众参与、专家论证和政府决定相结合的行政决策机制
	在决策过程中要进行合法性论证,涉及全国或者地区经济社会发展的重大决策事项以及专业性较强的决策事项,应当事先组织专家进行必要性和可行性论证。社会涉及面广、与人民群众利益密切相关的决策事项,应当向社会公布,或者通过举行座谈会、听证会、论证会等形式广泛听取意见
《国务院关于加强市县政府依法行政的决定》(国发〔2008〕17 号)	进一步细化了重大行政决策的各项机制,包括重大行政决策的听取意见制度和听证制度等
《中共中央关于全面推进依法治国若干重大问题的决定》	健全依法决策机制;并把"公众参与、专家论证、风险评估、合法性审查、集体讨论决定"正式确定为重大行政决策的五大法定程序
《中共中央办公厅 国务院办公厅印发〈关于全面推进政务公开工作的意见〉》(中办发〔2016〕8 号)	把公众参与、专家论证、风险评估、合法性审查、集体讨论决定确定为重大行政决策法定程序,并实行重大决策预公开制度
《重大行政决策程序暂行条例》(国务院令第 713 号)	对公众参与、专家论证、风险评估、合法性审查、集体讨论决定具体环节作出详细规定

二、重大行政决策的内涵

对于"重大行政决策"的解释,常见的表述是"根据行政决策的影响程度,通常将行政决策分为重大行政决策和一般行政决策。重大行政决策是具有全局性、长期性、综合性,对公共利益和公民权利影响广泛,往往具有争议性,公众参与热情高的行政决策"①。但这是运用比较法的逻辑进行阐释的,并未直接对"重大"这一词的程度作出正面解读。出于行政法层面的概念合法性不成立等缘由,无论是行政法学术界还是政府相关文件都未对"重大行政决策"这一概念作出清楚界定。在《重大行政决策程序暂行条例》(国务院令第 713 号)一文中,国务院采用了"列举+排除"的方式,对"重大行政决策"这一概念的内涵和外延作了一定程度的限制

① 姚坚.论重大行政决策过程信息公开[J].当代法学,2017(5):61.

和解释。

效仿中央文件对“重大行政决策”这一概念的处理方式，各级地方政府均以“重大行政决策程序规定”“重大行政决策机制实施细则”“重大行政决策事项目录管理办法”等形式，发布专项文件，同样通过“列举＋排除”法，对重大行政决策进行了专门的规制。具体事项如下：

1. 重大行政决策事项(以下简称决策事项)

(1) 制定有关公共服务、市场监管、社会管理、环境保护等方面的重大公共政策和措施。

(2) 制定经济和社会发展等方面的重要规划。

(3) 制定开发利用、保护重要自然资源和文化资源的重大公共政策和措施。

(4) 决定在本行政区域实施的重大公共建设项目。

(5) 决定对经济社会发展有重大影响、涉及重大公共利益或者社会公众切身利益的其他重大事项。

2. 排除内容

(1) 财政政策、货币政策等宏观调控决策。

(2) 政府立法决策。

(3) 突发事件应急处置决策。①

三、重大行政决策程序梳理②

(一) 决策草案的形成

1. 决策启动

(1) 研究论证及其报告。在决策启动前，应对各方面提出的决策事项建议进行研究论证，具体如下：

① 决策机关领导人员提出决策事项建议的，交有关单位研究论证；决策机关所属部门或者下一级人民政府提出决策事项建议的，应当论证拟解决的主要问题、建议理由和依据、解决问题的初步方案及其必要性、可行性等；人大代表、政协委员等通过建议、提案等方式提出决策事项建议，以及公民、法人或者其他组织提出书面决策事项建议的，交有关单位研究论证。

② 研究论证报告的内容要求：拟解决的主要问题；是否启动决策程序的建议及理由和依据；解决问题的初步方案及必要性、可行性等。

---

① 《重大行政决策程序暂行条例》(国务院令第 713 号)第三条。

② 《重大行政决策程序暂行条例》(国务院令第 713 号)。

（2）决策草案。若研究论证报告决定启动决策程序，按以下程序执行：

① 决策机关应明确决策事项承办单位[①]（涉及两个以上承办单位的，应当明确牵头的决策承办单位），并确定办理期限。

② 决策承办单位应梳理相关政策、法律，分析并预测成本及经济、社会、环境效益，拟定重大行政决策草案。结合各地实际[②]，以省级政府为例，决策草案可以包含决策事项、决策目标、决策依据、工作任务、措施方法、时间步骤、决策事项执行和配合单位、经费预算、决策实施后评估计划和决策草案起草说明等。

2. 公众参与

决策事项涉及特定群体利益的，决策承办单位应当与相关人民团体、社会组织以及群众代表进行沟通协商，充分听取相关群体的意见建议。听取意见可以采取座谈会、听证会、实地走访、书面征求意见、向社会公开征求意见、问卷调查、民意调查等多种方式。其中，社会公开征求意见和听证会的具体要求如下：

（1）社会公开征求意见的要求。决策承办单位应当通过政府网站、政务新媒体以及报刊、广播、电视等便于社会公众知晓的途径，公布决策草案及其说明等材料，明确提出意见的方式和期限。公开征求意见的期限一般不少于30日；因情况紧急等原因需要缩短期限的，公开征求意见时应当予以说明。

对社会公众普遍关心或者专业性、技术性较强的问题，决策承办单位可以通过专家访谈等方式进行解释说明。

（2）听证会的要求。决策事项直接涉及公民、法人、其他组织切身利益或者存在较大分歧的，可以召开听证会。决策承办单位或者组织听证会的其他单位应当提前公布决策草案及其说明等材料，明确听证时间、地点等信息。需要遴选听证参加人的，应当提前公布听证参加人遴选办法，公平公开组织遴选，保证相关各方都有代表参加听证会。听证参加人名单应当提前向社会公布。听证会材料应当于召开听证会7日前送达听证参加人。

听证会应当按照以下程序公开举行：

① 决策承办单位介绍决策草案、依据和有关情况。

② 听证参加人陈述意见，进行询问、质证和辩论，必要时可以由决策承办单位或者有关专家进行解释说明。

③ 听证参加人确认听证会记录并签字。

3. 专家论证

（1）专家及专业机构的选取。对专业性、技术性较强的决策事项，决策承办单位应当选择具有专业性、代表性和中立性的专家、专业机构，采取论证会、书面

---

① 决策承办单位包括决策机关组成部门、直属特设机构和直属机构。

② 参见新疆维吾尔自治区、天津市、黑龙江省等省级政府。

咨询、委托咨询论证等方式独立开展论证工作。

(2) 决策咨询论证专家库的建立。省、自治区、直辖市人民政府(市、县级人民政府可以根据需要)应建立决策咨询论证专家库，规范专家库运行管理制度，健全专家诚信考核和退出机制。决策机关没有建立决策咨询论证专家库的，可以使用上级行政机关的专家库。

4. 风险评估

(1) 风险评估方式。开展风险评估，可以通过舆情跟踪、重点走访、会商分析等方式，运用定性分析与定量分析等方法，对决策实施的风险进行科学预测、综合研判。

(2) 风险评估报告。评估报告应当包括评估事项和评估过程，各方意见及其采纳情况，决策可能引发的社会稳定风险，风险评估结论和对策建议，风险防范和化解措施以及应急处置预案等内容。[①]

(二) 合法性审查和集体讨论决定

1. 合法性审查程序

(1) 合法性审查的要求。决策草案提交决策机关讨论前，应当由负责合法性审查的部门进行合法性审查。不得以征求意见等方式代替合法性审查。

决策草案未经合法性审查或者经审查不合法的，不得提交决策机关讨论。对国家尚无明确规定的探索性改革决策事项，可以明示法律风险，提交决策机关讨论。

(2) 合法性审查的材料。送请合法性审查，应当提供决策草案及相关材料，包括有关法律、法规、规章等依据和履行决策法定程序的说明等。提供的材料不符合要求的，负责合法性审查的部门可以退回或者要求补充。合法性审查时间，一般不少于 7 个工作日。

(3) 合法性审查的内容：

① 决策事项是否符合法定权限；

② 决策草案的形成是否履行相关法定程序；

③ 决策草案内容是否符合有关法律、法规、规章和国家政策的规定。

2. 集体讨论决定和决策公布

(1) 提交讨论的材料：

① 决策草案及相关材料，决策草案涉及市场主体经济活动的，应当包含公平竞争审查的有关情况；

---

① 《关于建立健全重大决策社会稳定风险评估机制的指导意见(试行)》(中办发〔2012〕2 号)第三条第(六)款第 4 项。

② 履行公众参与程序的，同时报送社会公众提出的主要意见的研究采纳情况；

③ 履行专家论证程序的，同时报送专家论证意见的研究采纳情况；

④ 履行风险评估程序的，同时报送风险评估报告等有关材料；

⑤ 合法性审查意见；

⑥ 需要报送的其他材料。

（2）公布、解读及归档。决策机关应当通过本级人民政府公报和政府网站以及在本行政区域内发行的报纸等途径及时公布重大行政决策。对社会公众普遍关心或者专业性、技术性较强的重大行政决策，应当说明公众意见、专家论证意见的采纳情况，通过新闻发布会、接受访谈等方式进行宣传解读。

决策机关还应当建立重大行政决策过程记录和材料归档制度，由有关单位将履行决策程序形成的记录、材料及时完整归档。

（三）决策执行和调整

1. 决策执行

决策机关应当明确负责重大行政决策执行工作的单位（以下简称决策执行单位），并对决策执行情况进行督促检查。决策执行单位应当向决策机关报告决策执行情况。

公民、法人或者其他组织认为重大行政决策及其实施存在问题的，可以通过信件、电话、电子邮件等方式向决策机关或者决策执行单位提出意见建议。

2. 决策调整

有下列情形之一的，决策机关可以委托专业机构、社会组织等第三方（决策作出前承担主要论证评估工作的单位除外）进行决策后评估，并确定承担评估具体工作的单位：

（1）重大行政决策实施后明显未达到预期效果。

（2）公民、法人或者其他组织提出较多意见。

（3）决策机关认为有必要。

决策后评估结果应当作为调整重大行政决策的重要依据。

四、重大行政决策公开的内涵

行政决策过程性信息公开中，过程性信息与决策行为互为依存，决策行为是过程和载体，过程性信息是决策过程和决策行为的记录和体现，即重大行政决策公开是决策行为过程公开与决策过程性信息公开的结合。[①]

《中华人民共和国政府信息公开条例》(国务院令第 711 号)中规定,“行政机关在履行行政管理职能过程中形成的讨论记录、过程稿、磋商信函、请示报告等过程性信息以及行政执法案卷信息,可以不予公开。”[②]“对涉及公众利益调整、需要公众广泛知晓或者需要公众参与决策的政府信息,行政机关应当主动公开。”[③]同时,根据“《重大行政决策程序暂行条例》(国务院令第 713 号)、《法治政府建设实施纲要(2021—2025 年)》等相关文件的要求,重大行政决策的公开内容可归纳如下。

(一) 公开制度的建设

(1) 省、自治区、直辖市人民政府根据《重大行政决策程序暂行条例》(国务院令第 713 号)制定本行政区域重大行政决策程序的具体制度;国务院有关部门参照《重大行政决策程序暂行条例》(国务院令第 713 号)规定,制定本部门重大行政决策程序的具体制度;[④]县级以上人民政府部门和乡级人民政府重大行政决策的作出和调整程序,参照《重大行政决策程序暂行条例》(国务院令第 713 号)规定执行。[⑤]

(2) 决策机关结合职责权限和本地实际,推行重大行政决策事项年度目录公开制度[⑥],确定决策事项目录、标准,经同级党委同意后向社会公布,并根据实际情况调整。[⑦]

(3) 探索利益相关方、公众、专家、媒体等列席政府有关会议制度,增强决策透明度。决策作出后,按照规定及时公开议定事项和相关文件。[⑧]

(二) 公开要点

(1) 决策机关应当通过本级人民政府公报和政府网站以及在本行政区域内发行的报纸等途径及时公布重大行政决策。[⑨]

(2) 决策承办单位制定与群众切身利益密切相关的公共政策,要通过听证座谈、调查研究、咨询协商、媒体沟通等方式[⑩]向社会公开征求意见[⑪]。要明确提出

---

① 姚坚.重大行政决策中过程性信息的主动公开[J].治理现代化研究,2018(2):36-44.
② 《中华人民共和国政府信息公开条例》(国务院令第 711 号)第十六条。
③ 《中华人民共和国政府信息公开条例》(国务院令第 711 号)第十九条。
④ 《重大行政决策程序暂行条例》(国务院令第 713 号)第四十三条。
⑤ 《重大行政决策程序暂行条例》(国务院令第 713 号)第四十二条。
⑥ 《中共中央 国务院印发〈法治政府建设实施纲要(2021—2025 年)〉》第十一条。
⑦ 《重大行政决策程序暂行条例》(国务院令第 713 号)第三条。
⑧ 《中共中央办公厅、国务院办公厅〈关于全面推进政务公开工作的意见〉》(中办发〔2016〕8 号)第(四)条。
⑨ 《重大行政决策程序暂行条例》(国务院令第 713 号)第三十二条。
⑩ 《中共中央办公厅、国务院办公厅〈关于全面推进政务公开工作的意见〉》(中办发〔2016〕8 号)第(四)条。
⑪ 《国务院关于加强市县政府依法行政的决定》(国发〔2008〕17 号)第七条。

意见的方式和期限，公开征求意见的期限一般不少于 30 日，因情况紧急等原因需要缩短期限的，公开征求意见时应当予以说明。[①]

（3）决策承办单位或者组织听证会的其他单位应当提前公布决策草案及其说明材料[②]，明确听证时间、地点等信息；需要遴选听证参加人的，决策承办单位或者组织听证会的其他单位应当提前公布听证参加人遴选办法，听证参加人名单应当提前向社会公布；[③]对听证中提出的合理意见和建议的采纳情况及其理由要以适当形式向社会公布。[④]

（4）对社会公众普遍关心或者专业性、技术性较强的重大行政决策，应说明公众意见、专家论证意见的采纳情况，通过新闻发布会、接受访谈等方式进行宣传解读。依法不予公开的除外。[⑤]

五、公开建议

（一）明确决策内容，规范决策流程

发布重大行政决策配套文件，明确本年度重大行政决策工作内容。配套出台重大行政决策目录、暂行条例、听证规定、程序等机制，规范决策的流程。如上海市人民政府及时公开 2022 年重大行政决策事项目录，目录明确列出事项名称、承办单位以及决策时间安排，清晰明确，具体如图 1-4-1 所示。

图 1-4-1　上海市重大行政决策目录（扫码阅读）

（二）扩展公开范围，完善全生命周期

打造以决策全生命周期为主线的“重大行政决策集成”栏目。决策前通过专

---

① 《重大行政决策程序暂行条例》（国务院令第 713 号）第十五条。
② 《重大行政决策程序暂行条例》（国务院令第 713 号）第十五条。
③ 《重大行政决策程序暂行条例》（国务院令第 713 号）第十六条。
④ 《国务院关于加强市县政府依法行政的决定》（国发〔2008〕17 号）第八条。
⑤ 《重大行政决策程序暂行条例》（国务院令第 713 号）第三十二条。

栏公开决策制度、决策目录，做好重大行政决策顶层设计工作；决策中做好政策发布、解读、回应等环节串联，及时公开决策草案及反馈渠道，公开收集到的反馈意见、意见采纳情况及不予采纳理由，并将意见反馈与对应的意见征集信息进行关联，方便公众查询；决策后做好政策解读、回应，加强对决策实施过程中意见反馈收集整理和解释，提升决策的公众知晓率和理解支持率；决策执行后做好决策结果的社会评议工作。如天津市在发布《天津市重大行政决策程序规定》（天津市人民政府令第 19 号）文件之外，还印发了《天津市重大行政决策事项目录管理办法》《天津市重大行政决策跟踪反馈办法》《天津市重大行政决策后评估管理办法》《天津市重大行政决策过程记录和材料归档管理办法》四个配套文件，规范重大行政决策从出台到跟踪评估的全过程程序，具体如图 1-4-2 所示。

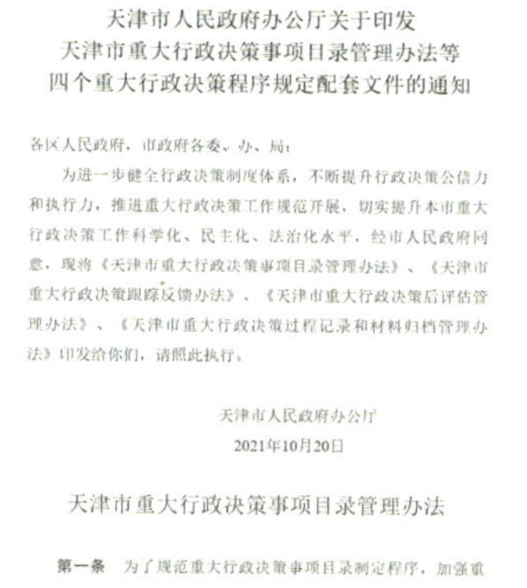

天津市人民政府办公厅关于印发
天津市重大行政决策事项目录管理办法等
四个重大行政决策程序规定配套文件的通知

各区人民政府，市政府各委、办、局：

为进一步健全行政决策制度体系，不断提升行政决策公信力和执行力，推进重大行政决策工作规范开展，切实提升本市重大行政决策工作科学化、民主化、法治化水平，经市人民政府同意，现将《天津市重大行政决策事项目录管理办法》、《天津市重大行政决策跟踪反馈办法》、《天津市重大行政决策后评估管理办法》、《天津市重大行政决策过程记录和材料归档管理办法》印发给你们，请照此执行。

天津市人民政府办公厅
2021年10月20日

天津市重大行政决策事项目录管理办法

第一条 为了规范重大行政决策事项目录制定程序，加强重

天津市重大行政决策程序规定配套文件

图 1-4-2　天津市重大行政决策程序规定配套文件（扫码阅读）

安徽省六安市人民政府在重大行政决策的征集意见稿中集中公开征集公告、征集渠道、网络渠道意见及采纳情况、其他渠道意见及采纳情况、征集小结（结果反馈）及文件，对意见征集阶段的环节进行全方位公开，具体如图 1-4-3 所示。

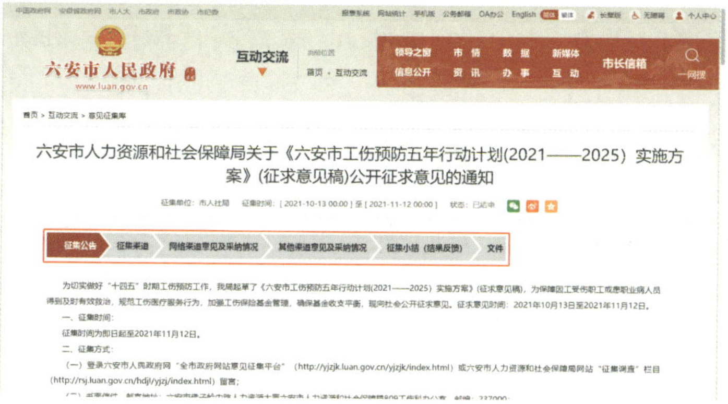

六安市人民政府
www.luan.gov.cn
互动交流
首页 · 互动交流
领导之窗　市情　数据　新媒体
信息公开　资讯　办事　互动
市长信箱
English
个人中心
首页 > 互动交流 > 意见征集库

六安市人力资源和社会保障局关于《六安市工伤预防五年行动计划(2021——2025）实施方案》(征求意见稿)公开征求意见的通知

征集单位：市人社局　征集时间：[2021-10-13 00:00] 至 [2021-11-12 00:00]　状态：已结束

征集公告 | 征集渠道 | 网络渠道意见及采纳情况 | 其他渠道意见及采纳情况 | 征集小结（结果反馈） | 文件

为切实做好“十四五”时期工伤预防工作，我局起草了《六安市工伤预防五年行动计划(2021——2025）实施方案》(征求意见稿)，为保障因工受伤职工或患职业病人员得到及时有效救治，规范工伤医疗服务行为，加强工伤保险基金管理，确保基金收支平衡，现向社会公开征求意见。征求意见时间：2021年10月13日至2021年11月12日。

一、征集时间：

征集时间为即日起至2021年11月12日。

二、征集方式：

（一）登录六安市人民政府网“全市政府网站意见征集平台”（http://yjzjk.luan.gov.cn/yjzjk/index.html）或六安市人力资源和社会保障局网站“征集调查”栏目(http://rsj.luan.gov.cn/hdjl/yjzj/index.html）留言；

六安市重大行政决策预公开流程

图 1-4-3　六安市重大行政决策预公开流程（扫码阅读）

（三）创新公开形式，探索“互动式”公开

加强整合重大行政决策事项，以专栏或专题集成展示。对涉及公众利益或需要公众广泛知晓的重大行政决策信息，在符合国家相关法律法规的前提下，各地可根据实际发展需要，积极探索线下开放日、社会评议、直播、AI等“互动式”公开形式。

第五节　机构信息

2019年修订的《中华人民共和国政府信息公开条例》（国务院令第711号）将机构信息作为法定主动公开内容，要求行政机关主动公开机关职能、机构设置、办公地址、办公时间、联系方式、负责人姓名等内容。本节从机构的发展历程、内涵等角度分析机构信息，辅助各行政机关更好、更精准地开展机构信息公开工作。

一、我国的机构改革历程

为适应发展要求，我国政府持续推动机构改革工作，自1982年至今历经8次改革，对机构体系进行了系统性重构，增强了政府机构应对环境和目标变化的弹性和韧性，助推了国家的改革和发展进程。

以国务院机构改革为例：1982年，为改变“文革”后党政机构臃肿、职责不清、工作效率低下的状况，提高政府工作效率、推进干部年轻化，实行大改革；1988年，提出推进政府职能的转变；1993年，为适应建设社会主义市场经济，共减少27个组织机构；1998年，为消除政企不分的组织基础，完善公务员制度，国务院组成部门一共减少11个；2003年，推动了以进一步转变政府职能为重点的机构改革工作，改进管理方式，组成部门变为28个；2008年起，探索实行职能有机统一的大部门体制改革，至2013年，部门进行整合减少为25个；2018年，第十三届全国人民代表大会第一次会议批准的《国务院机构改革方案》，设置国务院组成部门26个①，国务院机构具体改革时间和改革情况详见图1-5-1。

2018年《国务院机构改革方案》出台，着眼于转变政府职能和推动高质量发展，着力推进重点领域和关键环节的机构职能优化和调整，调整后，国务院组成部门26个。其中国务院组成部门调整为12个，表现为组建自然资源部、生态环境

① 以上资料数据来自中国机构编制网-资料中心-机构沿革、《国务院办公厅关于实施〈国务院机构改革和职能转变方案〉任务分工的通知》（国办发〔2013〕22号）以及《国务院机构改革方案》等文件。

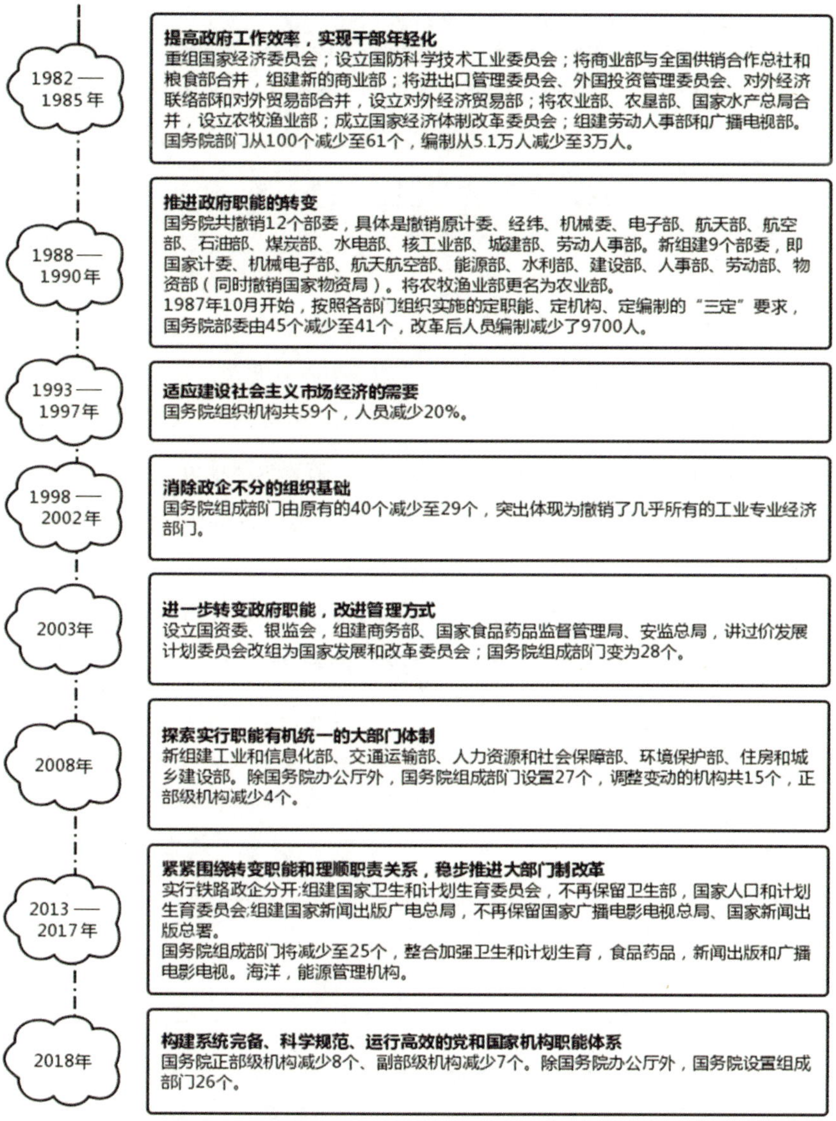

图 1-5-1　国务院机构具体改革时间和改革情况

部、农业农村部、文化和旅游部、国家卫生健康委员会，退役军人事务部、应急管理部 7 个部门，重新组建科学技术部和司法部 2 个部门，优化水利部和审计署 2 个部门职责，监察部、国家预防腐败局并入国家监察委员会。国务院其他机构调整为 11 个，表现为组建国家市场监督管理总局、国家广播电视总局、中国银行保险监督管理委员会、国家国际发展合作署、国家医疗保障局、国家粮食和物资储备局、国家移民管理局、国家林业和草原局 8 个机构，重新组建国家知识产权局，调整全国社会保障基金理事会隶属关系，改革国税地税征管体制。国务院组成部门调整情况具体如表 1-5-1 所示，国务院其他机构调整情况如表 1-5-2 所示。

表 1-5-1 国务院组成部门调整情况

调整后组成部门	改革内容
组建自然资源部	不再保留国土资源部、国家海洋局、国家测绘地理信息局
组建生态环境部	不再保留环境保护部
组建农业农村部	不再保留农业部
组建文化和旅游部	不再保留文化部、国家旅游局
组建国家卫生健康委员会	不再保留国家卫生和计划生育委员会。不再设立国务院深化医药卫生体制改革领导小组办公室
组建退役军人事务部	将民政部、人力资源和社会保障部以及中央军委政治工作部、后勤保障部有关职责整合，组建退役军人事务部
组建应急管理部	不再保留国家安全生产监督管理总局
重新组建科学技术部	将科学技术部、国家外国专家局的职责整合，重新组建科学技术部
重新组建司法部	将司法部和国务院法制办公室的职责整合，重新组建司法部。不再保留国务院法制办公室
优化水利部职责	将国务院三峡工程建设委员会及其办公室、国务院南水北调工程建设委员会及其办公室并入水利部。不再保留国务院三峡工程建设委员会及其办公室、国务院南水北调工程建设委员会及其办公室
优化审计署职责	不再设立国有重点大型企业监事会
新组建国家监察委员会	监察部、国家预防腐败局并入新组建的国家监察委员会，不再保留监察部、国家预防腐败局

表 1-5-2 国务院其他机构调整情况

调整后其他机构	改革内容
组建国家市场监督管理总局	不再保留国家工商行政管理总局、国家质量监督检验检疫总局、国家食品药品监督管理总局
组建国家广播电视总局	不再保留国家新闻出版广电总局
组建中国银行保险监督管理委员会	不再保留中国银行业监督管理委员会、中国保险监督管理委员会
组建国家国际发展合作署	将商务部对外援助工作有关职责、外交部对外援助协调等职责整合，组建国家国际发展合作署

续表

调整后其他机构	改革内容
组建国家医疗保障局	人力资源和社会保障部的城镇职工和城镇居民基本医疗保险、生育保险职责，国家卫生和计划生育委员会的新型农村合作医疗职责，国家发展和改革委员会的药品和医疗服务价格管理职责，民政部的医疗救助职责整合，组建国家医疗保障局
组建国家粮食和物资储备局	不再保留国家粮食局
组建国家移民管理局	将公安部的出入境管理、边防检查职责整合，建立健全签证管理协调机制，组建国家移民管理局
组建国家林业和草原局	不再保留国家林业局
重新组建国家知识产权局	将国家知识产权局的职责、国家工商行政管理总局的商标管理职责、国家质量监督检验检疫总局的原产地地理标志管理职责整合，重新组建国家知识产权局
调整全国社会保障基金理事会隶属关系	将全国社会保障基金理事会由国务院管理调整为由财政部管理，作为基金投资运营机构，不再明确行政级别
改革国税地税征管体制	将省级和省级以下国税地税机构合并，具体承担所辖区域内各项税收、非税收入征管等职责。国税地税机构合并后，实行以国家税务总局为主与省(区、市)人民政府双重领导管理体制

我国在中央、省、自治区、直辖市、自治州、县、自治县、市、市辖区、乡、民族乡、镇分别设立人民政府。[①] 地方各级政府参照《国务院机构改革方案》"顶层设计"，按照转变职能和"规定的机构数"推动机构改革，构建起了与上级行政机构基本对应又富有地方特色的行政管理体制。

二、不同机构释义

(一) 派出机构

派出机构是具有行政主体资格的，由行政机关根据实际需要针对某项特定行政事务而设置的工作机构，其管辖权在上一级部门。派出机构共有三种类型：一是各级政府驻外办事机构，如驻京办、驻外办等；二是在特殊经济区域或特殊地区的派出机构，如各类开发区；三是政府职能部门设立的派出机构，如公安分局与派出所。

① 《中华人民共和国地方各级人民代表大会和地方各级人民政府组织法》第六十一条。

（二）直属事业单位

直属事业单位是指国家为了社会公益目的，由国家机关举办或者其他组织利用国有资产举办的，从事教育、科技、文化、卫生等活动的社会服务组织，具备法人条件。政府下属的事业单位一般有两种：政府直属事业单位；由政府组成部门和直属单位管理的下属事业单位，例如招生办（属教育局），人才交流中心（属人社局）等。[①]

（三）议事协调机构

议事协调机构是为完成某项特殊性或临时性任务而设立的跨部门机构。县级以上地方各级人民政府的议事协调机构不单独设立办事机构，具体工作由有关行政机构承担。[②]

（四）垂直管理机构

垂直管理机构也称“垂直管理部门”“一条编单位”，我国在税务、气象、金融、海关、交通、司法、国土资源管理等行政执法部门逐步实行了垂直管理。实行垂直管理的行政执法部门人、财、物权统一到省级部门统一管理，政府垂直管理部门具有非行政区划性、垂直性、相对独立性的特点。

三、公开政府机构信息的意义

随着公民权利意识和监督意识的不断增强，公开政府机构职能不仅能满足人民知情权的需要，也能让人民清晰了解政府各个行政机关及其职能，实现遇事可准确找到相应部门解决，少跑路、办好事。此外，政府机构公开可有效防范权力腐败，加强督促检查，让权力在阳光下运行。

四、机构信息主要公开内容

通过文件综述，机构信息主要公开机关职能、机构设置、办公地址、办公时间、联系方式、负责人姓名和本级政府行政机关机构职能目录。具体文件及相关规定如下：

（1）《政府网站发展指引》（国办发〔2017〕47 号）明确提出政府网站要设置机构职能分类，发布机构设置、主要职责和联系方式等信息，在同一网站发布多个机

---

① 依据《事业单位登记管理暂行条例》（国务院令第 252 号）第二、三条规定。

② 依据《地方各级人民政府机构设置和编制管理条例》（国务院令第 486 号）第十一条、第十二条规定。

构职能信息时，要集中规范发布，统一展现形式。

（2）《中华人民共和国政府信息公开条例》（国务院令第 711 号）将机构信息列为法定主动公开内容，规定行政机关主动公开机关职能、机构设置、办公地址、办公时间、联系方式、负责人姓名。

（3）《2020 年政务公开工作要点》（国办发〔2020〕17 号）提出地方各级政府信息公开工作主管部门要按权限督促行政机关依法公开工作职能、机构设置等信息，在此基础上组织编写本级政府行政机关机构职能目录并向社会公开，全面展现政府机构权力配置情况。

五、各地公开经验

（1）建立统一集中展示平台。如浙江省人民政府机构信息公开，建立统一展示平台，集中公开各部门机关职能、领导信息、内设机构，具体如图 1-5-2 所示。

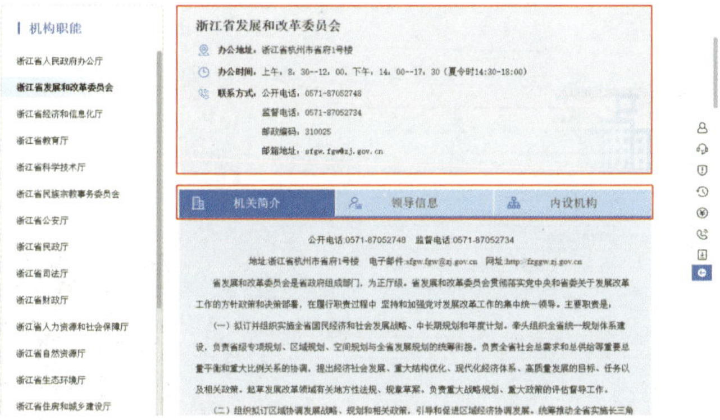

浙江省机构信息公开

图 1-5-2　浙江省机构信息公开（扫码阅读）

（2）进一步扩大机构信息公开的深度。如安徽省合肥市林业和园林局加大了内设机构联系方式及负责人姓名信息公开，具体如图 1-5-3 所示。

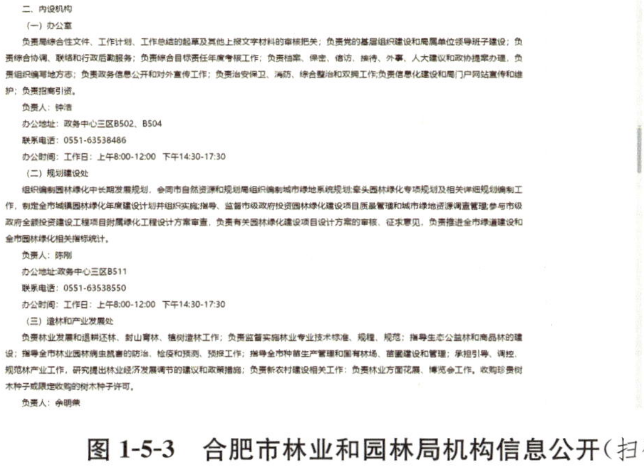

二、内设机构

（一）办公室

负责局综合性文件、工作计划、工作总结的起草及其他上报文字材料的审核把关；负责党的基层组织建设和局属单位领导班子建设；负责综合协调、联络和行政后勤服务；负责综合目标责任年度考核工作；负责档案、保密、信访、接待、外事、人大建议和政协提案办理，负责组织编写地方志；负责政务信息公开和对外宣传工作；负责治安保卫、消防、综合整治和双拥工作;负责信息化建设和局门户网站宣传和维护；负责招商引资。

负责人：钟浩

办公地址：政务中心三区B502、B504

联系电话：0551-63538486

办公时间：工作日：上午8:00-12:00　下午14:30-17:30

（二）规划建设处

组织编制园林绿化中长期发展规划，会同市自然资源和规划局组织编制城市绿地系统规划;牵头园林绿化专项规划及相关详细规划编制工作，制定全市城镇园林绿化年度建设计划并组织实施;指导、监督市级政府投资园林绿化建设项目质量管理和城市绿地资源调查管理;参与市级政府全额投资建设工程项目附属绿化工程设计方案审查，负责有关园林绿化建设项目设计方案的审核、征求意见，负责推进全市绿道建设和全市园林绿化相关指标统计。

负责人：陈刚

办公地址:政务中心三区B511

联系电话：0551-63538550

办公时间：工作日：上午8:00-12:00　下午14:30-17:30

（三）造林和产业发展处

负责林业发展和退耕还林、封山育林、植树造林工作；负责监督实施林业专业技术标准、规程、规范；指导生态公益林和商品林的建设；指导全市林业园林病虫鼠害的防治、检疫和预测、预报工作；指导全市种苗生产管理和国有林场、苗圃建设和管理；承担引导、调控、规范林产业工作，研究提出林业经济发展调节的建议和政策措施；负责新农村建设相关工作；负责林业方面花展、博览会工作，收购珍贵树木种子或限定收购的树木种子许可。

负责人：余明典

合肥市林业和园林局机构信息公开

图 1-5-3　合肥市林业和园林局机构信息公开（扫码阅读）

(3) 编制机构职能公开目录。如安徽省经济和信息化厅编制包括内设机构、直属单位职能的目录,实现责任主体、履职依据、权力事项等要素“一表”公开、集中展示,具体如图 1-5-4、图 1-5-5 所示。

综合法规处机构职能目录

序号	职能目录名称
1	牵头组织工业和信息化领域地方性法规规章草案的起草和有关协调工作
2	承担有关规范性文件合法性审查,推进公平竞争审查工作
3	规范性文件报备与清理工作
4	承担有关行政执法监督、检查工作,负责重大行政决定法制审核
5	统筹推进行政执法人员规范管理工作
6	推进法律顾问制度和公职律师制度建设
7	负责推进落实“谁执法谁普法”的普法责任制度,承担法治宣传教育工作
8	行政复议
9	行政诉讼
10	指导推进全面深化改革工作;负责深化“放管服”改革有关组织协调工作
11	负责省人大代表建议、议案和省政协委员提案办理的组织协调工作
12	负责对外宣传和新闻发布工作;协助开展厅主管主办内部刊物的年审

名称	牵头组织工业和信息化领域地方性法规规章草案的起草和有关协调工作
法定依据	安徽省经济和信息化厅“三定”方案
实施部门	厅综合法规处
运行流程	1、发布年度立法计划建议项目通知; 2、内设机构报送立法计划建议项目和草案材料; 3、行文报送。
运行要件	1、计划安排; 2、内网通知; 3、行文报送。

安徽省经信厅内设机构职能目录

图 1-5-4　安徽省经信厅内设机构职能目录(扫码阅读)

厅信息中心机构职能目录

序号	职能目录名称
1	厅办公平台建设及运行维护
2	厅涉企信息化应用平台建设及运行维护
3	厅政府网站内容建设保障和技术支持
4	厅电子政务一体化系统支撑环境运行维护(机关机房、网络、网络信息安全、应用集群)
5	厅机关会议系统(视频会议)、计算机终端及外设等日常运行维护

名称	厅办公平台建设及运行维护
法定依据	安徽省经济和信息化厅办公网管理暂行办法
实施部门	厅信息中心
运行流程	1、应用规划; 2、运行保障; 3、技术支撑; 4、流程管理。
运行要件	1、统一内容管理平台; 2、办公流程管理。
责任事项	按内容建设责任分工保障,做好技术支持。

安徽省经信厅直属单位职能目录

图 1-5-5　安徽省经信厅直属单位职能目录(扫码阅读)

六、注意事项

机构职能、机构名称、负责人、办公地址、联系方式等发生变动时,及时调整变更栏目信息,确保机构信息公开的准确性。

第六节　规　　划

以规划引领经济社会发展是党治国理政的重要方式,是中国特色社会主义发展模式的重要体现。2018 年《中共中央　国务院关于统一规划体系更好发挥国家发展规划战略导向作用的意见》指出，坚持开门编制规划，提高规划编制的透明度和社会参与度，同时规划经审批机关批准后应按程序发布实施。国务院办公厅《关于印发2021年政务公开工作要点》(国办发〔2021〕12号)要求"做好各类规划主动公开。县级以上各级人民政府要主动公开国民经济和社会发展第十四个五年规划纲要、国土空间规划、专项规划和区域规划等，做好历史规划(计划)的归集整理和主动公开工作，充分展示'一张蓝图绘到底'的接续奋斗历程"。

为深入贯彻落实文件要求，推进规划更好公开，本节深入研究发展规划、专项规划、区域规划、国土空间规划4类规划的内涵与历史脉络，并结合实践经验提出公开建议，以期为各级行政单位提供参考。

一、我国规划体系的内容

我国现行规划体系包括三级四类，三级是指"按行政级层分为国家级规划、省(区、市)级规划、市县级规划；四类是指按对象和功能类别分为发展规划、专项规划、区域规划和国土空间规划"。①

在整个规划体系中，要明确各项规划的地位，即"国家发展规划是统领，空间规划是基础，专项规划和区域规划是支撑……同时要坚持下位规划服从上位规划、下级规划服务上级规划、等位规划相互协调的原则"。② 具体如图1-6-1所示。

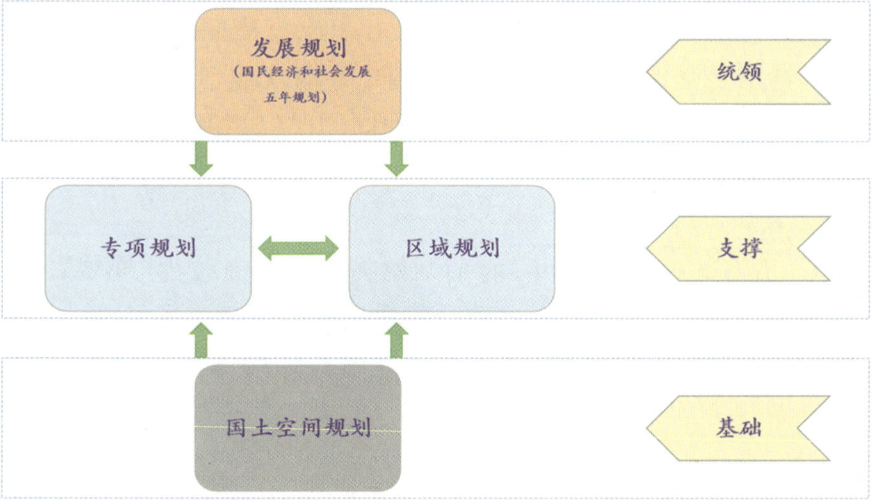

图1-6-1　规划体系

① 《中共中央　国务院关于统一规划体系更好发挥国家发展规划战略导向作用的意见》第三条。
② 《中共中央　国务院关于统一规划体系更好发挥国家发展规划战略导向作用的意见》第三条。

二、规划体系的建设意义

建立以国家发展规划为统领，以空间规划为基础，以专项规划、区域规划为支撑，由国家、省、市县各级规划共同组成，定位准确、边界清晰、功能互补、统一衔接的国家规划体系，能够形成规划合力，更好发挥国家发展规划的战略导向作用，为创新和完善宏观调控、推进国家治理体系和治理能力现代化、建设社会主义现代化强国提供有力支撑。

三、发展规划三问三答

（一）发展规划的内涵和历史沿革

发展规划即国民经济和社会发展五年规划，居于体系最上位，是其他规划的总遵循。

国民经济和社会发展五年规划是在计划经济时代"五年计划"的基础上逐步发展而来的，到 2021 年已经进入第十四个"五年规划"。在历史进程中有几个细节值得关注，具体如下（发展规划的历史沿革如图 1-6-2 所示）：

（1）除"二五"计划（1958—1962 年）和"三五"计划（1966—1970 年）之间有间断四年外（1961—1965 年为国民经济调整时期），均按照五年一规划的节奏开展；

（2）"六五"计划（1981—1985 年）开始突出社会发展问题，社会发展类指标占比达到 39%，特别是强调了人民生活的改善、劳动就业、环境保护等方面。"六五"计划的全称也随之变更为《中华人民共和国国民经济和社会发展第六个五年计划》。此后，对社会发展问题的关注成为制定各个五年计划和规划的一项重要内容；

（3）"十一五"（2006—2010 年）时期开始将"计划"更改为"规划"。从"计划"到"规划"的变革，反映了我国政府主动适应建设社会主义市场经济体制的内在要求，是推进国民经济社会发展战略逐步从"计划指令性"向"战略指导性"转变的体现。

（二）发展规划的编制主体

《国务院关于加强国民经济和社会发展规划编制工作的若干意见》（国发〔2005〕33 号）中要求，"国家总体规划和省（区、市）级、市县级总体规划分别由同级人民政府组织编制，并由同级人民政府发展改革部门负责起草"。

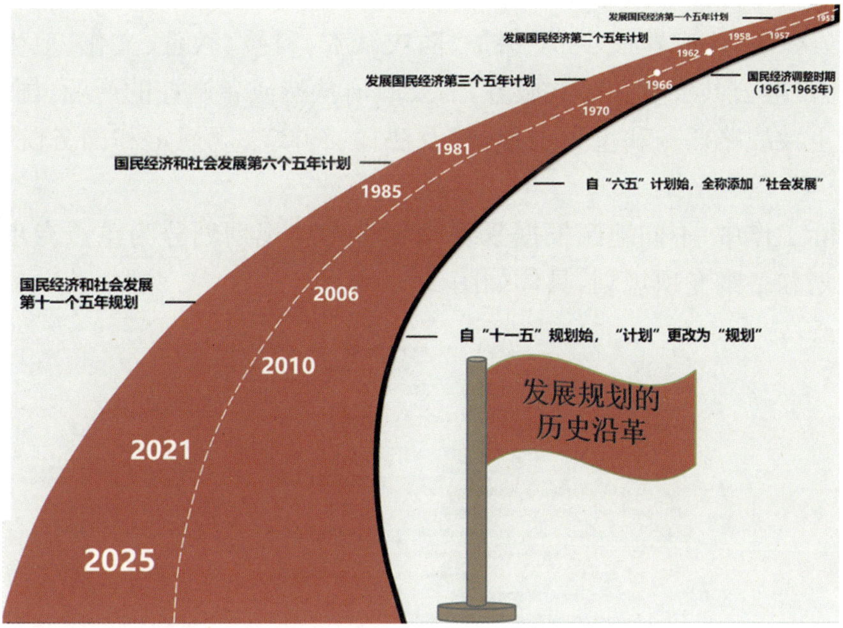

图 1-6-2　发展规划的历史沿革

（三）发展规划的重要性

不同的历史方位下，发展规划的重要性有着不同的体现。以“十四五”规划为例，“十四五时期是我国全面建成小康社会、实现第一个百年奋斗目标之后，乘势而上开启全面建设社会主义现代化国家新征程、向第二个百年奋斗目标进军的第一个五年。‘十四五’规划必须统筹中华民族伟大复兴战略全局和世界百年未有之大变局，深刻认识我国社会主要矛盾变化带来的新特征新要求，深刻认识错综复杂的国际环境带来的新矛盾新挑战，增强机遇意识和风险意识”[①]。在此基础上，阐明建设社会主义现代化强国奋斗目标在规划期内的战略部署和具体安排，开启全面建设社会主义现代化国家新征程的宏伟蓝图。

四、专项规划和区域规划两问两答

（一）专项规划的内涵

专项规划是以国民经济和社会发展特定领域为对象编制的规划，是总体规划在特定领域的细化，也是政府指导该领域发展以及审批、核准重大项目，安排政府投资和财政支出预算，制定特定领域相关政策的依据。主要包括农业、水利、能

① 《中华人民共和国国民经济和社会发展第十四个五年规划和 2035 年远景目标纲要》第一篇。

源、交通、通信等方面的基础设施建设，土地、水、海洋、煤炭、石油、天然气等重要资源的开发保护，生态建设、环境保护、防灾减灾，科技、教育、文化、卫生、社会保障、国防建设等公共事业和公共服务，需要政府扶持或者调控的产业，国家总体规划确定的重大战略任务和重大工程，以及法律、行政法规规定和国务院要求的其他领域。①

在实际工作中，不同地区根据紧要程度将专项规划划分为重点专项规划、一般专项规划和备案专项规划，具体如图 1-6-3 所示。

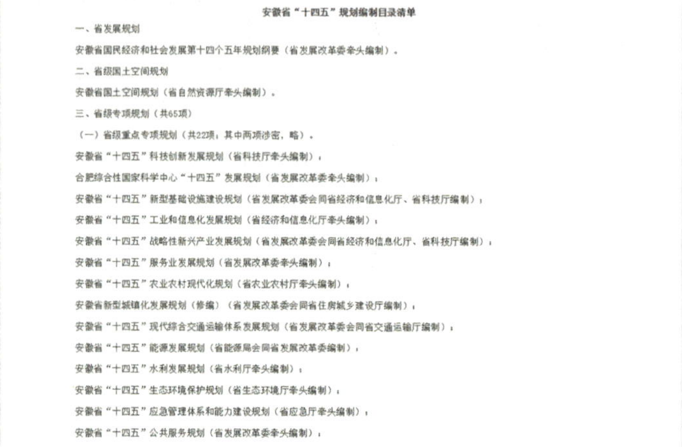
安徽省“十四五”规划编制目录清单

一、省发展规划

安徽省国民经济和社会发展第十四个五年规划纲要（省发展改革委牵头编制）。

二、省级国土空间规划

安徽省国土空间规划（省自然资源厅牵头编制）。

三、省级专项规划（共65项）

（一）省级重点专项规划（共22项；其中两项涉密，略）。

安徽省“十四五”科技创新发展规划（省科技厅牵头编制）；

合肥综合性国家科学中心“十四五”发展规划（省发展改革委牵头编制）；

安徽省“十四五”新型基础设施建设规划（省发展改革委会同省经济和信息化厅、省科技厅编制）；

安徽省“十四五”工业和信息化发展规划（省经济和信息化厅牵头编制）；

安徽省“十四五”战略性新兴产业发展规划（省发展改革委会同省经济和信息化厅、省科技厅编制）；

安徽省“十四五”服务业发展规划（省发展改革委牵头编制）；

安徽省“十四五”农业农村现代化规划（省农业农村厅牵头编制）；

安徽省新型城镇化发展规划（修编）（省发展改革委会同省住房城乡建设厅编制）；

安徽省“十四五”现代综合交通运输体系发展规划（省发展改革委会同省交通运输厅编制）；

安徽省“十四五”能源发展规划（省能源局会同省发展改革委编制）；

安徽省“十四五”水利发展规划（省水利厅牵头编制）；

安徽省“十四五”生态环境保护规划（省生态环境厅牵头编制）；

安徽省“十四五”应急管理体系和能力建设规划（省应急厅牵头编制）；

安徽省“十四五”公共服务规划（省发展改革委牵头编制）；

（a）

（二）省级一般专项规划（共43项）。

安徽省“十四五”档案事业发展规划（省档案局牵头编制）；

安徽省“十四五”开发区高质量发展规划（省发展改革委牵头编制）；

安徽省“十四五”循环经济发展规划（省发展改革委牵头编制）；

安徽省“十四五”人口发展规划（省发展改革委牵头编制）；

安徽省“十四五”物流业发展规划（省发展改革委牵头编制）；

安徽省“十四五”扩大消费规划（省发展改革委牵头编制）；

安徽省“十四五”公安发展规划（省公安厅牵头编制）；

安徽省“十四五”社会治安防控体系建设发展规划（省公安厅牵头编制）；

安徽省“十四五”民政事业发展规划（省民政厅牵头编制）；

安徽省“十四五”司法行政发展规划（省司法厅牵头编制）；

安徽省“十四五”财政规划（省财政厅牵头编制）；

安徽省“十四五”人力资源和社会保障事业发展规划（省人力资源社会保障厅牵头编制）；

安徽省“十四五”国土空间生态修复规划（省自然资源厅牵头编制）；

安徽省“十四五”测绘地理信息规划（省自然资源厅牵头编制）；

安徽省“十四五”城市住房发展规划（省住房城乡建设厅牵头编制）；

安徽省“十四五”交通运输发展规划（省交通运输厅牵头编制）；

安徽省“十四五”美丽乡村建设规划（省农业农村厅牵头编制）；

安徽省“十四五”商务发展规划（省商务厅牵头编制）；

安徽省“十四五”旅游业发展规划（省文化和旅游厅牵头编制）；

安徽省“十四五”退役军人事业发展规划（省退役军人厅牵头编制）；

（b）

图 1-6-3　安徽省专项规划②

---

①《国务院关于加强国民经济和社会发展规划编制工作的若干意见》（国发〔2005〕33 号）。

② 图（a）、图（b）截取自《安徽省人民政府办公厅关于发挥发展规划战略导向作用做好省“十四五”规划编制工作的通知》（皖政办〔2020〕10 号），由于篇幅有限，图片仅截取部分。

（二）区域规划的内涵

区域规划是以跨行政区的特定区域国民经济和社会发展为对象编制的规划，是总体规划在特定区域的细化和落实，规划期一般为 5 年，可以展望到 10 年以上。其主要内容包括：对人口、经济增长、资源环境承载能力进行预测和分析，对区域内各类经济社会发展功能区进行划分，提出规划实施的保障措施等。① 例如长江经济带发展规划纲要、京津冀协同发展规划纲要、中原城市群发展规划、成都都市圈发展规划、合肥都市圈发展规划等，主要解决区域之间的发展不平衡、区际分工协作问题或对一定区域内的社会经济发展和建设布局进行全面规划。省级区域规划具体如图 1-6-4 所示。

安徽省“十四五”防震减灾规划（省地震局牵头编制）；

安徽省“十四五”邮政业发展规划（省邮政管理局牵头编制）；

安徽省“十四五”残疾人事业发展规划（省残疾人联合会牵头编制）。

四、省级区域规划（共5项）

合肥都市圈“十四五”发展规划（合肥市人民政府会同都市圈内各市人民政府编制）；

皖江城市带承接产业转移示范区“十四五”发展规划（省发展改革委牵头编制）；

皖北承接产业转移集聚区建设实施方案（省发展改革委牵头编制）；

皖西大别山革命老区“十四五”振兴发展实施规划（省发展改革委牵头）；

皖南国际文化旅游示范区建设发展规划纲要（修编）（省发展改革委牵头编制）。

安徽省人民政府办公厅关于发挥发展规划战略导向作用做好省“十四五”规划编制工作的通知.pdf

扫一扫在手机打开当前页

网站使用帮助 | 网站地图 主办单位：安徽省人民政府办公厅 承办单位：安徽省人民政府网管理中心 运维电话：0551-62603315 文本咨询

皖ICP备05003657号 网站标识码：3400000001 皖公网安备 34000002000001号

适老化无障碍服务 不良信息举报 中国互联网协会

政府网站找错

图 1-6-4　安徽省区域规划②

五、国土空间规划三问三答

（一）国土空间的内涵

“国土空间是国家主权与主权权利管辖下的地域空间，是国民生存的场所和环境，包括陆地、陆上水域、内水、领海、领空等。”③

① 《国务院关于加强国民经济和社会发展规划编制工作的若干意见》(国发〔2005〕33 号)第(四)条。

② 图 6-4 截取自《安徽省人民政府办公厅关于发挥发展规划战略导向作用做好省“十四五”规划编制工作的通知》(皖政办〔2020〕10 号)，由于篇幅有限，图片仅截取部分。

③ 《国务院关于印发全国主体功能区规划的通知》(国发〔2010〕46 号)序言。

（二）国土空间规划的分级分类

（1）从层级看，国土空间规划分为国家级国土空间规划、省级国土空间规划以及市县级国土空间规划。

（2）从类型看，国土空间规划包括总体规划、详细规划和相关专项规划。其中，详细性规划分为控制性详细规划和修建性详细规划。

（三）国土空间规划的历史演变

对于国土空间规划，以下几个文件中的表述可以勾勒其演变历程，具体内容如下：

2005年，《国务院关于加强国民经济和社会发展规划编制工作的若干意见》（国发〔2005〕33号）一文提出，"建立三级三类规划管理体系，并按对象和功能类别分为总体规划、专项规划、区域规划"。

2015年，《中共中央　国务院印发〈生态文明体制改革总体方案〉》一文提出，"建立空间规划体系，要求整合目前各部门分头编制的各类空间性规划，编制统一的空间规划，实现规划全覆盖"。

2018年，《中共中央　国务院关于统一规划体系更好发挥国家发展规划战略导向作用的意见》一文提出，"建立以国家发展规划为统领，以空间规划为基础，以专项规划、区域规划为支撑，由国家、省、市县各级规划共同组成，定位准确、边界清晰、功能互补、统一衔接的国家规划体系"。

2019年，《中共中央　国务院关于建立国土空间规划体系并监督实施的若干意见》一文提出，"国土空间规划是国家空间发展的指南、可持续发展的空间蓝图，是各类开发保护建设活动的基本依据。建立国土空间规划体系并监督实施，将主体功能区规划、土地利用规划、城乡规划等空间规划融合为统一的国土空间规划，实现'多规合一'"。

六、规划公开文件梳理及分析

历年来国务院和相关部门出台了一些文件对规划的公开作出了要求，文件脉络具体如图1-6-5所示。

通过下述文件梳理可以看出，国家层面对于规划的公开要求逐渐立体化。一是规划的公开范围进一步扩大。从发展规划、专项规划和区域规划到国土空间规划体系的整合，逐渐实现了"三级四类"的规划体系。二是公开内容更加丰富。国家自然资源部最新发布的基层政务公开标准，明确了国土空间规划编制的公开事项。三是规划的公开主体多元发展。从县级以上人民政府到基层公开标准化规范化，更多主体对规划主动公开，有利于更好地引导社会关心支持规划实施工作。四是规划的公开对于公众参与的要求进一步明确。属于经济和社会发展重大决策的规划内容要按照相应的公众参与程序开展，广泛的公众参与对公民民主管理权和民主监督权的实现具有重大意义。

图 1-6-5　规划公开相关文件

综上，规划公开要求具体如下：

（1）在规划公开主体和公开范围及内容方面，县级以上各级人民政府应当主动公开各类规划，包括但不限于发展规划、专项规划、区域规划、国土空间规划、历史规划和相关政策，并通过适当方式归集整理，还应当根据规划提出的重要事项明确公开工作的责任分工，推进规划进展和完成情况。值得一提的是，在国土空间规划体系的建立过程中，国家自然资源部于 2022 年印发了《自然资源领域基层政务公开标准目录》，以清单式目录明确国土空间规划编制的基层政务公开要求。

（2）在规划公开的公众参与方面，各级人民政府应当通过多种方式扩大公众参与，对经济和社会发展等方面的重要规划向社会公开征求意见，并公开意见反馈结果。

（3）在规划公开的解读方面，要运用多种形式、方式开展规划解读，注重提升解读质量。

七、规划公开中的注意事项

研究发现，在实际工作中，各级人民政府在公开工作中出现了对规划公开工作的诸多疑问，本书归集整理了规划公开中常见的注意事项，为各地提供决策参考。

（1）若分类设置栏目，应在相应栏目中归集整理对应规划，避免出现空有栏目无规划或规划信息与栏目不对应的情况。

（2）对重要规划要依据《重大行政决策程序暂行条例》的要求开展意见征集，扩大公众参与，意见征集结果要向社会公开。

（3）规划专题与规划栏目信息要保证同源，避免出现“两张皮”情况。

（4）提高规划解读质量，可以围绕规划专有名词、主要指标的释疑、制定背景、主要内容、重要举措、创新做法、保障措施等内容开展实质性解读，避免照搬原文或者罗列小标题的情况。

八、规划蓝图经验总结与公开建议

（一）加强规划编制过程性信息公开

《中华人民共和国国民经济和社会发展第十四个五年规划和 2035 年远景目标纲要》明确“健全目录清单、编制备案、衔接协调等规划管理制度”。部分地区通过规划目录清单动态跟踪规划编制情况，推进规划有序公开。例如，安徽省六安市不仅编制了“十四五”规划编制目录清单，明确规划名称和责任部门，还动态更新规划进展情况及印发情况，推进规划全过程公开，具体如图 1-6-6 所示。

六安市“十四五”专项规划编制进展情况表

浏览次数：3791　信息来源：市政府办　发布时间：2022-12-02 16:41

六安市“十四五”专项规划编制进展情况表

序号	名称	责任部门	进展情况	是否印发	印发日期	印发文号
市级重点专项规划（共16个，其中1项涉密，目前已印发13个）						
1	六安市“十四五”工业主导产业发展规划	市经信局		是	2021年10月19日	六政办〔2021〕28号
2	六安市“十四五”水利规划	市水利局		是	2021年11月8日	六政办〔2021〕30号
3	六安市养老服务业发展规划（2020-2030）	市民政局		是	2020年4月6日	六民养〔2020〕6号
4	六安市“十四五”数字政府建设规划	市数管局		是	2021年12月13日	六政〔2021〕69号
5	六安市“十四五”生态环境保护规划	市生态环境局		是	2022年3月1日	六政办秘〔2022〕31号
6	六安市“十四五”科技创新发展规划	市科技局		是	2022年4月18日	六政办秘〔2022〕55号
7	六安市“十四五”战略性新兴产业发展规划	市发改委、市经信局、市科技局		是	2022年5月6日	六政办秘〔2022〕63号
8	六安市“十四五”服务业发展规划	市发改委		是	2022年5月12日	六政办秘〔2022〕66号
9	六安市“十四五”农业农村现代化规划	市农业农村局		是	2022年3月24日	六农〔2022〕7号
10	六安市“十四五”现代综合交通运输体系发展规划	市发改委、市交通运输局	正在征求意见	否		

六安市“十四五”专项规划编制进展情况表

图 1-6-6　六安市“十四五”专项规划编制进展情况表（扫码阅读）

（二）做好中长期规划评估的公开

为了确保规划落到实处，各级政府可积极探索对于规划中长期评估和总结信息的公开，依托政府公报、政府年度报告等载体对规划的进展进行公开。例如，安徽省通过设置年度计划进展和计划总结两个栏目，对各项规划的执行情况进行动态公开，具体如图 1-6-7 所示。

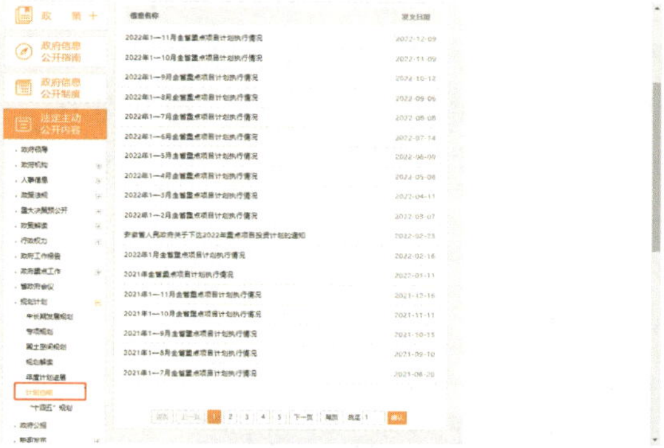

安徽省规划进展和总结

图 1-6-7　安徽省规划进展和总结（扫码阅读）

（三）提高规划文本的可读性和可视化

基于规划专业性强、覆盖面广的特点，各地综合运用多种解读方式、形式，除了图片图表、音频视频外，还借助数字化、卡通动漫、虚拟现实（VR）、第 5 代超文本标记语言（H5）、思维导图等方式，通过新闻发布会、短视频、政策问答、在线访谈等方式提高规划文本的可读性和可视化。例如，湖南省主要负责人发挥第一解读人的作用，注重提升政策解读质量，开展“厅”说规划，通过在线访谈解读各类专项规划，具体可扫描如图 1-6-8 所示的二维码阅读。

湘潭市“十四五”应急管理规划H5解读

湘潭市“十四五”服务业发展规划音频解读

湖南省规划电子书

广东省“十四五”发展规划思维导图解读

云南省滇中城市群发展规划专家解读

海南省“十四五”规划新闻发布会解读

湖南省媒体解读

四川省“十四五”残疾人保障和发展规划在线访谈

图 1-6-8　各地规划文本解读（扫码阅读）

（四）创新规划公开形式

发挥政府信息公开第一平台作用，优化规划专题专栏，充分展现“一张蓝图绘到底”的接续奋斗历程。探索创新公开形式，发挥新媒体平台优势，扩大规划知晓覆盖面。例如，山西省集中展示各类“十四五”专项规划文本、发布会、在线访谈情况，回顾“十三五”的奋斗历程，图文并茂，清晰明了，具体如图 1-6-9、图 1-6-10 所示。浙江省湖州市细化规划类别、关联规划意见征求反馈情况，方便群众“一站式”获取规划关联信息，具体如图 1-6-11 所示。

山西省“十四五”规划专题

图 1-6-9　山西省“十四五”规划专题（扫码阅读）

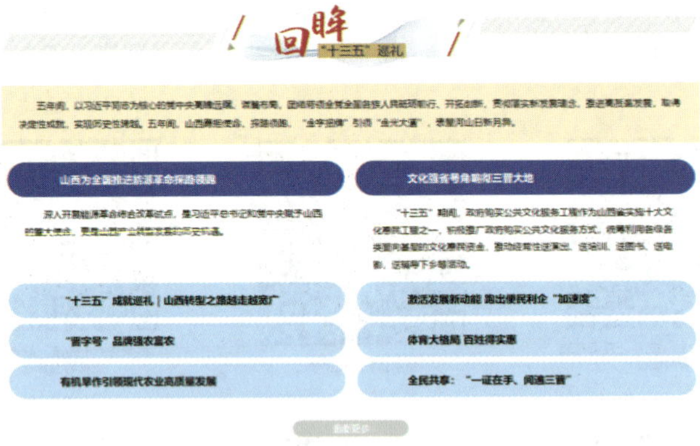

山西省“十三五”规划巡礼

图 1-6-10　山西省“十三五”规划巡礼（扫码阅读）

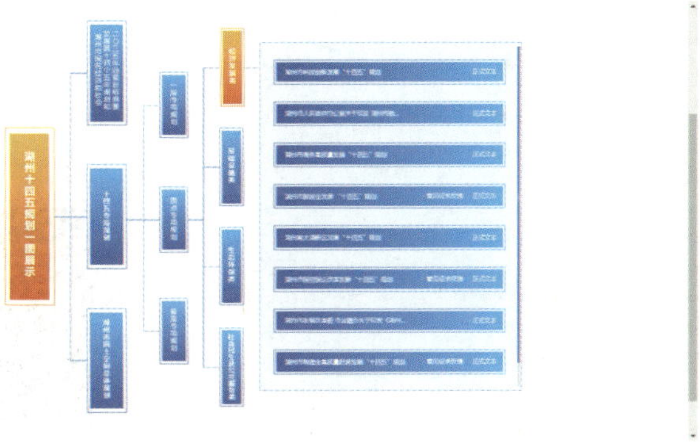

图 1-6-11　湖州市"十四五"规划专栏（扫码阅读）

（五）延伸历史规划归集长度

国家及部分省份将国民经济和社会发展规划追溯到"一五"计划，延伸历史规划长度，具体如图 1-6-12、图 1-6-13、图 1-6-14 所示。

图 1-6-12　国务院历史规划（扫码阅读）

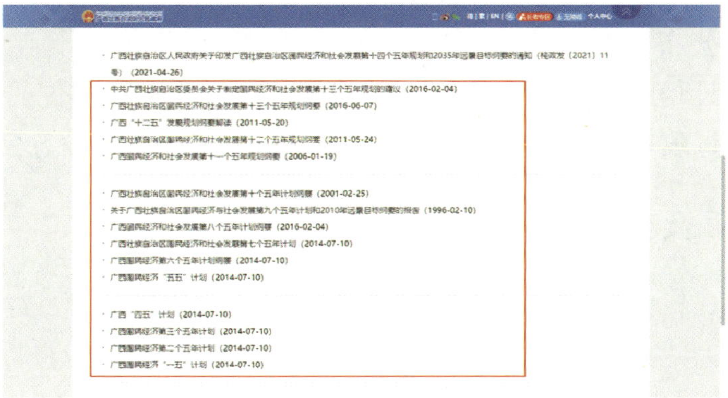

图 1-6-13　广西壮族自治区历史规划（扫码阅读）

河北省历史规划

图 1-6-14　河北省历史规划（扫码阅读）

（六）探索建立规划管理平台

《中华人民共和国国民经济和社会发展第十四个五年规划和 2035 年远景目标纲要》明确“健全目录清单、编制备案、衔接协调等规划管理制度”。有条件的地区可以建立规划管理平台，将规划纳入统一管理，强化规划衔接协调，能有效摸清本地规划底数。加强与政府信息公开平台的互联互通和信息共享，推进规划有序公开。

第七节　国民经济和社会发展统计信息

国民经济和社会发展统计信息既是国家宏观决策的重要参考依据，也是社会公众了解国情国力和社会发展状况的信息载体，一些重要的统计数据更是经济活动的风向标，影响市场主体经营决策。国民经济和社会发展统计信息的公开具有重要意义，《中华人民共和国统计法》（主席令第十五号）要求，县级以上人民政府统计机构要定期公布统计资料，县级以上人民政府有关部门统计调查取得的统计资料，由本部门按照规定公布。本节从统计信息的内涵及表现形式，统计工作的演变和统计机构设置，统计信息公开要求、公开的注意事项、公开建议和优秀案例等方面进行研究，促进各行政单位更好地推动国民经济和社会发展统计信息公开。

一、统计信息的内涵及表现形式

（一）统计信息的内涵

根据国务院《关于修改〈中华人民共和国统计法实施细则〉的决定》（国务院令第 453 号）第一章第二条，“《统计法》所指的统计，是指运用各种统计方法对国民经济和社会发展情况进行统计调查、统计分析，提供统计资料和统计咨询意见，实行统计监督等活动的总称。国民经济和社会发展的统计项目分类，由国家统计局规定、调整。”因此，国民经济和社会发展统计信息即统计信息，本节出现两种表述的，视为同等概念。

（二）统计信息的内容及表现形式

根据国民经济和社会发展的领域分类，其产生的统计信息具体表现为农业信息，工业和建筑业信息，服务业信息，国内贸易信息，固定资产投资信息，对外经济信息，财政金融信息，居民收入消费和社会保障信息，科学技术和教育信息，文化旅游、卫生健康和体育信息，资源、环境和应急管理信息等，每个类别中的具体统计指标参照国家统计局公布的指标解释，具体扫描图 1-7-1 二维码。

图 1-7-1 国家统计局统计指标解释（扫码阅读）

从当前各地统计信息公开实践来看，各项统计信息的公开形式主要有总体经济运行情况、行业经济运行情况、统计月报（月度数据）、统计季报（季度数据）、统计公报①、统计年鉴②等。

二、各行政层级统计机构的统计信息公开要求

（一）国家统计局及其派出调查机构③的统计信息公开要求

（1）国家统计局统计调查取得的全国性统计数据和省、自治区、直辖市统计数据，由国家统计局公布或者由国家统计局授权其派出的调查机构或者省级人民政府统计机构公布。④

（2）根据国家统计局信息公开指南，数据发布主要包括统计信息发布日程表、最新发布的主要进度和年度数据、国民经济和社会发展统计公报及国家统计局数据发布库，同时要求对发布数据进行解读。

---

①《中华人民共和国国民经济和社会发展统计公报》每年 2 月下旬发布，主要内容涉及上年度国民经济、农业、工业、投资、贸易、对外经济、财政、金融、交通、邮电和旅游、教育、科技和文化、卫生和社会服务、人口、人民生活和社会保障、资源、环境和安全生产等内容。统计公报可以分为年度统计公报、经济普查公报、人口普查公报、农业普查公报、R&D 普查公报（全国科技经费投入统计公报、地方 R&D 资源清查主要数据公报）、基本单位普查公报、工业普查公报、三产普查公报、其他普查公报。图文并茂，更多是各领域主要指标的宏观描述。

②《中国统计年鉴》是一部全面反映中华人民共和国经济和社会发展情况的资料性年刊，系统收录了全国和各省、自治区、直辖市上一年度经济、社会各方面的统计数据，以及多个重要年份和近年全国主要统计数据。目前每年 9 月出版。多以数据形式展开，涉及细节变化展示。

③ 国家统计局按行政区下设 32 个省级国家统计局调查总队（含新疆生产建设兵团）。

④《中华人民共和国统计法实施条例》（国务院令第 681 号）第二十四条。

(二) 县级以上地方人民政府统计机构的统计信息公开要求

(1) 县级以上人民政府统计机构和有关部门统计调查取得的统计资料,除依法应当保密外,应当及时公开,供社会公众查询。①

(2) 县级以上地方各级人民政府统计机构要公布、出版本行政区域内的基本统计资料;省、自治区、直辖市人民政府统计机构要定期发布本行政区域内国民经济和社会发展情况的统计公报;自治州、县、自治县、市、市辖区人民政府统计机构按照本级人民政府的决定,发布本行政区域内国民经济和社会发展情况的统计公报。②

(3) 县级以上人民政府统计机构和有关部门应及时公布主要统计指标含义、调查范围、调查方法、计算方法、抽样调查样本量等信息,对统计数据进行解释说明。③

(4) 已公布的统计数据按照国家有关规定需要进行修订的,县级以上人民政府统计机构和有关部门应当及时公布修订后的数据,并就修订依据和情况作出说明。④

(5) 县级以上各级人民政府统计机构必须做好统计信息咨询服务工作,充分利用可公开的社会经济信息为社会公众服务。符合国家有关规定,在《统计法》和统计制度规定之外提供统计信息咨询实行有偿服务,具体办法由国家统计局会同国务院价格主管部门制定。⑤

(三) 县级人民政府统计机构的统计信息公开要求⑥

统计领域基层政务公开标准目录是针对县级统计机构提出的工作要求,包含4个一级事项和9个二级事项。涉及公开内容(要素)、公开依据、公开时限、公开主体、公开渠道和载体、公开对象、公开方式和公开层级等标准,具体如下:

1. 公开事项和对应公开要素

(1) 统计法律规范及其公开内容。统计法律法规是面向全社会主动公开的一级事项,二级事项为统计法律、法规规章和规范性文件,具体公开要求是县级统计机构要自信息形成或者变更之日起20个工作日内发布统计领域相关法律、法规和规章以及统计领域相关规范性文件。

---

①《中华人民共和国统计法》(主席令第十五号)第二十六条。

②《国务院关于修改〈中华人民共和国统计法实施细则〉的决定》(国务院令第453号)第二十三条。

③《中华人民共和国统计法实施条例》(国务院令第681号)第二十七条。

④《国务院关于修改〈中华人民共和国统计法实施细则〉的决定》(国务院令第453号)第二十六条。

⑤《国务院关于修改〈中华人民共和国统计法实施细则〉的决定》(国务院令第453号)第十七条。

⑥《国家统计局办公室关于印发〈统计领域基层政务公开标准指引〉的通知》(国统办函〔2021〕574号)。

（2）统计调查制度及其公开内容。统计调查制度是面向全社会主动公开的一级事项，二级事项为国家统计调查制度和地方统计调查制度，具体公开要求是要实时更新开展统计调查工作中执行的国家统计调查制度和地方统计调查制度的主要内容。

（3）统计数据及其公开内容。统计数据是面向全社会主动公开的一级事项，二级事项为数据发布和数据解读，具体公开要求是县级统计机构要适时发布统计公报，年度、季度、月度主要统计数据，按国家规定对外发布的重大国情国力普查数据和重要统计调查相关数据，统计发布后要进行配套解读。

（4）统计执法监督及其公开内容。统计执法监督全社会主动公开的一级事项，二级事项为行政处罚信息公示、“双随机”抽查和统计严重失信企业公示，具体公开要求是县级统计机构要适时公开统计“双随机”抽查名单和结果、统计严重失信企业失信信息。

2. 公开渠道和载体

（1）统计法律规范的公开渠道和载体。统计法律规范的公开渠道和载体有政府网站、政府公报、两微一端、广播电视、纸质媒体、公开查询点、政务服务中心、便民服务站、入户/现场。

（2）统计调查制度的公开渠道和载体。统计调查制度的公开渠道和载体有政府网站、两微一端、政务服务中心、便民服务站、入户/现场、社区/企事业单位/村公示栏。

（3）统计数据的公开渠道和载体。统计数据的公开渠道和载体有政府网站、政府公报、两微一端、发布会/听证会、广播电视、纸质媒体。

（4）统计执法监督的公开渠道和载体。统计执法监督的公开渠道和载体有政府网站、两微一端、广播电视、地方用门户或信用中国网站。

3. 其他要求

各县级统计机构要加强主动公开力度，完善信息发布流程，优化公开渠道和载体，同时可根据本地区实际情况，适当进行调整和完善。

（四）县级以下行政主体统计机构或人员[①]的统计信息公开要求

根据现行相关文件要求，县级以下行政主体统计机构或人员有业务职责，暂无明确公开要求。

① 《国务院关于修改〈中华人民共和国统计法实施细则〉的决定》（国务院令第 453 号）规定，乡镇政府应设置统计工作岗位，配备专职或兼职的统计员，执行乡镇综合统计的职能；村级统计工作由村民委员会指定专人负责，其在业务上受到乡镇统计员的领导。

三、统计信息公开的注意事项

（一）关于数据来源

（1）国家统计局开展统计调查的全国31个省（自治区、直辖市），未包括台湾省、香港特别行政区和澳门特别行政区。[①]

（2）按照核算制度要求，驻外使领馆、部分不宜划分地区的保密单位和总部经济、军队武警等活动仅在全国核算，未核算到地区，因此地区生产总值的汇总数会略小于国内生产总值。[②]

（二）关于信息涉密

1. 涉密信息

各地方、各部门、各单位必须执行国家有关统计资料保密管理的规定，加强对统计资料的保密管理，建立统计资料档案制度。[③] 绝密、机密、秘密统计资料，非经批准，任何单位或个人不得对外发表。必须发表时，按《国务院办公厅转发国家统计局〈统计资料保密管理办法〉的通知》（国办发〔1985〕30号）的要求执行。[④]

2. 非涉密信息

（1）主动公开：涉及公民、法人或者其他组织切身利益、需要社会公众广泛知晓或参与的相关政府统计信息；依据法律法规和国家有关规定应当公开的本部门其他政府统计信息；非秘密的统计资料，国家统计部门和主管业务部门要通过国民经济和社会发展的统计公报、统计年鉴、统计月报和其他方式，及时对外发表。

（2）依申请公开：需通过依申请公开的统计信息，按申请相关程序执行。

（3）其他情况：

① 对于数据部门未对外公布公开的数据，数据使用部门对外公开公布前，应当征得数据生产部门同意；发表时间对国际市场影响较大的经济统计数字，要征得对外经济贸易部门同意。对外公开发表科技成果方面的统计资料，由国家科委和地方科委批准。[⑤]

---

①《关于更新全国统计用区划代码和城乡划分代码的公告》。

②《国家统计局有关负责人就地区生产总值统一核算改革有关问题答记者问》。

③《国务院关于修改〈中华人民共和国统计法实施细则〉的决定》（国务院令第453号）第十八条、第十九条。

④《国务院办公厅转发国家统计局〈统计资料保密管理办法〉的通知》（国办发〔1985〕30号）第三条。

⑤《国务院办公厅转发国家统计局〈统计资料保密管理办法〉的通知》（国办发〔1985〕30号）第四条。

② 统计调查中获得的能够识别或者推断单个统计调查对象身份的资料[①]，任何单位或个人不得对外发表。

③ 公开后可能危及国家安全、公共安全、经济安全和社会稳定的政府信息，不得公开。

（三）关于信息更新

（1）对于年度数据，一般在国民经济和社会发展统计公报发布和《中国统计摘要》出版5个工作日左右更新主要年度数据，在《中国统计年鉴》出版后更新快速查询栏目年度数据，于2个月后更新全部年度数据并加载年鉴光盘。[②]

（2）为消除春节假期不固定因素带来的影响，增强数据可比性，从2012年起，国家统计局对部分月报（如规模以上工业生产、固定资产投资、民间固定资产投资、房地产投资和销售、社会消费品零售总额、工业经济效益等数据）不单独开展1月份统计数据的调查，1—2月份数据一起调查、一起发布。[③]

四、统计信息公开的优秀案例

（一）丰富数据展现形式，方便群众理解

对于统计信息，除使用传统的文字描述外，还可以借助多种类型的统计图表，如饼图、折线图等，并辅以动态展示。

优秀案例：陕西省以折线图的方式动态展示了数据的变化，具体如图1-7-2所示。

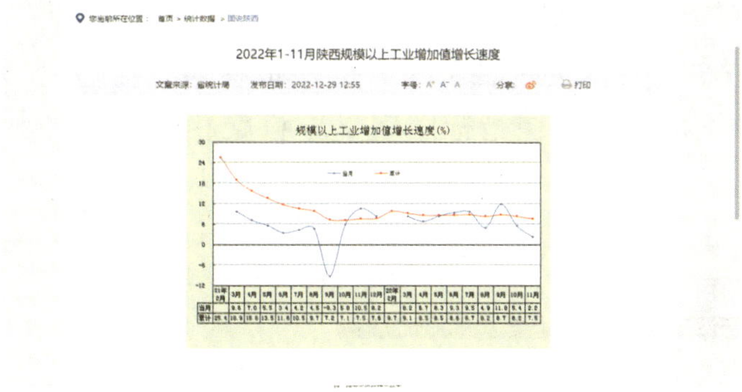

陕西省图表数据走势

图 1-7-2　陕西省图表数据走势（扫码阅读）

---

① 《中华人民共和国统计法》（主席令第十五号）第二十五条、《中华人民共和国统计法实施条例》（国务院令第681号）第二十九条。《统计法》第二十五条规定的能够识别或者推断单个统计调查对象身份的资料包括：（一）直接标明单个统计调查对象身份的资料；（二）虽未直接标明单个统计调查对象身份，但是通过已标明的地址、编码等相关信息可以识别或者推断单个统计调查对象身份的资料；（三）可以推断单个统计调查对象身份的汇总资料。

② 《国家统计局常见问题解答》第一章《数据发布与更新》第1问。

③ 《国家统计局常见问题解答》第四章《统计制度及分类标准》第10问。

（二）拓展数据公开渠道，扩大公众知晓度

除政府信息公开门户网站外，各统计机构还可自行探索多样化的公开渠道，向公众公开统计信息。

优秀案例：安徽省在“安徽统计”微信公众号中设置“数据安徽”子栏目，为广大统计用户获得内容较多、时效性较强、方便快捷、科学规范的统计信息提供便利，具体如图 1-7-3 所示。

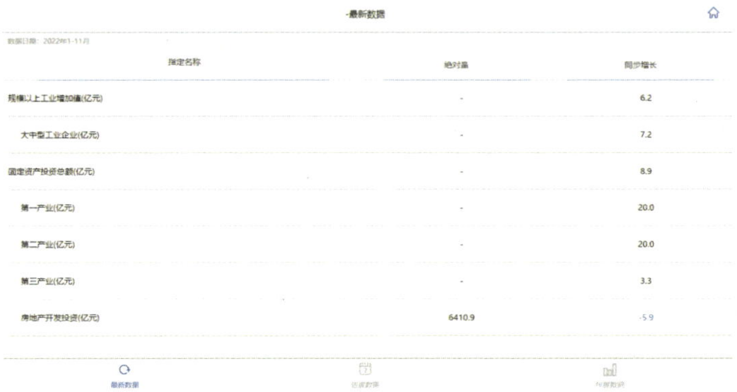

安徽省微信公众号“安徽统计”

图 1-7-3　安徽省微信公众号“安徽统计”（扫码阅读）

（三）创新科普形式，普及统计常识

在基本统计信息公开之外，还可通过问答、知识竞赛、专栏等形式科普相关统计常识，使普通民众更容易理解相关指标。

优秀案例：四川省设置“大数据会说话”的数据发布系列栏目，科普相关统计知识，具体如图 1-7-4 所示；福建省在指标图表下方科普相关指标的知识，具体如图 1-7-5 所示。

四川省“大数据会说话”科普栏目

图 1-7-4　四川省“大数据会说话”科普栏目（扫码阅读）

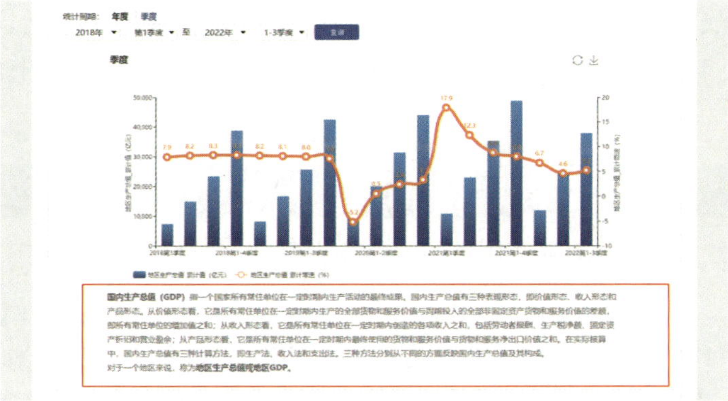

福建省知识科普

图 1-7-5　福建省知识科普（扫码阅读）

第八节　行政权力运行

党的十八大报告明确提出，健全权力运行制约和监督体系，推行权力运行公开化、规范化，让权力在阳光下运行。2013 年 11 月，十八届三中全会审议通过《中共中央关于全面深化改革若干重大问题的决定》，要求推行地方各级政府及其工作部门权力清单制度，依法公开权力运行流程。此后，关于行政权力，党中央、国务院陆续出台了多个重要文件，如中共中央办公厅、国务院办公厅印发《关于推行地方各级政府工作部门权力清单制度的指导意见》（中办发〔2015〕21 号），国务院办公厅印发《关于推广随机抽查规范事中事后监管的通知》（国办发〔2015〕58 号），国务院办公厅印发《关于全面推行行政执法公示制度执法全过程记录制度重大执法决定法制审核制度的指导意见》（国办发〔2018〕118 号）等，不断规范行政权力运行全流程。

但是，纵观各地行政权力公开实际情况，依然存在公开内容不全面、公开要素不完整等问题。基于此，本节拟通过全面梳理和分析党中央、国务院关于行政权力运行的相关要求，明确行政权力公开内涵、公开要点等信息，以期为各级行政单位提供工作参考，助力行政权力公开水平提升，打造阳光透明的法治政府，保障公民知情权、监督权等合法权益。

一、行政权力的内涵

国家政务服务平台标准（C0109.1—2018）指出，行政权力是依据法律、法规、规章、规范性文件和部门职责分工的规定，由法定行政机关或者组织实施，对公民、法人或者其他组织的权利义务产生直接影响的具体行政行为。行政权力按照其性质分为行政许可、行政处罚、行政强制、行政征收、行政给付、行政检查、行政确认、行政奖励、行政裁决和其他行政权力，各类别行政权力内涵具体见表 1-8-1。

表 1-8-1 各类别行政权力内涵

序号	名称	内涵
1	行政许可	行政机关根据公民、法人或者其他组织的申请，经依法审查，准予其从事特定活动的行为
2	行政处罚	具有行政处罚权的行政机关、法律法规授权组织和行政机关依法委托的组织对公民、法人或者其他组织违反行政管理秩序的行为给予行政制裁的具体行政行为； 行政处罚的种类包括警告；罚款；没收违法所得、没收非法财物；责令停产停业；暂扣或者吊销许可证、暂扣或者吊销执照；行政拘留；法律、行政法规规定的其他行政处罚
3	行政强制	包括行政强制措施和行政强制执行； 行政强制措施是指行政机关在实施行政管理的过程中，依法对公民人身自由进行暂时性限制，或者对公民、法人或者其他组织的财产实施暂时性控制的措施； 行政强制执行是指行政机关或者由行政机关申请人民法院，对不履行发生法律效力的行政决定的公民、法人或者其他组织，依法强制其履行义务的行为
4	行政征收	行政机关或者法定组织根据国家和社会公共利益的需要，依法向行政相对人强制地、无偿地征集一定数额金钱或实物的具体行政行为
5	行政给付	行政机关或者法定组织依法向符合条件的申请人提供物质利益或者赋予与物质利益有关的具体行政行为
6	行政检查	行政机关或者法定组织依照法规文件规定的权限和程序，对行政相对人遵守法律、法规、规章，执行行政命令、决定的情况进行检查、了解、监督的行政行为
7	行政确认	行政机关或者法定组织依照法规文件规定的权限和程序对有关身份、能力、资格、法定实施、法定地位或者法定关系等进行甄别，通过确定、证明等方式决定行政相对人法律地位、法律关系或者权利义务的具体行政行为
8	行政奖励	行政机关或者法定组织依照法定条件和程序，对国家、人民和社会作出贡献或者模范地遵纪守法的行政相对人，给予物质的或者精神的奖励的具体行政行为

序号	名 称	内 涵
9	行政裁决	行政机关或者法定组织依照法律法规、规章的规定，对当事人之间发生的、与行政管理活动密切相关的、与合同无关的民事纠纷进行审查，并作出裁决的具体行政行为
10	其他行政权力	行政机关或者法定组织依照法律文件的规定实施，对公民、法人和其他社会组织的权利义务产生直接影响，又难以准确界定为上述 9 中权利类型之一的具体行政行为

二、行政权力的运行

（一）权责清单

1. 权责清单的内涵

权责清单即权力清单和责任清单的复合体。权力清单是指政府及其部门或其他主体在对其所行使的公共权力进行全面梳理基础上，将职权目录、实施主体、相关法律依据、具体办理流程等以清单方式进行列举，并公之于众，旨在防止政府乱作为，即“法无授权不可为”。责任清单是在权力清单的基础上，按照权责一致的原则，进一步明确责任事项、责任主体，健全问责机制，旨在防止政府不作为，即“法定责任必须为”。

《关于推行地方各级政府工作部门权力清单制度的指导意见》（中办发〔2015〕21 号）指出，“地方各级政府工作部门作为地方行政职权的主要实施机关，是权力清单制度的重点”“依法承担行政职能的事业单位、垂直管理部门设在地方的具有行政职权的机构等，也应推行权力清单制度”；同时要求，按照权责一致的原则，逐一厘清与行政职权相对应的责任事项，建立责任清单。因此，地方各级政府工作部门和承担行政职能的事业单位、垂直管理部门设在地方的具有行政职权的机构，应及时在各级政府门户网站或业务办理窗口上集中展示权责清单。

2. 权责清单的动态调整

权责清单并非一成不变的静态目录，而是应随政府部门变动不断调整。《关于全面推进政务公开工作的意见》（中办发〔2016〕8 号）要求，“全面推行权力清单、责任清单公开工作，建立健全清单动态调整公开机制。”《2017 年政务公开工作要点》（国办发〔2017〕24 号）也提出，“深化地方各级政府及其部门权责清单公开工作，根据权责事项取消、下放、承接情况进行动态调整。”因此，权责清单动态调整公开是针对政府及其他部门或其他主体的权责清单，根据权责事项取消、下放、承接情况进行动态公开。

3. 权责清单的公开要求

（1）推进权力清单和责任清单的公开。公布权力清单，对确认保留的行政职权，除保密事项外，要以清单形式将每项职权的名称、编码、类型、依据、行使主体、流程图和监督方式等，及时在政府网站等载体公布；积极推进责任清单工作，按照权责一致原则，逐一厘清与行政职权相对应的责任事项，建立责任清单，明确责任主体。

注意事项：每一项职权对应一个流程图。

图 1-8-1 以天津市发改委“企业投资项目核准”为样表介绍名称、编码、依据、监督方式和流程图要素的具体公开标准。

（2）及时公开权责事项取消、下放、承接等动态调整的过程性信息。

图 1-8-2 以安徽省六安市应急管理局公开权责清单即时动态调整情况表为例，展现调整依据、类型及意见和理由。

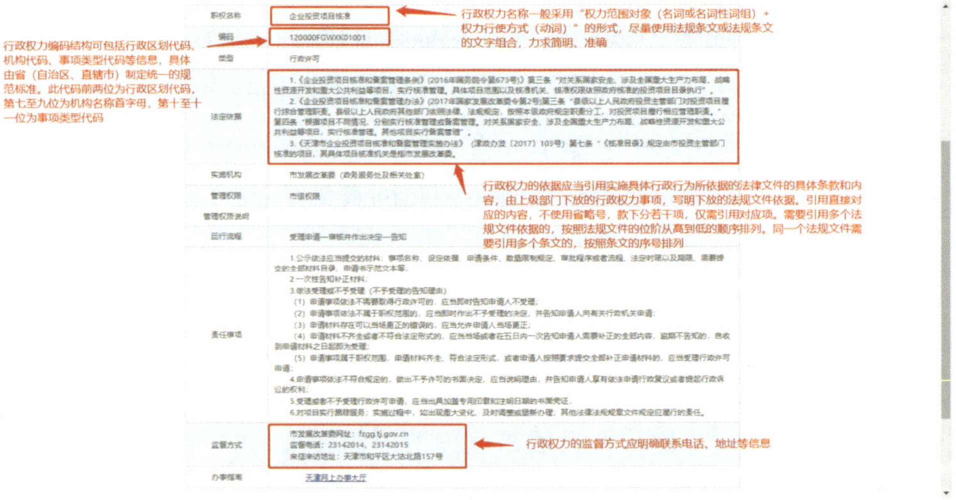

（a）

图 1-8-1　天津市发改委“企业投资项目核准”事项职权与流程图

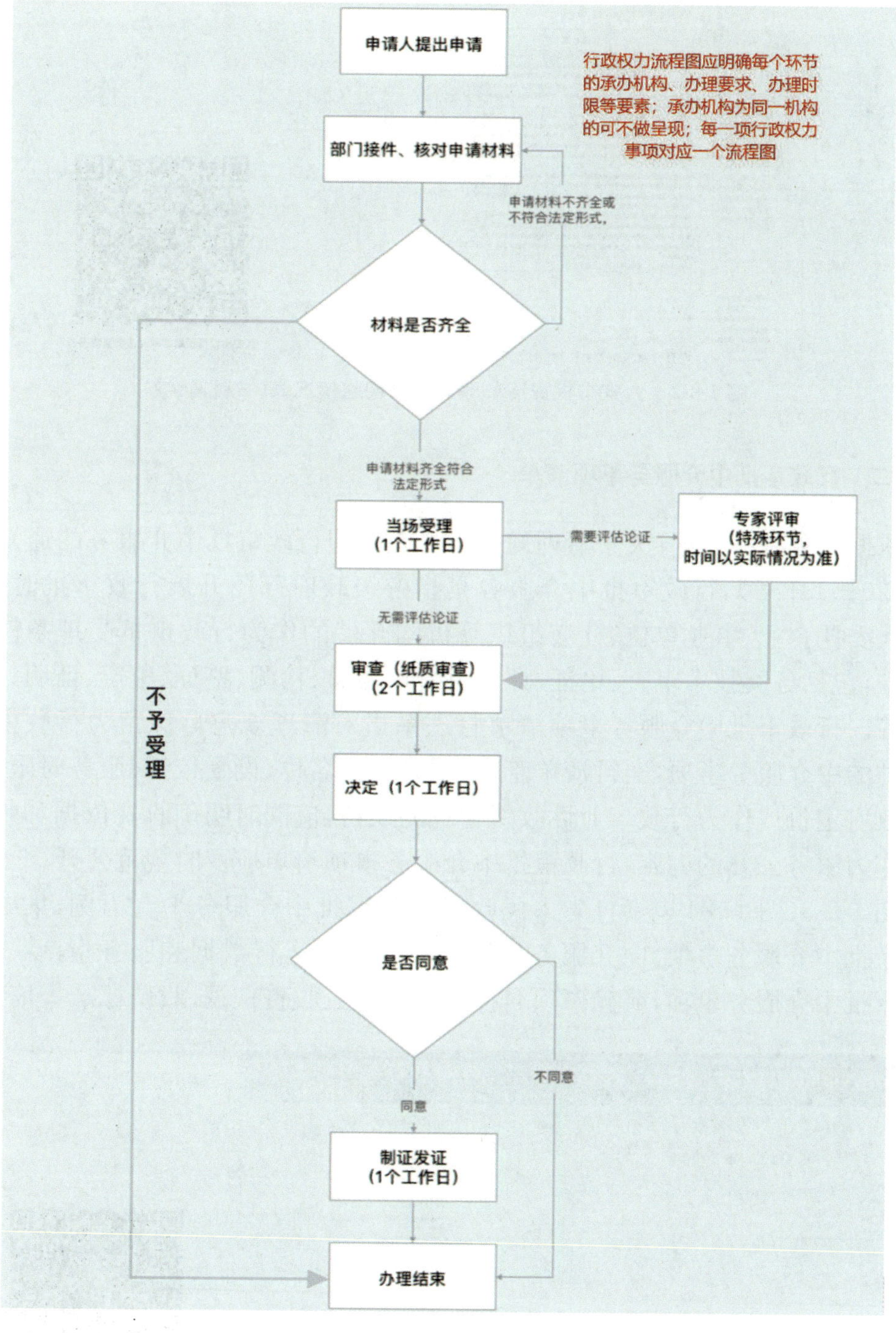

（b）

图 1-8-1　天津市发改委“企业投资项目核准”事项职权与流程图（续）

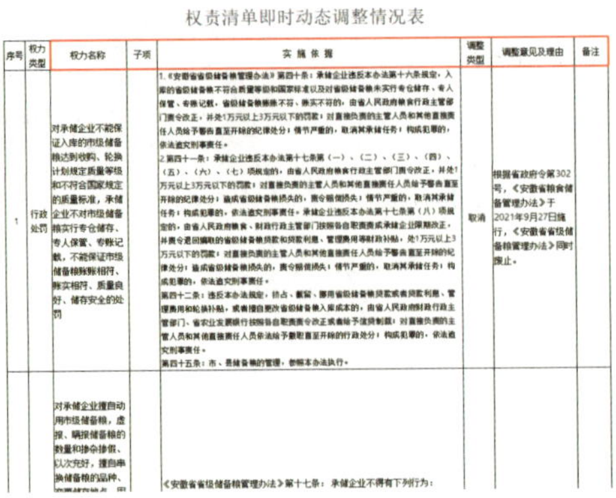

权责清单即时动态调整情况表

序号	权力类型	权力名称	子项	实施依据	调整类型	调整意见及理由	备注
1	行政处罚	对承储企业不能保证入库的市级储备粮达到收购、轮换计划规定质量等级和不符合国家规定的质量标准，承储企业不对市级储备粮实行专仓储存、专人保管、专账记载，不能保证市级储备粮账账相符、账实相符、质量良好、储存安全的处罚		1.《安徽省省级储备粮管理办法》第四十条：承储企业违反本办法第十六条规定，入库的省级储备粮不符合质量等级和国家标准以及对省级储备粮未实行专仓储存、专人保管、专账记载，省级储备粮账账不符、账实不符的，由省人民政府粮食行政主管部门责令改正，并处1万元以上3万元以下的罚款；对直接负责的主管人员和其他直接责任人员给予警告直至开除的纪律处分；情节严重的，取消其承储任务；构成犯罪的，依法追究刑事责任。 2.第四十一条：承储企业违反本办法第十七条第（一）、（二）、（三）、（四）、（五）、（六）、（七）项规定的，由省人民政府粮食行政主管部门责令改正，并处1万元以上3万元以下的罚款；对直接负责的主管人员和其他直接责任人员给予警告直至开除的纪律处分；造成省级储备粮损失的，责令赔偿损失；情节严重的，取消其承储任务；构成犯罪的，依法追究刑事责任。承储企业违反本办法第十七条第（八）项规定的，由省人民政府粮食、财政行政主管部门按照各自职责责成承储企业限期改正，并责令退回骗取的省级储备粮贷款和贷款利息、管理费用等财政补贴，处1万元以上3万元以下的罚款；对直接负责的主管人员和其他直接责任人员给予警告直至开除的纪律处分；造成省级储备粮损失的，责令赔偿损失；情节严重的，取消其承储任务；构成犯罪的，依法追究刑事责任。 第四十二条：违反本办法规定，挤占、截留、挪用省级储备粮贷款或者贷款利息、管理费用和轮换补贴，或者擅自更改省级储备粮入库成本的，由省人民政府财政行政主管部门、省农业发展银行按照各自职责责令改正或者给予信贷制裁；对直接负责的主管人员和其他直接责任人员依法给予撤职直至开除的行政处分；构成犯罪的，依法追究刑事责任。 第四十五条：市、县储备粮的管理，参照本办法执行。	取消	根据省政府令第302号，《安徽省粮食储备管理办法》于2021年9月27日施行，《安徽省省级储备粮管理办法》同时废止。	
		对承储企业擅自动用市级储备粮，虚报、瞒报储备粮的数量和掺杂掺假、以次充好，擅自串换储备粮的品种、……		《安徽省省级储备粮管理办法》第十七条：承储企业不得有下列行为：			

六安市权责清单即时动态调整情况表

图 1-8-2　六安市权责清单即时动态调整情况表(扫码阅读)

(二) 行政审批中介服务事项清单

依据国务院办公厅《关于清理规范国务院部门行政审批中介服务的通知》(国办发〔2015〕31 号),行政审批中介服务是指各级政府部门开展行政审批时,要求申请人委托企业、事业单位、社会组织等机构开展的作为行政审批受理条件的有偿服务,包括各类技术审查、论证、评估、评价、检验、检测、鉴证、鉴定、证明、咨询、试验等。行政审批中介服务事项清单管理系指对清理规范后保留为行政审批受理条件的中介服务事项,实行清单管理,明确项目名称、设置依据、服务时限,其中实行政府定价或作为行政事业性收费管理的项目,应同时明确收费依据和收费标准。作为服务公开的内容,行政审批中介服务事项清单应及时规范公开。①

图 1-8-3、图 1-8-4 以浙江省人民政府行政审批中介服务平台为例,集中发布行政审批中介服务事项、中介服务机构、交易信息、运行数据和服务指南。其中,行政审批中介服务事项,明确事项名称、服务期限、收费依据、收费标准等信息。

浙江省投资项目行政审批中介服务平台

图 1-8-3　浙江省投资项目行政审批中介服务平台(扫码阅读)

① 《关于全面推进政务公开工作的意见》(中办发〔2016〕8 号)第(七)条。

浙江省行政审批中介服务事项

图 1-8-4　浙江省行政审批中介服务事项（扫码阅读）

（三）权力运行结果

后向东在《政府信息公开条例（2019）理解与适应》中认为，"'办理行政许可和其他对外管理服务事项的依据、条件、程序以及办理结果'①包含两个方面内容：一是行政许可和其他管理服务事项的依据、条件、程序，属于相对固定的规范性内容；二是办理结果，属于动态内容。

'实施行政处罚、行政强制的依据、条件、程序以及本行政机关认为具有一定社会影响的行政处罚决定'②也包含两方面内容：一是行政处罚、行政强制的依据、条件、程序，属于相对固定的规范性内容；二是本行政机关认为具有一定社会影响的行政处罚决定，是动态内容，与行政许可决定原则上一律公开不同，只有那些具有一定社会影响的行政处罚决定才需要公开，至于什么情况下才构成具有一定社会影响，交由行政机关自行判断，各级政府信息公开工作主管部门可以发布相应的指导意见"。

（四）"双公示"

1. 内涵

"双公示"是指行政许可和行政处罚等信用信息自作出行政决定之日起 7 个工作日内上网公开。

按照"谁产生、谁负责"的原则，具有行政许可和行政处罚权限的各级政府部门应安排专人负责落实本部门"双公示"工作。

2. 公开要求

（1）公开渠道。"双公示"信息采取逐级上报的方式，由省级信用门户网站报

① 《中华人民共和国政府信息公开条例》（国务院令第 711 号）第二十条。
② 《中华人民共和国政府信息公开条例》（国务院令第 711 号）第二十条。

送至“信用中国”网站。各地区应依托省级信用门户网站开发“双公示”信息报送系统，在各级信用门户网站设置“双公示”专栏；具有行政许可和行政处罚权限的行政机关应在本部门门户网站设置“双公示”专栏，公示行政许可和行政处罚信息。

注意事项：多平台发布“双公示”信息需保证信息同源。

（2）公开内容：

①“双公示”事项目录。各地区各部门应结合“权力清单”和“责任清单”，按照“应归尽归、应示尽示”的要求，全面梳理编制本地区本部门行政许可和行政处罚事项目录，并动态更新。事项目录公开前须经保密审查并按照国家“双公示”数据标准填写。事项目录及其数据项应在本地区本部门（单位）门户网站或地方信用门户网站，以及“信用中国”网站公开。图 1-8-5 示例为信用中国（上海）平台按要求发布市级“双公示”事项目录。

图 1-8-5　信用中国（上海）平台双公示目录（扫码阅读）

②“双公示”事项数据。各地区各部门应按照“双公示”事项目录和数据标准采集相关信息，并自作出行政决定之日起 7 个工作日内上网公示。依据简易程序作出行政处罚的信息和涉及个人的行政处罚信息不在“信用中国”网站归集和公示。图 1-8-6 示例为信用中国（上海）平台发布市级双公示数据。

图 1-8-6　信用中国（上海）平台双公示数据（扫码阅读）

三、公开建议

建立集中统一的行政权力运行平台，分栏目公开权责清单、行政审批中介服务事项清单和权力运行结果等信息。加强完善权责清单的动态调整过程中信息。集中归集“双公示”的多平台跳转链接，方便群众查看相应信息。

注意事项：权责清单中每一项职权对应一个流程图。多平台发布“双公示”信息需保证信息同源。

附件：行政权力政策文件梳理（图 1-8-7、图 1-8-8）

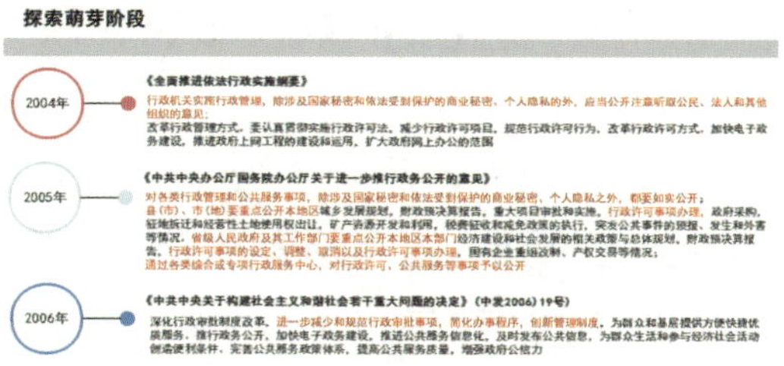

图 1-8-7　行政权力公开萌芽阶段政策梳理

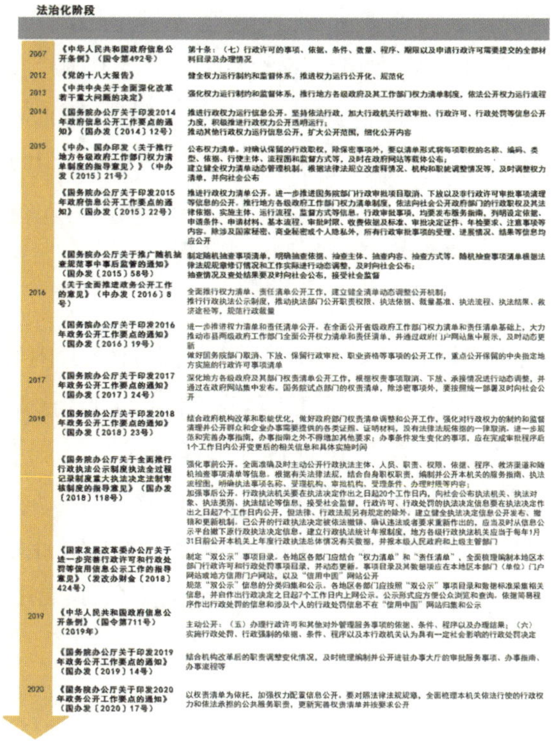

图 1-8-8　行政权力公开法治化阶段政策梳理

第九节　行政执法公示与“双随机、一公开”

一、行政执法公示

依据国务院办公厅印发的《关于全面推行行政执法公示制度执法全过程记录制度重大执法决定法制审核制度的指导意见》(国办发〔2018〕118号)(以下简称《三项制度指导意见》),行政执法公示是指,围绕行政处罚、行政强制、行政检查、行政征收征用、行政许可等事项,按照“谁执法谁公示”的原则,从事前、事中、事后3个方面,明确公示内容的采集、传递、审核、发布职责,规范信息公示内容的标准、格式。

根据各地行政执法公示公开实践,目前主要存在行政执法主体、人员、职责、权限、依据、程序、救济渠道、随机抽查事项清单等信息发布不全和未发布年度行政执法总体情况有关数据等问题。现将相关公开要求梳理如下:

(一) 公开范围

《三项制度指导意见》明确纳入行政执法公示范围的有行政处罚、行政强制、行政检查、行政征收征用和行政许可。在各地实际工作中,部分地区将行政执法公示范围进一步扩大,如《银川市行政执法公示办法》(银政办发〔2018〕172号)、惠州市人民政府办公室《关于印发〈惠州市行政执法公示办法〉的通知》(惠府办〔2018〕8号)等,均将行政给付、行政确认等行政行为也纳入行政执法公示范围。

(二) 公开主体

行政执法机关要按照“谁执法谁公示”原则,明确公示内容的发布职责。各地区具有行政执法公示发布职责的单位主体,应结合当地行政机关实际情况,根据各行政机关具体职责确定。一般公开主体主要有财政、发展和改革、民政、人力资源和社会保障、交通运输、综合执法、卫生健康、市场监管、应急管理、自然资源和规划、教体、经济和信息化、生态环境、住房和城乡建设、农业农村、水利、文化和旅游、公安等部门。图1-9-1以安徽省六安市行政执法公示集中公开平台作为示例,公开主体包括29个部门。

六安市行政执法公示集中公开平台

图 1-9-1　六安市行政执法公示集中公开平台（扫码阅读）

（三）公开渠道与载体

《三项制度指导意见》要求，应建立统一的执法信息公示平台，及时通过政府网站及政务新媒体、办事大厅公示栏、服务窗口等平台向社会公开行政执法基本信息、结果信息；若未建立，可明确统一的公开渠道，如在当地行政执法相关业务平台、政府门户网站专题页面或政府信息公开专栏等公开各类执法信息。

（四）公开内容

《三项制度指导意见》要求，在行政执法事前、事中和事后环节，行政执法机关应主动向当事人或社会公众公开、公布有关行政执法信息，自觉接受监督。行政执法公示涉及的公开内容主要有事前公开、事后公开两个方面。

1. 事前公开

（1）行政执法主体、人员、职责、权限、依据、程序、救济渠道、随机抽查事项清单等信息。此处职责、权限、依据系指行政执法机关执法的职责、权限与依据，非某一具体执法事项对应的职责、权限和依据等。

（2）服务指南、执法流程图。明确执法事项名称、受理机构、审批机构、受理条件、办理时限等内容，并及时根据法律法规及机构职能变化情况进行动态调整。

2. 事后公开

（1）执法机关、执法对象、执法类别、执法结论等信息。

（2）已公开的行政执法决定被依法撤销、确认违法或者要求重新作出的，应当及时从信息公示平台撤下原行政执法决定信息。

（五）行政执法信息维护的时间要求

对于行政执法信息维护，具体的时间要求如下：

(1) 行政执法的事前公示信息，原则上自信息发生变更之日起 20 个工作日内对外公示。

(2) 行政处罚和行政许可，自决定之日起 7 个工作日内对外公示，但法律、行政法规另有规定的除外。

(3) 行政强制、行政征收、行政征用、行政检查等，原则上自信息产生之日起 20 个工作日内对外公示。

(4) 行政执法决定发生变更的，应在变更之日起 20 个工作日内予以更新。

(5) 行政执法数据，每年的 1 月 31 日前公布上一年度的执法数据统计。

(六) 公开建议

1. 规范执法制度，细化任务清单

制定实施细则，明确执法公示的范围和内容，将公示范围、内容、载体、程序、时限要求、监督方式和保障措施等事项纳入实施细则，提升行政执法公示制度的可操作性。

2. 推动平台建设，推进公示信息统一归集

依托本地区门户网站，设置行政执法公示专题，并结合本地实际细分栏目，将原各单位分散公示的信息统一归集，实现行政执法信息全面公示公开。同时，对接相关业务平台，确保信息关联同源。

3. 推进行政执法信息化建设，实现执法信息互联互通

加强行政执法信息化建设，充分挖掘融合辖区各类行政执法信息平台的数据和功能，对行政执法事前、事中、事后的全过程执法信息实施管理和监督，全程留痕，线上线下互为支撑、各类数据共融共享、平台功能共建共享。

案例展示：

上海市人民政府执法公示系统分类展示执法主体、权限(种类、依据)、随机抽查事项清单、执法人员、程序流程、行政执法权力事项、办事指南、权责清单、举报投诉、救济渠道、行政处罚决定、行政许可决定、其他行政执法决定、裁量基准、行政执法数据公开等信息，公开内容详尽，页面显示清晰直观，方便群众查阅相关信息，具体如图 1-9-2 所示。

河北省开设行政执法公示平台，将群众关切的执法事项、执法流程公示、执法证查询等设置在执法首页，事前公开页面中细化执法人员、执法监督人员、执法主体、执法事项及执法流程等公开事项；事后公开页面中细化公开六类执法行为执法结果信息，具体含决定书(通知书)文号、相对人名称、案由(事由)等信息。点击进入执法证件页面，通过输入姓名、执法(监督)区域、执法证号等可查询执法(监督)人员信息，具体如图 1-9-3 所示。

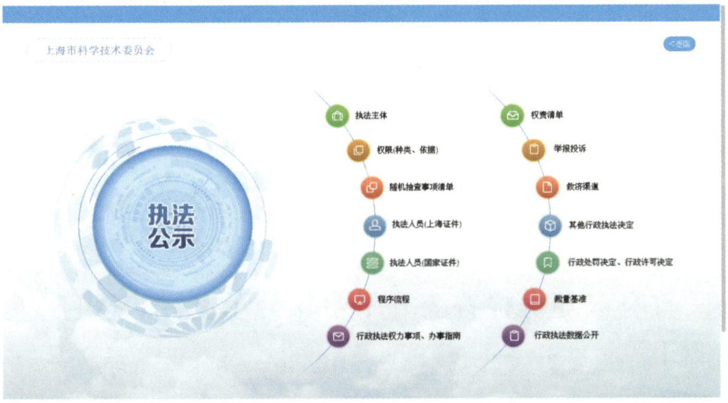

上海市行政执法公示系统

图 1-9-2　上海市行政执法公示系统(扫码阅读)

河北省行政执法公示平台

图 1-9-3　河北省行政执法公示平台(扫码阅读)

二、“双随机、一公开”

国务院办公厅《关于推广随机抽查规范事中事后监管的通知》(国办发〔2015〕58 号)要求,在全国全面推行“双随机、一公开”监管模式,即在监管过程中随机抽取检查对象,随机选派执法检查人员,抽查情况及查处结果及时向社会公开。《2017 年政务公开工作要点》(国办发〔2017〕24 号)要求,地方各级政府要汇总形成并统一公布本级随机抽查事项清单,明确抽查依据、主体、内容、方式等,及时通过国家企业信用信息公示系统及其他平台公开抽查结果和查处情况。《2018 年政务公开工作要点》(国办发〔2018〕23 号)指出,全面实施“双随机、一公开”监管,多渠道全方位及时公开综合监管和检查执法信息,提高监管效能和公正性。国务院《关于在市场监管领域全面推行部门联合“双随机、一公开”监管的意见》(国发〔2019〕5 号)、市场监管总局《关于全面推进“双随机、一公开”监管工作的通知》(国市监信〔2019〕38 号)相继发布,实现了“双随机、一公开”监管工作从探索到全面推进、从单部门到部门联合推进的转变,监管及相关信息公开工作取得了良好的效果。

（一）公开主体

依据《关于全面推进“双随机、一公开”监管工作的通知》（国市监信〔2019〕38号），市场监管总局、各省（区、市）市场监管部门[1]、县级以上市场监管部门开展“双随机、一公开”工作。按照“谁检查、谁录入、谁公开”的原则，将抽查检查结果进行公示。[2]

图 1-9-4 以浙江省人民政府双随机检查公开平台作为示例，抽查事项单部门公开主体包含 39 个政府部门。

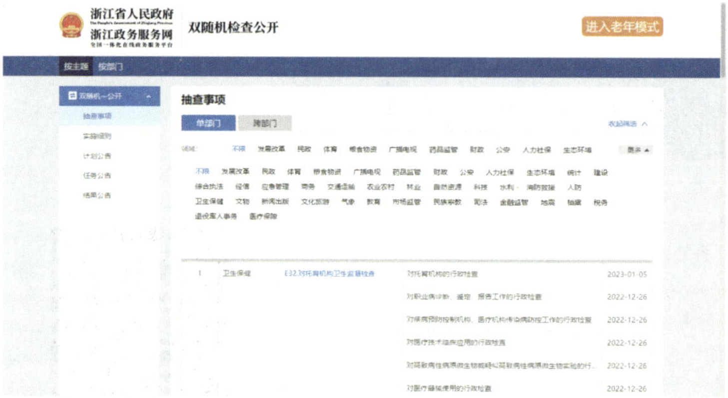

浙江省双随机检查公开平台

图 1-9-4　浙江省双随机检查公开平台（扫码阅读）

（二）公开渠道

《2019 年政务公开工作要点》（国办发〔2019〕14 号）提出，“双随机、一公开”检查处置结果全部通过国家企业信用信息公示系统和“信用中国”网站公开。《关于全面推进“双随机、一公开”监管工作的通知》（国市监信〔2019〕38 号）要求，随机抽查事项清单要及时通过相关网站和平台向社会公开，将抽查检查结果通过公示系统、专业抽查系统和部门网站等渠道进行公示。

案例展示：

浙江省人民政府设置了“双随机检查公开”专题，集中发布抽查事项清单、实施细则、计划公告、任务公告和结果公告，具体如图 1-9-5 所示。

---

① 主要包括市场监管、发展改革、教育、公安、人力资源社会保障、生态环境、住房城乡建设、交通运输、农业农村、商务、文化和旅游、卫生健康、应急、海关、税务、统计等市场监管领域有关部门。

② 国务院《关于在市场监管领域全面推行部门联合“双随机、一公开”监管的意见》（国发〔2019〕5 号）第三条第（六）款。

浙江省双随机检查公开平台

图 1-9-5　浙江省双随机检查公开平台(扫码阅读)

安徽省人民政府“双随机、一公开”可链接到国家企业信用信息公示系统，公开全省的计划、任务以及结果公告，具体如图 1-9-6 所示。

国家企业信用信息公示系统

图 1-9-6　安徽省跳转至“国家企业信用信息公示系统”(扫码阅读)

(三) 公开内容

1. 随机抽查事项清单

《关于推广随机抽查规范事中事后监管的通知》(国办发〔2015〕58 号)要求，公开随机抽查事项清单，明确抽查依据、抽查主体、抽查内容、抽查方式等。其中，抽查方式包括现场检查、书面检查、网络检查、委托专业机构检查等方式①。

案例展示：北京市教育委员会“双随机、一公开”抽查事项清单(2021 年度)包含抽查事项、检查对象、事项类别、检查方式、检查主体和检查依据，具体如图 1-9-7 所示。

① 市场监管总局《关于全面推进“双随机、一公开”监管工作的通知》(国市监信〔2019〕38 号)第三条第(四)款。

北京市“双随机、一公开”抽查事项清单

图 1-9-7　北京市教育委员会“双随机、一公开”抽查事项清单(2021 年度)(扫码阅读)

2. 年度抽查工作计划

《关于全面推进“双随机、一公开”监管工作的通知》(国市监信〔2019〕38 号)要求，县级以上市场监管部门应公示年度抽查工作计划，明确各批次抽查的范围、数量和时间安排。

案例展示：北京市教育委员会 2021 年度双随机抽查计划明确各批次抽查的抽查计划名称、抽查任务名称、抽查类型、抽查事项、抽查对象范围、抽查日期(开始日期、结束日期)、检察机关、抽取比例、抽查检查对象数量，具体如图 1-9-8 所示。

北京市2021年度双随机抽查计划

图 1-9-8　北京市教育委员会 2021 年度双随机抽查计划(扫码阅读)

3. 抽查结果和查处情况公示

各级市场监管部门要在当次抽查任务完成后 20 个工作日内，公示抽查检查结果。抽查结果和查处情况应明确抽查对象名称、检查结果、处理情况等信息。图 1-9-9 以北京市教育委员会校外培训机构恢复线下培训检查结果公告作为示例。

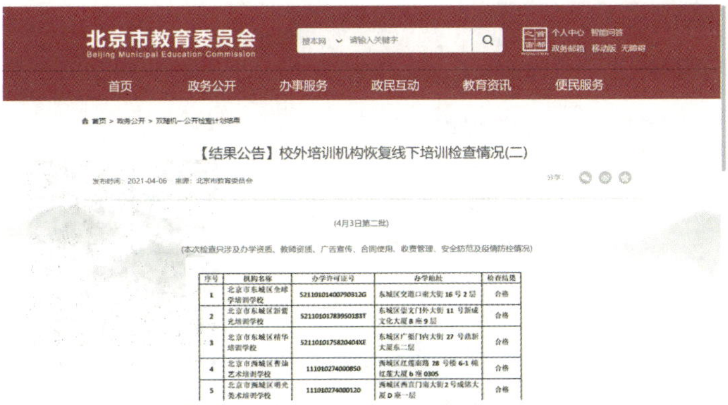

北京市校外培训机构检查结果公告

图 1-9-9　北京市教育委员会校外培训机构恢复线下培训检查结果公告（扫码阅读）

（四）公开建议

拓宽公开内容，推进平台建设。一方面，在公开要求的基础上，扩大“双随机、一公开”配套信息，方便市场主体和社会公众全面了解“双随机、一公开”监管工作；另一方面推进“双随机、一公开”平台建设，加强信息监管。

案例展示：

芜湖市人民政府“双随机、一公开”栏目下设“政策制度”“随机抽查事项清单”“检查工作计划”“抽查检查结果”“执法人员和监察对象名录库”，具体如图 1-9-10 所示。

芜湖市执法人员和检查对象名录库

图 1-9-10　芜湖市人民政府执法人员和检查对象名录库（扫码阅读）

浙江省人民政府建设“推行‘互联网＋监管’改革”平台，集中展示监管动态、曝光台、双随机检查公开、统一政务咨询投诉举报平台、监管信息公开、部门监管事项清单、部门监管服务等信息，打造监管合力，具体如图 1-9-11 所示。

浙江省“互联网+监管”改革平台

图 1-9-11　浙江省“互联网+监管”改革平台（扫码阅读）

三、行政执法公示与“双随机、一公开”之间的关系

从公开内容上来看，“双随机、一公开”与行政执法公示之间既有联系又有区别，两者工作及公开的侧重点不同，“双随机、一公开”与行政执法公示的具体区别如表 1-9-1 所示。

表 1-9-1　“双随机、一公开”与行政执法公示的区别

名　称	“双随机、一公开”	行政执法公示
意义	是市场监管的基本手段和方式	是行政机关履行政府职能、管理经济社会事务的重要方式
目的	取代日常监管原有的巡查制和随意检查，并对抽查中发现的问题线索一查到底、依法处罚	做到执法行为过程信息全程记载，规范信息公示内容的标准、格式
公开内容	公开抽查事项清单、抽查计划、抽查结果	公开行政执法主体、人员、职责、权限、依据、程序、救济渠道、随机抽查事项清单、服务指南、执法流程图、执法机关、执法对象、执法类别、执法结论等信息
公开平台	国家企业信用信息公示系统和全国信用信息共享平台等	行政执法信息公示平台、政府网站及政务新媒体、办事大厅公示栏、服务窗口等
公开原则	“谁检查、谁录入、谁公开”	“谁执法、谁公示”
公开主体	由县级以上地方人民政府结合本地实际及行业主管部门的抽查要求，科学确定参与部门	具有行政处罚、行政强制、行政检查、行政征收征用和行政许可等行政执法行为的单位

注：由上表分析可知，从公开内容上来看，行政执法公示内容包含“双随机、一公开”中抽查事项清单、抽查情况及查处结果信息，但不能将行政执法公示等同于“双随机、一公开”。

附件 1:行政执法公示政策文件梳理(图 1-9-12)

行政执法公示政策梳理

2016年

《关于全面推进政务公开工作的意见》(中办发〔2016〕8号)

推行行政执法公示制度,推动执法部门公开职责权限、执法依据、裁量基准、执法流程、执法结果、救济途径等,规范行政裁量,促进执法公平公正

2018年

《国务院办公厅关于全面推行行政执法公示制度执法全过程记录制度重大执法决定法制审核制度的指导意见》(国办发〔2018〕118号)

建立统一的执法信息公示平台,及时通过政府网站及政务新媒体、办事大厅公示栏、服务窗口等平台向社会公开行政执法基本信息、结果信息。涉及国家秘密、商业秘密、个人隐私等不宜公开的信息,依法确需公开的,要作适当处理后公开

强化事前公开。全面准确及时主动公开行政执法主体、人员、职责、权限、依据、程序、救济渠道和随机抽查事项清单等信息。根据有关法律法规,结合自身职权职责,编制并公开本机关的服务指南、执法流程图,明确执法事项名称、受理机构、审批机构、受理条件、办理时限等内容

规范事中公示。行政执法人员在进行执法活动时,必须主动出示执法证件、出具行政执法文书。国家规定统一着执法服装、佩戴执法标识的,执法时要按规定着装、佩戴标识。政务服务窗口要设置岗位信息公示牌,明示工作人员岗位职责、申请材料示范文本、办理进度查询、咨询服务、投诉举报等信息

加强事后公开。行政执法机关要在执法决定作出之日起20个工作日内,向社会公布执法机关、执法对象、执法类别、执法结论等信息,接受社会监督,行政许可、行政处罚的执法决定信息要在执法决定作出之日起7个工作日内公开,但法律、行政法规另有规定的除外。建立健全执法决定信息公开发布、撤销和更新机制。已公开的行政执法决定被依法撤销、确认违法或者要求重新作出的,应当及时从信息公示平台撤下原行政执法决定信息。建立行政执法统计年报制度,地方各级行政执法机关应当于每年1月31日前公开本机关上年度行政执法总体情况有关数据,并报本级人民政府和上级主管部门

2019年

《国务院办公厅关于印发2019年政务公开工作要点的通知》(国办发〔2019〕14号)

推进行政执法信息公开。按照“谁执法谁公示”原则,严格落实行政执法公示制度,规范行政执法行为。利用统一的执法信息公示平台,集中向社会依法公开行政执法职责、执法依据、执法程序、监督途径和执法结果等信息。探索建立群众意见反馈互动机制和执法信息公示平台管理维护机制,强化行政执法社会监督

图 1-9-12 行政执法公示政策

附件 2:“双随机、一公开”政策文件梳理(图 1-9-13)

“双随机、一公开”政策梳理

2015年

《国务院办公厅关于推广随机抽查规范事中事后监管的通知》(国办发〔2015〕58号)

对法律法规规章规定的检查事项,要大力推广随机抽查,不断提高随机抽查在检查工作中的比重。要制定随机抽查事项清单,明确抽查依据、抽查主体、抽查内容、抽查方式等。随机抽查事项清单根据法律法规规章修订情况和工作实际进行动态调整,及时向社会公布

建立“双随机”抽查机制。要建立随机抽取检查对象、随机选派执法检查人员的“双随机”抽查机制,严格限制监管部门自由裁量权。建立健全市场主体名录库和执法检查人员名录库,通过摇号等方式,从市场主体名录库中随机抽取检查对象,从执法检查人员名录库中随机选派执法检查人员

抽查情况及查处结果要及时向社会公布,接受社会监督

抓紧建立统一的市场监管信息平台。加快政府部门之间、上下之间监管信息的互联互通,依托全国企业信用信息公示系统,整合形成统一的市场监管信息平台,及时公开监管信息,形成监管合力

2016年

《国务院办公厅关于印发2016年政务公开工作要点的通知》(国办发〔2016〕19号)

推进市场监管公开透明。围绕加强事中事后监管,依法公开随机抽查事项清单,明确抽查依据、主体、内容、方式等,及时公布抽查结果和查处情况,实行“阳光执法”。重点推进保障性住房、产品质量、旅游市场、知识产权、安全生产等方面的监管执法信息公开,公开监管执法的依据、内容、标准、程序和结果

2017年

《国务院办公厅关于印发2017年政务公开工作要点的通知》(国办发〔2017〕24号)

围绕年内实现“双随机、一公开”监管全覆盖目标,地方各级政府要汇总形成并统一公布本级随机抽查事项清单,明确抽查依据、主体、内容、方式等,及时通过国家企业信用信息公示系统及其他平台公开抽查结果和查处情况

2018年

《国务院办公厅关于印发2018年政务公开工作要点的通知》(国办发〔2018〕23号)

结合政府机构改革和职能优化全面实施“双随机、一公开”监管,多渠道全方位及时公开综合监管和检查执法信息,提高监管效能和公正性,增强监管威慑力和公信力

2019年

《国务院关于在市场监管领域全面推行部门联合“双随机、一公开”监管的意见》(国发〔2019〕5号)

各省(区、市)人民政府要以国家企业信用信息公示系统和全国信用信息共享平台等为依托,建设本辖区统一的“双随机、一公开”监管工作平台(以下称省级平台),为抽查检查、结果集中统一公示和综合运用提供技术支撑。着力规范计划制定、名单抽取、结果公示、数据存档等各项抽查检查工作程序

实行抽查事项清单管理。各有关部门要建立本部门随机抽查事项清单,明确抽查依据、主体、内容、方式等。各省(区、市)人民政府要统筹建立本辖区统一的市场监管领域随机抽查事项清单。随机抽查事项清单应根据法律、法规、规章立改废释和工作实际情况等进行动态调整,并及时通过相关网站和平台向社会公开

建立健全随机抽查“两库”。各省(区、市)人民政府要统筹建立健全覆盖本辖区各层级、与抽查事项相对应的检查对象名录库和执法检查人员名录库(统称“两库”)

按照“谁检查、谁录入、谁公开”的原则,将抽查检查结果通过国家企业信用信息公示系统和全国信用信息共享平台等进行公示

《国务院办公厅关于印发2019年政务公开工作要点的通知》(国办发〔2019〕14号)

加快建立健全以“双随机、一公开”监管为基本手段、以重点监管为补充、以信用监管为基础的新型监管机制,将检查处置结果全部通过国家企业信用信息公示系统和“信用中国”网站公开

《市场监管总局关于全面推进“双随机、一公开”监管工作的通知》(国市监信〔2019〕38号)

统一编制随机抽查事项清单。总局编制《市场监管总局随机抽查事项清单》(以下简称《清单》)。各省(区、市)市场监管部门要依据《清单》,梳理本省级市场监管部门行使的监管执法事项,增加相应内容,制定省级抽查事项清单。总局和各省(区、市)市场监管部门可以根据法律法规规章修订和工作实际情况对《清单》等进行动态调整,并及时通过相关网站和平台向社会公开。

统一建立检查对象名录库和执法检查人员名录库。总局各相关司局要结合监管特点和需要,统筹建立各领域统一的检查对象名录库,并实现动态更新。各省(区、市)市场监管部门要配合做好检查对象名录库建设。各省(区、市)市场监管部门要建立本省各级市场监管部门执法检查人员名录库,包括各业务条线所有行政执法类公务员、具有行政执法资格的工作人员,对特定领域的抽查,还可吸收检测机构、科研院所、行业专家等参与

统一监管工作信息化平台建设。各省(区、市)市场监管部门要积极推进统一的“双随机、一公开”监管平台建设。2019年底前初步实现涉及各类市场主体的双随机抽查依托公示系统统一进行

制定年度抽查工作计划。县级以上市场监管部门按照上级市场监管部门工作要求和省级抽查事项清单统筹制定年度抽查工作计划,明确各批次抽查的范围、数量和时间安排,并报上一级市场监管部门备案。年度抽查工作计划应通过公示系统向社会公示。

强化抽查检查结果公示运用。除依法依规不适合公开的情形外,各级市场监管部门要在本次抽查任务完成后20个工作日内,将抽查检查结果通过公示系统、专业抽查系统和部门网站等渠道进行公示,涉及市场主体的抽查检查结果,要及时归集至公示系统

图 1-9-13 “双随机、一公开”政策

第十节　财政预决算

自 2011 年国家首晒账本，财政预决算领域信息立即引起公众瞩目，什么方式公开、什么时间公开、公开什么内容，这些问题都随着《中华人民共和国预算法》（2014 年修正）、《中华人民共和国预算法实施条例》（国务院令第 729 号）等相关文件出台进一步明确。但在实际公开实践中，仍存在个别部门所属单位未及时公开预决算，或公开内容不完整不细化不准确的情况。因此，本节将从财政预决算的公开主体、内容、时间、方式、特点等角度梳理各级政府、各部门、各部门所属单位的预决算公开。

一、财政预决算的内涵

（一）财政预决算含义

财政预算是经过法定程序审查批准的具有法律效力的政府年度财政收支计划，政府的全部收入和支出都应当纳入预算。预算包括一般公共预算、政府性基金预算、国有资本经营预算、社会保险基金预算。

财政决算则是反映本年度财政预算的执行情况，对应预算按预算数、调整预算数、决算数分别列出。

（二）财政预算设置

《中华人民共和国预算法》（2014 年修正）规定，"国家实行一级政府一级预算，设立中央，省、自治区、直辖市，设区的市、自治州，县、自治县、不设区的市、市辖区，乡、民族乡、镇五级预算。全国预算由中央预算和地方预算组成。地方预算由各省、自治区、直辖市总预算组成。"

（三）预决算的编制、审查、批复和预算调整

我国各级政府、各部门、各部门所属单位的预决算在编制、审查、批复和预算调整的过程中需依据《中华人民共和国预算法》（2014 年修正）、《中华人民共和国预算法实施条例》（国务院令第 729 号）等文件规定执行。预决算编制、审查、批复和预算调整相关规定具体如表 1-10-1 所示。

表 1-10-1　预决算编制、审查、批复和预算调整相关规定

项目	预　算	决　算
编制	财政部于每年 6 月 15 日前部署编制下一年度预算草案的具体事项，规定报表格式、编报方法、报送期限等。县级以上地方各级政府财政部门应当于每年 6 月 30 日前部署具体事项。 各级政府、各部门、各单位应当按照国务院规定的时间编制预算草案。各部门、各单位也应当按照国务院财政部门制定的政府收支分类科目、预算支出标准和要求，以及绩效目标管理等预算编制规定，编制本部门、本单位预算草案	各级政府、各部门、各单位，在每一预算年度终了后按照国务院规定的时间编制。编制决算草案的具体事项，由国务院财政部门部署
审查	国务院财政部门：全国人民代表大会会议举行 45 日前，提交至全国人大财政经济委员会；县级以上人民政府财政部门：本级人民代表大会会议举行的 30 日前，提交本级人民代表大会有关专门委员会进行审查。 县、自治县、不设区的市、市辖区、乡、民族乡、镇的人民代表大会举行会议审查预算草案前，应当采用多种形式，组织本级人民代表大会代表，听取选民和社会各界的意见	国务院、县级以上政府财政部门应当在人民代表大会常务委员会举行会议审批决算草案的 30 日前，将上一年度决算草案提交人民代表大会财政经济委员会进行初步审查。 各部门对所属各单位的决算草案，应当审核并汇总编制本部门的决算草案，在规定的期限内报本级政府财政部门审核
批复	各级预算经本级人民代表大会批准后，本级政府财政部门应当在 20 日内向本级各部门批复预算。 各部门应当在接到本级政府财政部门批复的本部门预算后 15 日内向所属各单位批复预算	各级决算经批准后，财政部门应当在 20 日内向本级各部门批复决算。 各部门应当在接到本级政府财政部门批复的本部门决算后 15 日内向所属单位批复决算
预算调整	中央预算、县级以上地方各级预算的调整方案应当在举行会议审批的 30 日前提请本级人民代表大会常务委员会审查和批准。 乡、民族乡、镇预算的调整方案应当提请本级人民代表大会审查和批准。未经批准，不得调整预算	—

二、近年来财政信息公开的变化特点

研究整理近年来的财政信息公开情况，财政信息公开呈现出公开时间提前、公开部门增加和公开内容扩大的特点，具体表现如下：

（1）公开时间提前：2022、2021 年中央部门在 3 月 24—25 日公开预算报告，相较于 2011 年 7 月 19 日起陆续公开，公开时间大幅提前。此外，公开形式由最初不固定不集中公开转变为集中统一公开。

（2）公开部门增加：2022 年共有 102 个中央部门公开部门预算，比 2011 年增加了 12 个，且部门所属预算单位也需主动向社会公开部门批复的单位预决算。

（3）公开内容扩大：从要求财政预决算报告公开到公开内容不断细化，《关于进一步深化预算管理制度改革的意见》（国发〔2021〕5 号）要求，"细化政府预决算公开内容，转移支付资金管理办法及绩效目标、预算安排情况等应当依法依规向社会公开。细化部门预决算公开内容，项目预算安排、使用情况等项目信息应当依法依规向社会公开。推进按支出经济分类公开政府预决算和部门预决算。"

三、公开要求

（一）各级政府、各部门、各部门所属部门的公开要求

1. 公开主体

根据《财政部关于印发〈地方预决算公开操作规程〉的通知》（财预〔2016〕143 号）和《财政部关于推进部门所属单位预算公开工作的指导意见》（财预〔2021〕29 号），各级政府财政预决算的公开主体为各级财政部门；各部门负责向社会公开本部门预决算；部门所属单位预决算公开的主体为负责编制单位预算、决算的预算单位。

《国务院办公厅关于全面推进基层政务公开标准化规范化工作的指导意见》（国办发〔2019〕54 号）中规定，街道办事处要对照国务院部门制定的财政预决算领域标准指引，全面梳理细化相关领域政务公开事项，编制本级政务公开事项标准目录，实行政务过程和结果全公开。

2. 公开时间

政府预决算公开：各级财政部门应当在本级人民代表大会或其常务委员会批准后 20 日内向社会公开。

部门预决算：各部门应当在本级政府财政部门批复后 20 日内向社会公开。

各部门所属单位的预算、决算及报表：应当在部门批复后 20 日内由单位向社

会公开，同一部门所属同一级次的单位可以在同一天集中公开。

3. 公开方式

财政信息与人民利益息息相关，原则上信息公开渠道要方便群众查阅，各预决算公开主体可在本级政府网站、上级政府网站、财政部门门户网站或政府公报上公开信息。未设置门户网站的行政机关可以借助公共媒体，如报刊、电视等公开财政信息，部门所属单位可在本级政府公开、乡镇可在上级部门门户网站公开。

《2017 年政务公开工作要点》(国办发〔2017〕24 号)指出，“各级政府特别是市县级政府各部门要按照规定做好部门预决算公开工作，在本级政府或财政部门网站设立预决算公开统一平台(或专栏)，集中公开政府预决算、部门预决算，对公开内容进行分级分类，方便公众查阅和监督。”

案例展示：

广东省人民政府建立统一集中的公开平台，预算和决算分栏以年份归集，便于公众查看，具体如图 1-10-1 所示。

广东省统一集中公开平台

图 1-10-1　广东省统一集中公开平台(扫码阅读)

安徽省合肥市人民政府各部门集中在合肥市人民政府政务公开平台上发布财政预决算，也可外链到合肥市政务公开网按部门集中公开，具体如图 1-10-2 所示。

合肥市财政预决算与“三公”经费公开

图 1-10-2　合肥市财政预决算与“三公”经费公开(扫码阅读)

浙江省杭州市经济和信息化局预决算信息在部门政务公开网站上按年份集中归集公开，具体如图 1-10-3 所示。

图 1-10-3　杭州市经济和信息化局预决算公开（扫码阅读）

安徽省合肥市公安局所属单位的预决算在部门政务公开网站上公开，具体如图 1-10-4 所示。

图 1-10-4　合肥市公安局预决算公开（扫码阅读）

4. 公开内容

地方各级财政部门应当公开一般公共预算、政府性基金预算、国有资本经营预算、社会保险基金预算 4 项预算。地方一般公共预算原则上至少公开 6 张报表，地方政府性基金预算原则上至少公开 4 张报表，地方国有资本经营预算原则上至少公开 2 张报表，地方社会保险基金预算原则上至少公开 2 张报表。

部门预算、决算应当公开基本支出和项目支出。部门预算、决算支出按功能分类应当公开到项；按经济性质分类，基本支出应当公开到款。地方部门预决算公开的内容为地方各级财政部门批复的部门预决算及报表，包括部门收支总体情况和财政拨款收支情况。其中，财政拨款收支情况包括一般公共预算、政府性基金预算、国有资本经营预算拨款收支情况。部门收支总体情况原则上至少公开 3

张报表，财政拨款收支情况原则上至少公开 5 张报表。

部门所属单位预决算公开的内容为部门批复的单位预算、决算及报表。具体可参照部门预决算公开内容和报表格式，并与部门预决算公开的相关内容做好衔接。单位在公开预决算时，要对本单位职责及机构设置情况、预决算收支增减变化、机关运行经费安排、“三公”经费、政府采购等重点事项作出说明，结合工作进展情况逐步公开国有资产占用、预算绩效管理等情况。

（二）财政预决算领域基层的公开要求

财政预决算领域基层政务公开二级事项分为四大类，包括政府预算、政府决算、部门预算（含政府采购事项）、部门决算（含政府采购事项）。标准目录规定了各公开事项的公开内容（要素）及要求、公开依据、公开时限、公开主体、公开渠道和载体、公开对象、公开方式和公开层级，具体内容扫描图 1-10-5 二维码查看。

财政预决算领域基层政务公开标准目录

图 1-10-5　财政预决算领域基层政务公开标准目录（扫码阅读）

四、部分内容涉密事项的公开

据《财政部关于印发〈地方预决算公开操作规程〉的通知》（财预〔2016〕143号）第二十四条规定：“地方各级财政部门和各部门在依法公开政府预决算、部门预决算时，对涉及国家秘密的内容不予公开。部分内容涉及国家秘密的，在确保安全的前提下，按照下列原则处理：① 同一功能分类款级科目下，大部分项级科目涉密的，仅公开到该款级科目；② 同一功能分类类级科目下，大部分款级科目涉密的，仅公开到该类级科目；③ 个别功能分类款级科目或项级科目涉密的，除不公开该涉密科目外，同一级次的‘其他支出’科目也不公开。”

第十一节　财政专项资金

财政专项资金是政府为扶持、发展某项特定事业而专门设立的资金，是贯彻落实国家特定时期、特定政策的一种特殊财政手段。财政专项资金具有金额大、项目多、使用范围广、涉及部门多等特点，2011 年《财政部关于深入推进基层财政专项支出预算公开的意见》（财预〔2011〕27 号）就对财政专项资金公开作出一系列重要安排。随着近年来我国公共财政逐步建立与完善，财政专项资金投入规模和占财政支出比重也日益增大，社会公众对于财政专项资金的设立、分配、使用、管理等各环节关注热切。在此背景下，理顺财政专项资金的相关概念和公开要求具有重大意义。

一、财政专项资金概述

(一) 财政专项资金的来源和使用主体

根据研究，中央财政专项资金主要来源于中央财政，地方财政专项资金来源于上级专项转移支付资金及地方财政安排的各类预算资金(通过一般公共财政预算、政府性基金预算、国有资本经营预算安排的具有专门用途的资金)。

根据《财政专项资金：管理实践中的问题及改进对策》一文中的阐述，财政专项资金的使用主体既有行政事业单位，也有企业和个人。

(二) 专项资金用途和种类

根据中央财政部颁发的各类财政专项资金管理办法以及各地政府结合本地特点出台的相应政策文件，我国财政专项资金主要用于社会管理、公共事业发展、社会保障、经济建设以及政策补贴等方面。

财政专项资金可以从中央和地方两个层级进行区分，具体分类如下：

1. 中央财政专项资金分类

中央财政专项资金可分为多种，如经济建设类、社会保障类、教科文卫体类、农林水利类、能源类、其他类等，根据中央各类专项资金管理办法梳理分类如表1-11-1所示。

表 1-11-1　中央财政专项资金分类

种　类	名　称
经济建设	中小企业发展专项资金
	工业企业结构调整专项奖补资金
	中央财政服务业发展专项资金
	普惠金融发展专项资金
	安全生产预防及应急专项资金
社会保障	专项彩票公益金支持地方社会公益事业发展资金
	中央财政城镇保障性安居工程专项资金
	中央专项彩票公益金支持欠发达革命老区乡村振兴项目资金
	电信普遍服务补助资金

续表

种类	名称
教科文卫体	现代职业教育质量提升计划专项资金
	中小学幼儿园教师国家级培训计划专项资金
	城乡义务教育补助经费
	高等学校哲学社会科学繁荣计划专项资金
	中央高校捐赠配比专项资金
	中央级公益性科研院所基本科研业务费专项资金
	中央级科学事业单位改善科研条件专项资金
	中央补助地方公共文化服务体系建设专项资金
	中央引导地方科技发展专项资金
	民口科技重大专项后补助项目(课题)资金
	中央集中彩票公益金支持体育事业专项资金
农林水利	水污染防治专项资金
	中央补助地方农村文化建设专项资金
	农业生产发展资金
	中央财政农业保险保险费补贴
	中央财政农业生产救灾及特大防汛抗旱补助资金
	林业改革发展资金
	林业生态保护恢复资金
	中央财政水利发展资金
能源	清洁能源发展专项资金
	可再生能源发展专项资金
其他	国家重点文物保护专项补助资金
	国家重点档案专项资金

2. 地方财政专项资金分类

结合各地的财政专项资金管理办法，如《山东省省级财政专项资金管理暂行办法》(鲁政办发〔2014〕35 号)、《陕西省省级财政专项资金管理暂行办法》(陕政发〔2007〕19 号)等，地方财政专项资金通常分为三类："一是经济发展类，主要包括基本建设资金、产业发展和技术改造资金、区域发展资金、重大科技创新资金、旅游服务业资金等；二是社会事业发展类，主要包括教育、科学技术、文化、民政、社会保障和就业、卫生、人口与计划生育、农林水、气象、扶贫、环境资源保护与利用等资金；三是公共事务类，主要包括工商管理、质监、食品药品监督、统计普查、人才引进和培训、公检司法及其他公共事务管理等资金。"

（三）专项资金的下达

按照《中华人民共和国预算法》（2014 年修正）规定，中央预算部门应在得到批准后 90 日内下达专项资金到下级政府财政部门或是资金直达基层，省级财政部门在收到专项资金指标发文 30 日内，将专项资金按要求分解下达。

二、公开要点

（一）从基层看财政专项资金的公开

《关于深入推进基层财政专项支出预算公开的意见》（财预〔2011〕27 号）指出，"基层财政专项支出主要包括上级财政下达的转移支付资金和本级财政安排的专项资金"，明确提出"基层政府要进一步加大财政专项支出预算的公开力度，特别是要重点公开与人民群众利益密切相关的教育、医疗卫生、社会保障和就业、住房保障支出以及'三农'等方面的财政专项支出。"

（1）县（市）级财政专项资金公开：及时公开财政专项支出的资金管理办法、资金来源（按比例或数额）、分配标准以及到乡镇、部门的分配结果。年度终了，及时总结并公布本地区的财政专项支出预算公开情况。

（2）乡（镇）级财政专项资金公开：重点公开财政专项支出的政策、资金来源（按比例或数额）、发放标准、发放形式等，并突出到人（户）到项目的分配结果。对于分配到人（户）的财政专项支出，要通过政府门户网站、乡镇服务大厅、社区（村组）公示栏等，将分配到人（户）的姓名、地址、金额等情况详细公开，方便人民群众查询。对于分配到工程项目的财政专项支出，要在施工场所外利用公告栏、公示牌等公开工程概算、资金来源以及施工单位等信息。

（二）从不同领域看财政专项资金的公开

财政专项资金的公开并未作为具体条目罗列在 2019 年《政府信息公开条例》（国务院令第 711 号）中，但中央和地方历年来出台了针对各领域财政专项资金管理办法及相关文件（具体如表 1-11-2 所示），对相关信息的公开作出规定与规范，要求通过官方网站、报纸等媒介对以下内容适当公开：

（1）采用年度专项资金项目指南、专项计划、项目立项计划等形式，对专项资金的对应事项进行公开。

（2）对专项资金的审定方案、专项资金安排意见等进行公示。

（3）对申报的项目、申请资格、发放对象（单位名称、人员名单）、具体补助人数、金额和标准等信息进行公示。

（4）对专项资金拨付具体情况、专项资金分配结果和使用情况、违规行为及处理结果进行公开。

（5）设立信息反馈专线和电子邮箱，接受社会监督。

（6）建立年度绩效评价，管理上一年度财政专项资金的使用情况，并向社会公开。

表 1-11-2　财政专项资金公开要求文件梳理

中央文件公开要求	
文件名	公开要求
《财政部　工业和信息化部关于印发〈中小企业发展专项资金管理办法〉的通知》	1. 公布廉政信息反馈专线电话和电子邮箱； 2. 提出项目和资金支持计划，具体包括计划支持单位和项目名称、支持内容、支持方式及金额、企业规模等； 3. 建立专项资金使用情况绩效评价制度，分别对专项资金使用情况、项目实施情况及效果进行考核评价，适时向社会公布评价结果
《财政部　工业和信息化部　科技部　商务部关于印发〈中小企业发展专项资金管理暂行办法〉的通知》	向社会公示项目立项计划，公示期不少于 10 个工作日
《中小企业发展专项资金管理暂行办法》	地方财政部门应会同同级相关部门制定专项资金管理实施细则，及时将专项资金分配结果向社会公开
《财政部关于印发〈中央财政服务业发展专项资金管理办法〉的通知》	1. 向社会公开资金分配和使用情况； 2. 专项资金安排意见备案前应通过互联网等媒介向社会公示，公示期不少于 10 个工作日
《财政部　人力资源社会保障部关于进一步加强就业专项资金管理有关问题的通知》	向社会公示各项补贴资金审核情况（包括享受各项补贴的单位名称、享受补贴的人员名单、具体补助人数、金额和标准等）
《财政部关于修订发布〈普惠金融发展专项资金管理办法〉的通知》	1. 获得资金支持的单位应公开相关情况； 2. 各级财政部门应及时将专项资金拨付具体情况对外公开； 3. 推进绩效评价结果信息公开，逐步建立绩效问责机制
《关于做好 2019 年中央财政普惠金融发展专项资金管理工作的通知》	加强结果应用和公开，适时上报并公开年度绩效评价结果

续表

中央文件公开要求	
文件名	公开要求
《财政部　科技部关于印发〈国家科技计划及专项资金后补助管理规定〉的通知》	1. 科技部验收结果，将项目验收结果及拟补助金额向社会公示； 2. 科技部应当及时公开后补助经费支持单位、补助情况、违规行为及处理结果等
《财政部关于印发〈中央补助地方公共文化服务体系建设专项资金管理暂行办法〉的通知》	对专项资金管理使用情况开展绩效评价，监管和评价结果作为以后年度分配专项资金的重要参考依据，并择机向社会公开
地方文件公开要求	
文件名	公开要求
《上海市经济信息化委、市财政局、市商务委关于印发〈上海市企业自主创新专项资金管理办法〉的通知》	1. 每年一季度编制并发布年度专项资金项目指南，并在市经济信息化委网站和其他指定网站或者报刊等媒体上公布； 2. 市经济信息化委应当依法公开专项资金使用情况
《关于印发〈上海市战略性新兴产业发展专项资金-电子商务与新型贸易现代化专项工程实施管理细则〉的通知》	向社会公开征集项目，项目审定方案在市商务委网站上公示

三、地方经验及公开建议

（1）推进专栏专题建设，集中化公开。山东省、湖南省均设置财政专项资金专栏，与财政预决算、政府债券等栏目一同公开，具体如图 1-11-1、图 1-11-2 所示。

山东省专项资金专栏

图 1-11-1　山东省专项资金专栏（扫码阅读）

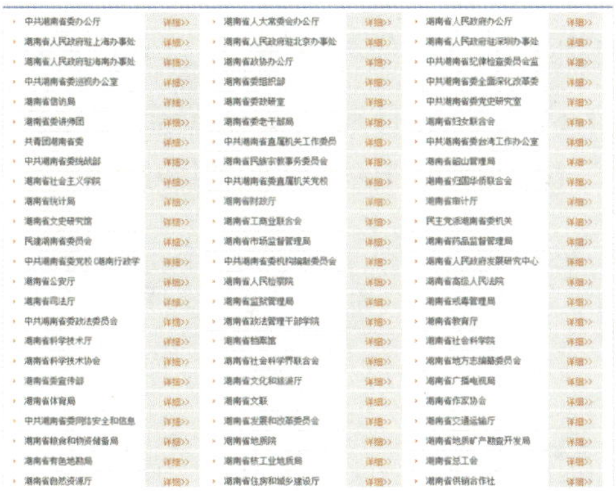

湖南省专项资金栏目

图 1-11-2　湖南省专项资金栏目（扫码阅读）

（2）建立目录清单或管理办法，统筹安排公开要素。山东省建立财政专项资金年度目录，详尽列出年度的专项资金名称、业务主管部门、预算金额、执行期限、终止年限和设立依据等。江苏省发布财政专项资金管理办法，对专项资金的设立、调整、撤销、执行、绩效管理、监督等方面作出规定，具体如图 1-11-3、图 1-11-4 所示。

2022年省级专项资金目录

单位：万元

序号	专项资金名称（资金投向）	省业务主管部门	2022年省级预算金额	执行期限	终止年限	设立依据
01	科技创新发展资金	省科技厅会同各相关部门	1376000	5年	2023年	1.《中华人民共和国科技进步法》； 2.《山东省科技进步条例》； 3.《山东省人民政府办公厅关于推进省级财政科技创新资金整合的实施意见》（鲁政办字〔2020〕64号）等相关文件规定
02	人才建设资金	省委组织部 省委宣传部 省发展改革委 省教育厅 省科技厅 省民政厅 省人力资源社会保障厅 省卫生健康委 省工业和信息化厅 省文化和旅游厅 省农业农村厅	160000	5年	2023年	1.《中共山东省委 山东省人民政府印发<关于实施“人才兴鲁”行动打造新时代人才聚集高地的若干措施>的通知》（鲁发〔2020〕2号）； 2.中共山东省委组织部等10部门《关于印发<加强新形势下引才用才工作的若干意见>的通知》（鲁组发〔2019〕12号）； 3.《省委办公厅 省政府办公厅印发〈关于深化提升泰山人才工程的意见〉的通知》（鲁办发〔2021〕16号）； 4.省委组织部等8部门《关于印发〈引进顶尖人才“一事一议”管理办法〉的通知》（鲁组发〔2021〕9号）； 5.中共山东省委组织部等11部门《关于鼓励引导人才向基层流动的若干意见》（鲁组字〔2019〕32号）等相关文件规定

山东省专项资金目录清单

图 1-11-3　山东省专项资金目录清单（扫码阅读）

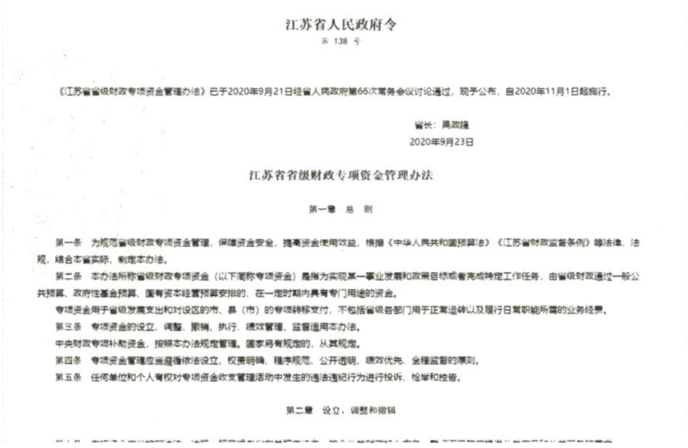

江苏省人民政府令

第 138 号

《江苏省省级财政专项资金管理办法》已于2020年9月21日经省人民政府第66次常务会议讨论通过，现予公布，自2020年11月1日起施行。

省长：吴政隆

2020年9月23日

江苏省省级财政专项资金管理办法

第一章　总　则

第一条　为规范省级财政专项资金管理，保障资金安全，提高资金使用效益，根据《中华人民共和国预算法》《江苏省财政监督条例》等法律、法规，结合本省实际，制定本办法。

第二条　本办法所称省级财政专项资金（以下简称专项资金）是指为实现某一事业发展和政策目标或者完成特定工作任务，由省级财政通过一般公共预算、政府性基金预算、国有资本经营预算安排的、在一定时期内具有专门用途的资金。

专项资金用于省级发展支出和对设区的市、县（市）的专项转移支付，不包括省级各部门用于正常运转以及履行日常职能所需的业务经费。

第三条　专项资金的设立、调整、撤销、执行、绩效管理、监督适用本办法。

中央财政专项补助资金，按照本办法规定管理。国家另有规定的，从其规定。

第四条　专项资金管理应当遵循依法设立、权责明确、程序规范、公开透明、绩效优先、全程监督的原则。

第五条　任何单位和个人有权对专项资金收支管理活动中发生的违法违纪行为进行投诉、检举和控告。

第二章　设立、调整和撤销

江苏省省级财政专项资金管理办法

图 1-11-4　江苏省省级财政专项资金管理办法（扫码阅读）

（3）跟踪管理和使用情况，助力政务透明化。安徽省在财政专项资金专栏公开之外，还对制度文件和使用情况进行公开，便于各地方、单位及时获取信息，按要求申请专项资金。广西壮族自治区人民政府建立专项资金分配表，对专项资金的拨付单位、拨付对象、拨付金额、拨付时间和文号等信息进行公开，具体如图 1-11-5 所示。

安徽省制度文件和资金管理及使用情况

图 1-11-5　安徽省制度文件和资金管理及使用情况（扫码阅读）

（4）深化惠农惠民财政补贴和财政资金直达基层的公开，落实“最后一公里”。黑龙江省人民政府设置“财政资金直达基层”和“惠民惠农财政补贴资金”栏目，整合归档相关文件，直观展示在政策驱动下，财政专项资金的侧重点。福建省建立惠民资金查询平台，可从门户网站点击跳转至惠民惠农资金网（平台），可在网站（平台）上通过输入身份证查询到个人补贴金额和相关信息，具体如图 1-11-6、图 1-11-7、图 1-11-8 所示。

黑龙江省财政资金直达基层

图 1-11-6　黑龙江省财政资金直达基层（扫码阅读）

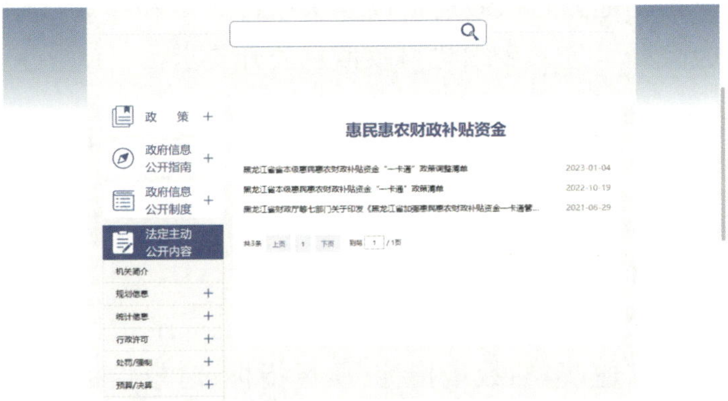

黑龙江省惠民惠农财政补贴资金

图 1-11-7　黑龙江省惠民惠农财政补贴资金(扫码阅读)

福建省鼓楼区惠民资金网

图 1-11-8　福建省鼓楼区惠民资金网(扫码阅读)

第十二节　部　门　项　目

部门项目是财政信息的一部分，主要指部门为完成特定行政任务和事业发展目标所设立的项目。2015 年《关于加强和改进中央部门项目支出预算管理的通知》(财预〔2015〕82 号)要求，加强和改进项目支出预算管理，构建全面规范、公开透明的预算制度，《2019 年政务公开工作要点》(国办发〔2019〕14 号)明确要求公开部门项目相关信息，保障公民知情权、监督权，更好促使项目产生更大经济效益和社会效益。本节将从公开内容、公开经验进行分析，以期为行政机关信息公开提供参考。

一、部门项目公开内容

《2019 年政务公开工作要点》(国办发〔2019〕14 号)要求，"增加中央部门项目的公开数量，全面公开项目立项依据、实施主体、预算安排、绩效目标、绩效自评结果、绩效评价报告等情况。推动地方各级政府部门加快项目文本和绩效目标公开进度，确保均有项目向社会公开”，进一步细化财政信息公开要求。

二、绩效目标具体指标

绩效目标包括四类一级指标，分别是成本指标、产出指标、效益指标和满意度指标。一级指标下细分二级指标，具体如下：

成本指标包括经济成本指标、社会成本指标和生态环境成本指标等二级指标；产出指标是对预期产出的描述，包括数量指标、质量指标、时效指标等二级指标；效益指标是对预期效果的描述，包括经济效益指标、社会效益指标、生态效益指标等二级指标；满意度指标是对预期产出和效果的满意情况的描述，反映服务对象或项目受益人及其他相关群体的认可程度。

对于不同的项目，选择公开的绩效指标均不同，“原则上每一项目均应设置产出指标和效益指标。工程基建类项目和大型修缮及购置项目等应设置成本指标，并逐步推广到其他具备条件的项目。满意度指标根据实际需要选用”。

案例展示：

合肥市司法局公布的《2022 年项目支出绩效目标及项目情况表》中“信息系统运维和网络租赁费”项目的绩效目标包括产出指标、效益指标和满意度指标，具体如图 1-12-1 所示。

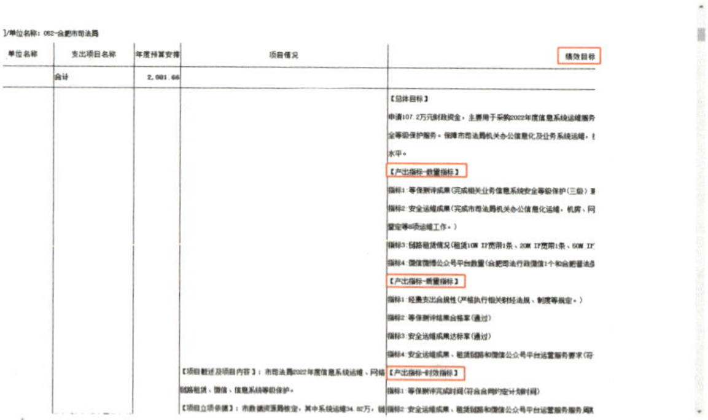
单位名称：062-合肥市司法局

单位名称	支出项目名称	年度预算安排	项目情况	绩效目标
	合计	2,001.66		
			【项目概述及项目内容】：市司法局2022年度信息系统运维、网络链路租赁、微信、信息系统等级保护。 【项目立项依据】：市数据资源局核定，其中系统运维34.82万，链	【总体目标】 申请107.2万元财政资金，主要用于采购2022年度信息系统运维服务 全等级保护服务。保障市司法局机关办公信息化及业务系统运维， 水平。 【产出指标-数量指标】 指标1：等保测评成果(完成相关业务信息系统安全等级保护(三级) 指标2：安全运维成果(完成市司法局机关办公信息化运维、机房、网 鉴定等6项运维工作。) 指标3：链路租赁情况(租赁10M IP宽带1条、20M IP宽带1条、50M IP 指标4：微信微博公众号平台数量(合肥司法行政微信1个和合肥普法 【产出指标-质量指标】 指标1：经费支出合规性(严格执行相关财经法规、制度等规定。) 指标2：等保测评结果合格率(通过) 指标3：安全运维成果达标率(通过) 指标4：安全运维成果、租赁链路和微信公众号平台运营服务要求(符 【产出指标-时效指标】 指标1：等保测评完成时间(符合合同约定计划时间) 指标2：安全运维成果、租赁链路和微信公众号平台运营服务服务周

合肥市司法局2022年项目支出绩效目标表

图 1-12-1　合肥市司法局 2022 年项目支出绩效目标表（扫码阅读）

三、部门项目公开渠道

根据各地公开实践，部门项目的公开渠道有两种，分别为建立栏目公开和在预决算报告中公开。

案例展示：

建立栏目公开：江苏省在预决算公开统一平台下设置部门绩效信息公开栏目，

归集所有部门绩效信息；安徽省六安市将部门项目文本、项目绩效目标、项目绩效评价三项内容整合统一专栏公开，便于公众查询，具体如图 1-12-2、图 1-12-3 所示。

江苏省部门绩效信息公开

图 1-12-2　江苏省部门绩效信息公开（扫码阅读）

六安市部门项目公开情况

图 1-12-3　六安市部门项目公开情况（扫码阅读）

在预决算报告中公开：安徽省合肥市教育局在 2022 年单位预算中公开《合肥市教育局 2022 年项目支出总表》《合肥市教育局 2022 年项目支出绩效目标及项目情况表》《关于 2022 年项目支出预算情况说明》，具体如图 1-12-4 所示。

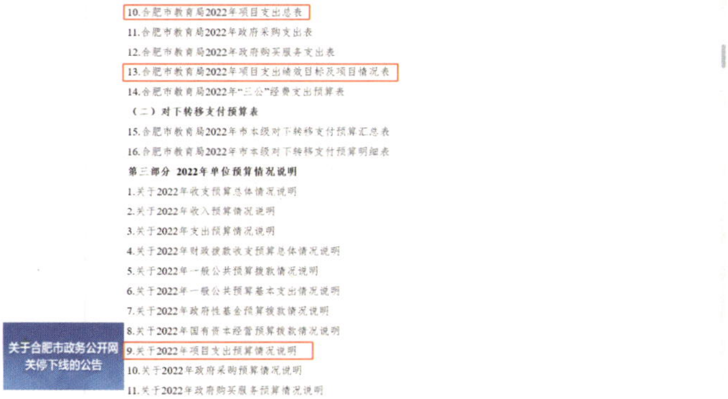

合肥市教育局2022年单位预算

图 1-12-4　合肥市教育局 2022 年单位预算（扫码阅读）

第十三节　财 政 收 支

为适应市场经济发展需要，国家不断推进财政改革，优化支出结构调整，财政信息公开范围随之不断扩大。为推进财政收支透明化，满足人民群众对国家财政政策和财政收支增减变化情况的关注关切，国务院办公厅印发《2017 年政务公开工作要点》(国办发〔2017〕24 号)，同年财政部印发本部门《2017 年政务公开工作要点》(财办发〔2017〕29 号)，财政信息公开内容进一步细化。本节将对财政收支的内涵和公开内容进行研究。

一、内涵

据《中华人民共和国审计法实施条例》(国务院令第 571 号)第三条规定，审计法所称财政收支，是指依照《中华人民共和国预算法》和国家其他有关规定，纳入预算管理的收入和支出，以及下列财政资金中未纳入预算管理的收入和支出：

(1) 行政事业性收费。

(2) 国有资源、国有资产收入。

(3) 应当上缴的国有资本经营收益。

(4) 政府举借债务筹措的资金。

(5) 其他未纳入预算管理的财政资金。

二、公开内容

《2017 年政务公开工作要点》(国办发〔2017〕24 号)中提出“按月公开全国财政收支情况，解读财政收支增减变化情况及原因、预判财政收入走势，主动解释说明收支运行中可能引发社会关注的热点问题”。

案例展示：

(1) 国务院按月公布全国财政收支情况，以公布的《2022 年 4 月的财政收支情况》为例，报告中包括一般公共预算收支情况和全国政府性基金预算收支情况。同时，国务院及时发布《大规模退税超预期 专项债发力稳增长》对 1—4 月全国财政收支数据进行解读，并在文章内预测财政收入将稳步回升，对可能出现的“经济阵痛”作出说明，具体如图 1-13-1、图 1-13-2 所示。

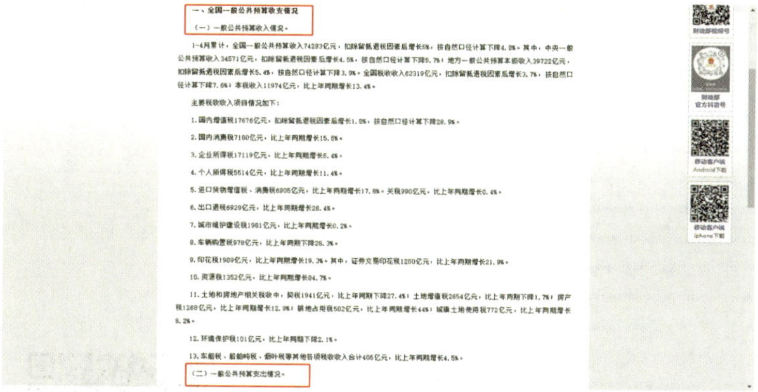
一、全国一般公共预算收支情况

（一）一般公共预算收入情况。

1-4月累计，全国一般公共预算收入74293亿元，扣除留抵退税因素后增长5%，按自然口径计算下降4.0%。其中，中央一般公共预算收入34571亿元，扣除留抵退税因素后增长4.5%，按自然口径计算下降5.7%；地方一般公共预算本级收入39722亿元，扣除留抵退税因素后增长5.4%，按自然口径计算下降3.9%。全国税收收入62319亿元，扣除留抵退税因素后增长3.7%，按自然口径计算下降7.6%；非税收入11974亿元，比上年同期增长13.4%。

主要税收收入项目情况如下：

1.国内增值税17676亿元，扣除留抵退税因素后增长1.9%，按自然口径计算下降28.9%。

2.国内消费税7180亿元，比上年同期增长15.5%。

3.企业所得税17119亿元，比上年同期增长5.4%。

4.个人所得税5514亿元，比上年同期增长11.4%。

5.进口货物增值税、消费税6905亿元，比上年同期增长17.8%。关税990亿元，比上年同期增长0.4%。

6.出口退税6929亿元，比上年同期增长28.4%。

7.城市维护建设税1981亿元，比上年同期增长0.2%。

8.车辆购置税979亿元，比上年同期下降26.3%。

9.印花税1909亿元，比上年同期增长19.3%。其中，证券交易印花税1250亿元，比上年同期增长21.9%。

10.资源税1352亿元，比上年同期增长84.7%。

11.土地和房地产相关税收中，契税1941亿元，比上年同期下降27.4%；土地增值税2654亿元，比上年同期下降1.7%；房产税1269亿元，比上年同期增长12.9%；耕地占用税502亿元，比上年同期增长44%；城镇土地使用税772亿元，比上年同期增长8.2%。

12.环境保护税101亿元，比上年同期下降2.1%。

13.车船税、船舶吨税、烟叶税等其他各项税收收入合计405亿元，比上年同期增长4.5%。

（二）一般公共预算支出情况。

（a）

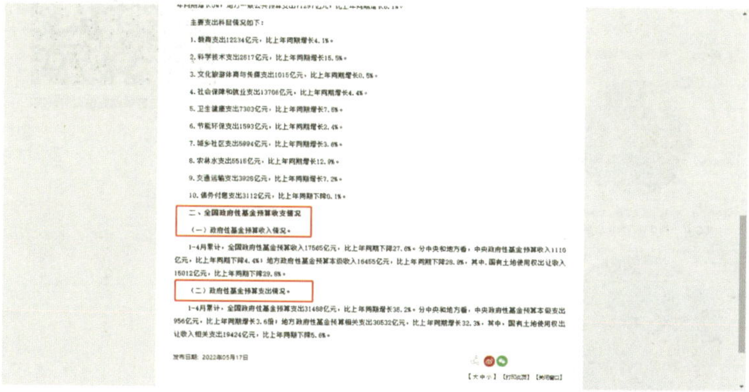
主要支出科目情况如下：

1.教育支出12234亿元，比上年同期增长4.1%。

2.科学技术支出2517亿元，比上年同期增长15.5%。

3.文化旅游体育与传媒支出1015亿元，比上年同期增长0.5%。

4.社会保障和就业支出13706亿元，比上年同期增长4.4%。

5.卫生健康支出7303亿元，比上年同期增长7.8%。

6.节能环保支出1593亿元，比上年同期增长2.4%。

7.城乡社区支出5994亿元，比上年同期增长3.6%。

8.农林水支出5515亿元，比上年同期增长12.9%。

9.交通运输支出3926亿元，比上年同期增长7.2%。

10.债务付息支出3112亿元，比上年同期下降0.1%。

二、全国政府性基金预算收支情况

（一）政府性基金预算收入情况。

1-4月累计，全国政府性基金预算收入17565亿元，比上年同期下降27.6%。分中央和地方看，中央政府性基金预算收入1110亿元，比上年同期下降4.4%；地方政府性基金预算本级收入16455亿元，比上年同期下降28.8%，其中，国有土地使用权出让收入15012亿元，比上年同期下降29.8%。

（二）政府性基金预算支出情况。

1-4月累计，全国政府性基金预算支出31488亿元，比上年同期增长35.2%。分中央和地方看，中央政府性基金预算本级支出956亿元，比上年同期增长3.6倍；地方政府性基金预算相关支出30532亿元，比上年同期增长32.3%，其中，国有土地使用权出让收入相关支出19424亿元，比上年同期下降5.6%。

发布日期：2022年05月17日

【大中小】【打印此页】【关闭窗口】

（b）

国务院2022年4月财政收支情况

图 1-13-1　国务院 2022 年 4 月财政收支情况（扫码阅读）

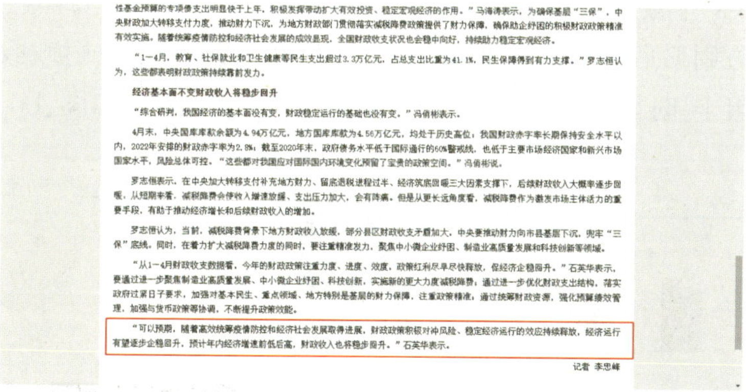
性基金预算的专项债支出明显快于上年，积极发挥带动扩大有效投资、稳定宏观经济的作用。”马海涛表示，为确保基层“三保”，中央财政加大转移支付力度，推动财力下沉，为地方财政部门贯彻落实减税降费政策提供了财力保障，确保助企纾困的积极财政政策精准有效实施。随着统筹疫情防控和经济社会发展的成效显现，全国财政收支状况也会稳中向好，持续助力稳定宏观经济。

“1—4月，教育、社保就业和卫生健康等民生支出超过3.3万亿元，占总支出比重为41.1%，民生保障得到有力支撑。”罗志恒认为，这些都表明财政政策持续靠前发力。

经济基本面不变财政收入将稳步回升

“综合研判，我国经济的基本面没有变，财政稳定运行的基础也没有变。”冯俏彬表示。

4月末，中央国库库款余额为4.94万亿元，地方国库库款为4.56万亿元，均处于历史高位；我国财政赤字率长期保持安全水平以内，2022年安排的财政赤字率为2.8%；截至2020年末，政府债务水平低于国际通行的60%警戒线，也低于主要市场经济国家和新兴市场国家水平，风险总体可控。“这些都对我国应对国际国内环境变化预留了宝贵的政策空间。”冯俏彬说。

罗志恒表示，在中央加大转移支付补充地方财力、留底退税进程过半、经济筑底回暖三大因素支撑下，后续财政收入大概率逐步回暖。从短期来看，减税降费会使收入增速放缓、支出压力加大，会有阵痛。但是从更长远角度看，减税降费作为激发市场主体活力的重要手段，有助于推动经济增长和后续财政收入的增加。

罗志恒认为，当前，减税降费背景下地方财政收入放缓，部分县区财政收支矛盾加大，中央要推动财力向市县基层下沉，兜牢“三保”底线。同时，在着力扩大减税降费力度的同时，要注重精准发力，聚焦中小微企业纾困、制造业高质量发展和科技创新等领域。

“从1—4月财政收支数据看，今年的财政政策注重力度、进度、效度，政策红利尽早尽快释放，促经济企稳回升。”石英华表示，要通过进一步聚焦制造业高质量发展、中小微企业纾困、科技创新，实施新的更大力度减税降费；通过进一步优化财政支出结构，落实政府过紧日子要求，加强对基本民生、重点领域、地方特别是基层的财力保障，注重政策精准；通过统筹财政资源，强化预算绩效管理，加强与货币政策等协调，不断提升政策效能。

“可以预期，随着高效统筹疫情防控和经济社会发展取得进展，财政政策积极对冲风险、稳定经济运行的效应持续释放，经济运行有望逐步企稳回升，预计年内经济增速前低后高，财政收入也将稳步回升。”石英华表示。

记者　李忠峰

国务院1-4月全国财政收支数据解读

图 1-13-2　国务院 2022 年 1—4 月全国财政收支数据解读（扫码阅读）

（2）内蒙古自治区财政厅公布每月的预算收支完成情况，并分析一般公共预算收入和一般公共预算支出的结构图，具体如图 1-13-3 所示。

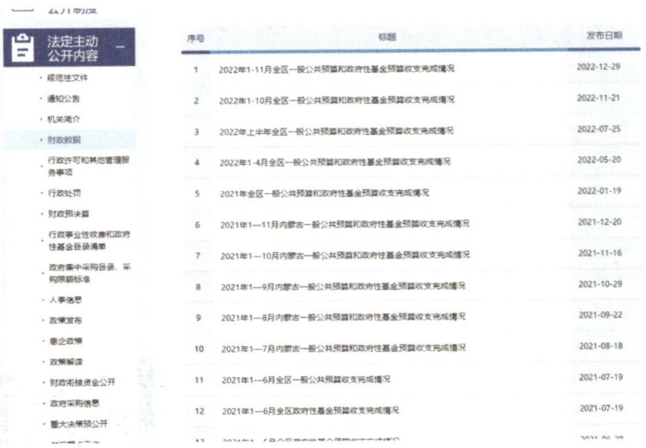

(a)

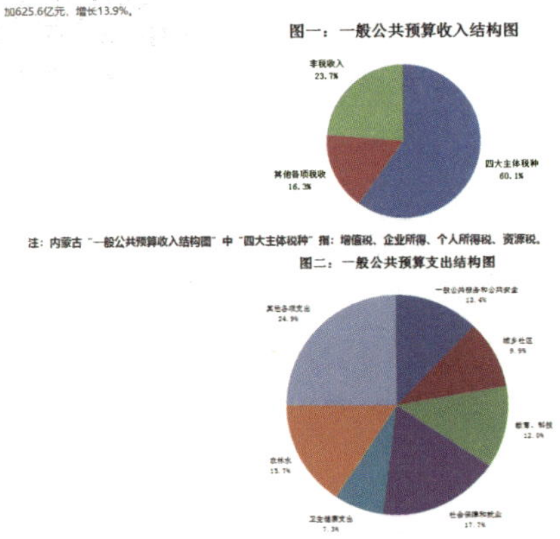

(b)

内蒙古自治区财政支出公开情况

图 1-13-3　内蒙古自治区财政收支公开情况(扫码阅读)

(3) 上海市建立地方财政收支情况专题，将 2020 年和 2021 年地方财政收支情况集中公开，并将两年同时段的数据形成条形图进行对比，具体如图 1-13-4 所示。

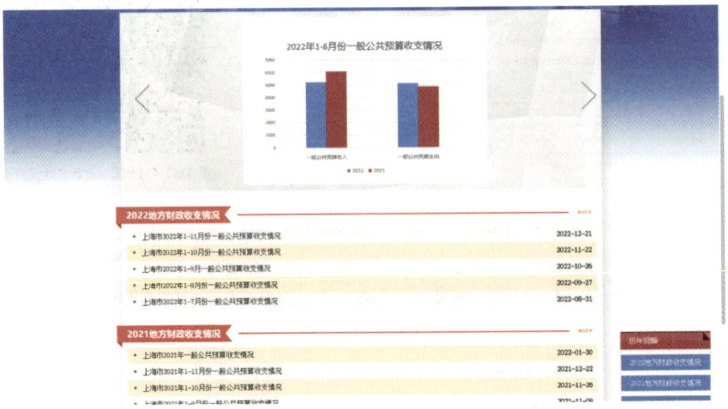

上海市地方财政收支情况专题

图 1-13-4　上海市地方财政收支情况专题(扫码阅读)

第十四节　地方政府债务

地方政府债务是财政资金的重要组成部分，对扩大投资、稳定经济增长有不可或缺的作用。由于举债规模较大、举债主体多样、债务隐蔽性强，因此加强政府债务管理和公开日益成为各级政府和人民关注的重点。自 2014 年国务院印发《关于加强地方政府性债务管理的意见》(国发〔2014〕43 号)首次明确要求各省份定期向社会公开政府性债务情况以来，国务院、财政部不断出台政府债务相关文件，公开要求逐步明确，公开内容不断规范，公开渠道从分散到集中，从单一到多元。

但本领域涉及的知识较专业、晦涩，同时业务主体和公开主体相分离，使得公开主体对概念性内容掌握不清，难以明确如何公开、怎样公开，出现信息公开不及时、不全面的现象。因此本节将从地方政府债务内涵、公开内容、目前公开存在的问题和地方公开经验总结进行探讨。

一、地方政府债务的内涵

(一) 地方政府债务的定义

《中华人民共和国预算法实施条例》(国务院令第 729 号)规定，“政府债务包括一般债务和专项债务。一般债务是指列入一般公共预算用于公益性事业发展的一般债券、地方政府负有偿还责任的外国政府和国际经济组织贷款转贷债务；专项债务是指列入政府性基金预算用于有收益的公益性事业发展的专项债券。”根据各地债务公开内容来看，地方政府债务主要公开的是地方政府一般债券和地方政府专项债券。

(二) 地方政府一般债券的定义

地方政府一般债券是指省、自治区、直辖市政府(含经省级政府批准自办债券发行的计划单列市政府)为没有收益的公益性项目发行的、约定一定期限内主要以一般公共预算收入还本付息的政府债券。

(三) 地方政府专项债券的定义

地方政府专项债券(以下简称专项债券)是指省、自治区、直辖市政府(含经省级政府批准自办债券发行的计划单列市政府)为有一定收益的公益性项目发行的、约定一定期限内以公益性项目对应的政府性基金或专项收入还本付息的政府债券。

（四）地方一般债券和专项债券的发行单位

《中华人民共和国预算法》（2014 年修正）规定，在国务院批准的限额内，省、自治区、直辖市政府可以发行一般债券和专项债券，具体发行工作是由省级财政部门负责。经省政府批准，计划单列市政府（大连、青岛、宁波、厦门、深圳）可以自办发行一般债券、专项债券，如市县政府确需发行一般债券、专项债券，可由省、自治区、直辖市政府统一发行并转贷给市县级政府。

二、地方政府债务公开

（一）公开内容

地方政府债务公开应由地方财政部门按照相关文件规定，持续在公开平台相应栏目及时公开地方政府债务限额、余额、债务率、偿债率，地方政府债券发行、项目、品种、期限、利率、还本付息、偿债资金来源、重大事项、存续期管理，以及经济社会发展指标、财政状况、绩效评价结果等相关信息。

案例展示：

（1）河北省石家庄市在《石家庄市 2020 年市本级和全市财政决算公开报表》中增添《2020 年市本级新增地方政府债券使用情况表》，使用情况表细化到公布每个项目的名称、项目编号、所属领域、主管部门、债券规模、实施单位、债券性质、发行时间等信息，具体如图 1-14-1 所示。

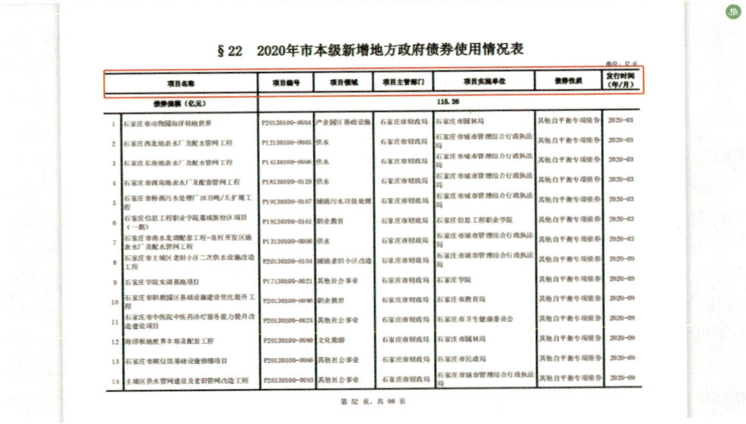

§22 2020年市本级新增地方政府债券使用情况表

单位：亿元

	项目名称	项目编号	项目领域	项目主管部门	项目实施单位	债券性质	发行时间（年/月）
	债券规模（亿元）	115.26					
1	石家庄市动物园海洋极地世界	P20130100-0004	产业园区基础设施	石家庄市财政局	石家庄市园林局	其他自平衡专项债券	2020-03
2	石家庄西北地表水厂及配水管网工程	P12130100-0005	供水	石家庄市财政局	石家庄市城市管理综合行政执法局	其他自平衡专项债券	2020-03
3	石家庄东南地表水厂及配水管网工程	P14130100-0006	供水	石家庄市财政局	石家庄市城市管理综合行政执法局	其他自平衡专项债券	2020-03
4	石家庄市西南地表水厂及配套管网工程	P18130100-0129	供水	石家庄市财政局	石家庄市城市管理综合行政执法局	其他自平衡专项债券	2020-03
5	石家庄市桥西污水处理厂10万吨/天扩建工程	P19130100-0167	城镇污水垃圾处理	石家庄市财政局	石家庄市城市管理综合行政执法局	其他自平衡专项债券	2020-03
6	石家庄信息工程职业学院藁城新校区项目（一期）	P19130100-0161	职业教育	石家庄市财政局	石家庄信息工程职业学院	其他自平衡专项债券	2020-03
7	石家庄市南水北调配套工程-良村开发区地表水厂及配水管网工程	P13130100-0006	供水	石家庄市财政局	石家庄市城市管理综合行政执法局	其他自平衡专项债券	2020-03
8	石家庄市主城区老旧小区二次供水设施改造工程	P20130100-0104	城镇老旧小区改造	石家庄市财政局	石家庄市城市管理综合行政执法局	其他自平衡专项债券	2020-09
9	石家庄学院实训基地项目	P17130100-0021	其他社会事业	石家庄市财政局	石家庄学院	其他自平衡专项债券	2020-09
10	石家庄市职教园区基础设施建设优化提升工程	P20130100-0096	职业教育	石家庄市财政局	石家庄市教育局	其他自平衡专项债券	2020-09
11	石家庄市中医院中医药诊疗服务能力提升改造建设项目	P20130100-0024	其他社会事业	石家庄市财政局	石家庄市卫生健康委员会	其他自平衡专项债券	2020-09
12	海洋极地世界补容及配套工程	P20130100-0040	文化旅游	石家庄市财政局	石家庄市园林局	其他自平衡专项债券	2020-09
13	石家庄市殡仪馆基础设施修缮项目	P20130100-0066	其他社会事业	石家庄市财政局	石家庄市民政局	其他自平衡专项债券	2020-09
14	主城区供水管网建设及老旧管网改造工程	P20130100-0093	其他社会事业	石家庄市财政局	石家庄市城市管理综合行政执法局	其他自平衡专项债券	2020-09

第52页，共98页

石家庄市2020年财政决算公开报表

图 1-14-1 石家庄市 2020 年财政决算公开报表（扫码阅读）

（2）上海市财政局建立地方债专题，按“最新消费、制度文件、发行信息披露、存续期信息披露、发行结果、付息兑付公告、其他公告通知、政府债务预决算”对相关信息进行分类公开，清楚明晰，具体如图 1-14-2 所示。

上海市财政局地方债专题

图 1-14-2　上海市财政局地方债专题（扫码阅读）

（二）公开渠道

我国地方政府债务信息公开共有三个渠道，按是否属于预决算公开范围信息进行区分。属于预决算公开范围内的债务限额、余额、使用情况等可在财政预决算报告进行公开；属于预决算范围以外的信息，省级财政部门、计划单列市政府（大连、青岛、宁波、厦门、深圳）应在“中国地方政府债券信息公开平台”公开（“中国地方政府债券信息公开平台”如图 1-14-3 所示），信息可在本级政府网站或财政部门户网站同步公开。市县政府不具备自行发债能力的应在本级政府网站或财政部门户网站专栏上公开。

中国地方政府债券信息公开平台

图 1-14-3　中国地方政府债券信息公开平台（扫码阅读）

三、从一般债券和专项债券看公开

地方政府债券发行包括一般债券发行和专项债券发行。通过文件梳理可知，债券信息公开可分为发行公开、调整公开、存续期公开、绩效信息公开四个方面。

（一）发行公开

发行公开包括地方债发行计划、新增一般债券发行、新增专项债券发行、再融资债券发行，具体公开主体、时间和内容如表 1-14-1 所示。

表 1-14-1　债券发行公开要求

项　目	公开主体	公开时间	公开内容
地方债发行计划	地方财政部门	每月 20 日前	披露本地区下月地方债发行计划
		在 3 月、6 月、9 月和 12 月 20 日前	披露本地区下季度地方债发行计划
新增一般债券发行	省级财政部门	发行前 5 个工作日	公开经济社会发展指标，包括本地区生产总值、居民人均可支配收入等、地方政府一般公共预算情况、一般债务情况，包括本地区一般债务限额及余额、地区分布、期限结构等、拟发行一般债券信息，包括规模、期限、项目、偿债资金安排等、第三方评估材料，包括信用评级报告等、其他按规定需要公开的信息
		发行后 2 个工作日内	公布发行债券编码、利率等信息
新增专项债券发行	省级财政部门	发行前 5 个以上工作日	公开经济社会发展指标，包括本地区生产总值、居民人均可支配收入等、地方政府性基金预算情况，包括本地区、本级或使用专项债券资金的市县级政府地方政府性基金收支、拟发行专项债券对应的地方政府性基金预算收支情况、专项债务情况，包括本地区专项债务限额及余额、地区分布、期限结构等、拟发行专项债券信息，包括规模、期限及偿还方式等基本信息、拟发行专项债券对应项目信息，包括项目概况、分年度投资计划、项目资金来源、预期收益和融资平衡方案、潜在风险评估、主管部门责任等、第三方评估信息，包括财务评估报告（重点是项目预期收益和融资平衡情况评估）、法律意见书、信用评级报告等、其他按规定需要公开的信息
		发行后 2 个工作日内	公布发行债券编码、利率等信息
再融资债券发行	省级财政部门	提前 5 个以上工作日	公开发行规模和原债券名称、代码、发行规模、到期本金规模等信息

（二）债券调整公开

一般债券不调整，若涉及专项债券用途调整，则省级、市县级财政部门应根据《地方政府专项债券用途调整操作指引》（财预〔2021〕110 号）规定，及时公开调整公告和项目调整信息，具体的公开要求如表 1-14-2 所示。

表 1-14-2　债券调整公开要求

项　目	公开主体	公开时间	公开平台	公开内容
专项债券调整	省级财政部门	省级政府批准后（涉及预算调整的按程序报省级人大或其常委会批准后）的 10 个工作日内	全国统一的地方政府债务信息公开平台，以及省级政府或财政部门门户网站、发行登记托管机构门户网站	1. 发布调整公告，重点说明调整事项已经省级政府批准，一并公开本地区经济社会发展指标、地方政府性基金预算情况、专项债务情况等。 2. 公布项目调整信息，包括调整前原已安排的项目名称、调整金额，以及调整后项目概况、分年度投资计划、项目资金来源、预期收益和融资平衡方案、潜在风险评估、主管部门责任、第三方评估信息（包括财务评估报告书、法律意见书、信用评级报告等）等
	市县级财政部门	在省级政府、市县人大或其常委会批准后的 10 个工作日内	本级政府或财政部门门户网站	

（三）存续期公开

地方政府一般债券和专项债券存续期均需由使用债券资金的部门公开相关内容，具体的公开要求如表 1-14-3 所示。

表 1-14-3　债券存续期公开要求

项　目	公开主体	公开时间	公开内容
一般债券公开存续期	使用一般债券资金的部门	不迟于每年 6 月底前	公开截至上年末一般债券资金余额、利率、期限、地区分布、资金使用情况、项目建设进度、运营情况、按规定其他需要公开的信息
专项债券公开存续期	使用专项债券资金的部门	不迟于每年 6 月底前	公开截至上年末专项债券资金使用情况、对应项目建设进度、运营情况、项目收益及对应形成的资产情况、按规定其他需要公开的信息

（四）绩效信息公开

财政部印发《地方政府专项债券项目资金绩效管理办法》（财预〔2021〕61 号）要求，地方各级财政部门需负责组织实施本地区绩效评价结果公开工作，指导项目主管部门和项目单位每年 6 月底前公开上年度专项债券项目资金绩效评价结果。绩效评价结果要在全国统一的地方政府债务信息公开平台上公开。

四、地方经验及公开建议

（一）建立自上而下统一专题

山东省财政厅建立政府债务信息专栏，设置“债券发行公告及债券存续期公开”“政府债务预决算公开”等栏目，分类发布相关信息，在“政府债务预决算公开”栏目下公开全省与省级地方政府债务决算情况说明，具体如图 1-14-4 所示。

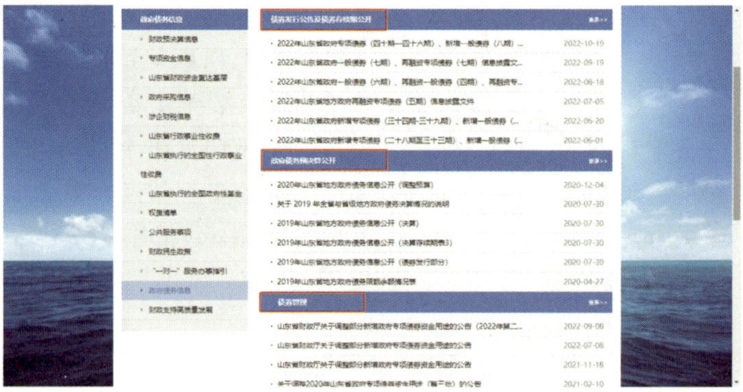

(a)

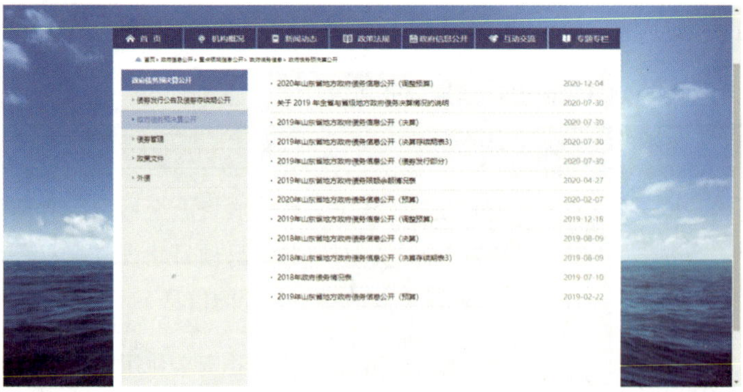

(b)

山东省政府债务信息公开专栏

图 1-14-4　山东省政府债务信息公开专栏（扫码阅读）

（二）完善制度建设推进县级信息公开

浙江省人民政府部分下辖地方政府制定了政府性债务管理办法或通知，如《杭州市地方政府性债务管理实施办法（试行）》（杭政办函〔2014〕110 号）、《舟山市人民政府关于进一步加强政府性债务管理的通知》（舟政发〔2016〕1 号）、《海盐县政府性债务管理办法》（盐政发〔2013〕71 号）等文件对县级债务信息管理和公开作出规定，具体扫描如图 1-14-5 所示的二维码。

杭州市地方政府性债务管理实施办法（试行）

舟山市人民政府关于进一步加强政府性债务管理的通知

海盐县政府性债务管理办法

图 1-14-5　浙江省部分地区完善制度建设情况（扫码阅读）

附件：相关政策文件（表 1-14-4）

表 1-14-4　地方政府债务公开相关政策文件

文　件　名	涉及模块
《国务院关于加强地方政府性债务管理的意见》（国发〔2014〕43 号）	制度建设、公开内容
《关于印发〈地方预决算公开操作规程〉的通知》（财预〔2016〕143 号）	公开内容
《关于印发〈地方政府一般债务预算管理办法〉的通知》（财预〔2016〕154 号）	公开内容
《财政部关于印发〈地方政府专项债务预算管理办法〉的通知》（财预〔2016〕155 号）	公开内容
《2017 年政务公开工作要点》（国办发〔2017〕24 号）	公开内容
《2018 年政务公开工作要点》（国办发〔2018〕23 号）	制度建设
《关于印发〈地方政府债务信息公开办法〉（试行）的通知》（财预〔2018〕209 号）	公开要求
《2019 年政务公开工作要点》（国办发〔2019〕14 号）	公开渠道、公开内容
《财务部关于加快地方政府专项债券发行使用有关工作的通知》（财预〔2020〕94 号）	公开渠道、公开内容
《关于进一步做好地方政府债券发行工作的意见》（财库〔2020〕36 号）	公开时间
《国务院关于进一步深化预算管理制度改革的意见》（国发〔2021〕5 号）	公开渠道、机制建设
《2021 年政务公开工作要点》（国办发〔2021〕12 号）	公开渠道、公开内容

续表

文件名	涉及模块
《关于印发〈地方政府专项债券项目资金绩效管理办法〉的通知》(财预〔2021〕61号)	公开内容、公开时间、公开渠道
《地方政府专项债券用途调整操作指引》(财预〔2021〕110号)	公开内容、公开时间、公开渠道

第十五节　行政事业性收费

行政事业性收费作为国家财政收入的重要形式，一直是社会关注的热点问题。2014年，财政部、国家发展改革委印发《关于进一步完善行政事业性收费项目目录公开制度的通知》(财综〔2014〕56号)要求，按照现行收费管理制度设立的收费项目，除要按照《政府信息公开条例》规定向社会公开具体管理政策外，还要将所有收费项目编制成收费项目目录向社会公开。近年来，国务院及部委围绕简政放权、减轻企业负担，进一步优化我国营商环境，出台了一系列清理、取消行政事业性收费和普遍性降费政策文件。本节将从行政事业性收费含义、审批程序、公开要点、公开建议等方面展开研究。

一、行政事业性收费的内涵

根据国家发展改革委和财政部于2018年修订的《行政事业性收费标准管理办法》(发改价格规〔2018〕988号)，行政事业性收费指“国家机关事业单位、代行政府职能的社会团体及其他组织根据法律法规等有关规定，依据国务院规定程序批准，在实施社会公共管理，以及在向公民、法人提供特定公共服务过程中，向特定对象收取的费用”。常见的行政事业性收费项目有居民身份证工本费、各类职业资格、职称等考试考务费。此外，根据《政府信息公开信息处理管理办法》(国办函〔2020〕109号)第八条，“行政机关收取的信息处理费属于行政事业性收费”(注：各单位政府信息公开年度报告中“行政事业性收费”栏目所填金额应包含该单位收取的信息处理费)。

二、行政事业性收费项目及收费标准的审批管理

行政事业性收费项目及收费标准均实行中央和省两级审批制度。

（一）收费项目审批

除法律、行政法规和国务院另有规定外，中央单位申请设立收费项目，向财政部、国家发展改革委提出书面申请，由财政部、国家发展改革委审批；若申请的收费项目属于重要收费项目，则由财政部、国家发展改革委审核后报国务院批准。

省级单位、省以下单位申请设立一般收费项目，向省、自治区、直辖市财政、价格主管部门（以下简称省级财政、价格主管部门）提出书面申请，由省级财政、价格主管部门审批；申请设立重要收费项目，由省级财政、价格主管部门审核后报省级政府批准，地方重要收费项目的范围由省级财政、价格主管部门确定；申请设立专门面向企业的收费项目，向省级财政、价格主管部门提出书面申请，经省级财政、价格主管部门审核后报省级政府审批，省级政府在审批之前应征得财政部和国家发展改革委同意；除法律法规另有规定外，省级单位、省以下单位申请设立的收费项目属于在全国范围内实施的收费，应通过本系统或行业的中央主管部门统一向财政部、国家发展改革委提出书面申请，由财政部、国家发展改革委审批。

（二）收费标准审批

国务院价格、财政部门审批：中央有关部门和单位（包括中央驻地方单位），以及全国或者区域（跨省、自治区、直辖市）范围内实施收费的收费标准（注：重要收费项目的收费标准应由国务院价格、财政部门审核后报请国务院批准）。

省级政府价格、财政部门审批：除上述规定的其他收费标准（注：重要收费项目的收费标准应由省级政府价格、财政部门审核后报请省级政府批准）。

地域成本差异较大的全国或者区域（跨省、自治区、直辖市）范围内实施的收费标准，国务院价格、财政部门可以授权省级政府价格、财政部门审批。

专业性强且类别较多的考试、注册等收费，省级以上政府价格、财政部门可以制定收费标准的上限，由行业主管部门在上限范围内确定具体收费标准。

因此，省级以下单位可结合本地区实际申请设立收费项目、调整收费标准等，但需根据相应审批程序和流程，由上级相关部门进行审批同意后方可执行。

三、建立和实施行政事业性收费目录清单的原因及历程

规范涉企收费、减轻企业负担一直是国务院高度重视的工作，在规范、清理工作的进程中，国务院提出要建立和实施收费目录清单制度，将依法合规设立的收费项目全部纳入清单并主动公开，从源头上防止各类乱收费现象。

2014 年 6 月，国务院办公厅印发《关于进一步加强涉企收费管理减轻企业负担的通知》（国办发〔2014〕30 号），明确要求建立和实施涉企收费目录清单制度；8

月，财政部、国家发展改革委印发《关于进一步完善行政事业性收费项目目录公开制度的通知》(财综〔2014〕56 号)，明确财政部和省级财政部门按照收费项目审批管理权限，分级编制并公布收费目录清单；10 月，财政部公布《全国性及中央部门和单位行政事业性收费目录清单》《全国性及中央部门和单位涉企行政事业性收费目录清单》和《全国政府性基金目录清单》；年底，各省(区、市)陆续公布了本地行政事业性收费目录清单。2017 年 6 月，李克强总理在国务院常务会议上，要求国务院主管部门上网公布中央和地方政府性基金及行政事业性收费目录清单。其后，财政部迅速在部门网站公布了全国政府性基金和行政事业性收费目录清单"一张网"，方便社会查询，加强社会监督。

四、国家对行政事业性收费的公开要求

随着政府信息公开的不断深入，行政事业性收费对收费项目目录、收费项目审批管理等信息公开要素和渠道要求不断明确。具体如表 1-15-1 所示。

表 1-15-1　行政事业性收费公开相关政策

序号	文件名称	公开要点
1	《进一步完善行政事业性收费项目目录公开制度的通知》(财综〔2014〕56 号)	将所有收费项目编制成收费项目目录向社会公开，收费项目目录应包括各项收费的具体项目名称、执收单位、资金管理、政策依据等内容 (注：中央批准设立的收费项目，由财政部会同国家发展改革委负责编制收费项目目录，由财政部在其官方网站上实行常态化公开；各省、自治区、直辖市人民政府及其财政、价格主管部门批准设立的收费项目，由省级财政部门会同价格主管部门编制收费项目目录，由省级财政部门在其官方网站上实行常态化公开)
		收费项目目录中主要针对企业征收的收费项目，要单独编制涉企收费项目清单，作为收费项目目录的附录，一并向社会公开
2	《行政事业性收费项目审批管理暂行办法》(财综〔2014〕100 号)	第二十六条　依照本办法规定经批准的收费项目，财政部、国家发展改革委及省级财政、价格主管部门应当通过文件、文告等形式向社会公布
		第二十六条　收费单位应当建立收费公示制度，在收费场所公示收费文件依据、收费主体、收费项目、收费范围、收费标准、收费对象等
3	《2017 年政务公开工作要点》(国办发〔2017〕24 号)	在财政部网站集中展示，实时更新中央及各省(区、市)人民政府行政事业性收费和政府性基金目录清单

序号	文件名称	公开要点
4	《行政事业性收费标准管理办法》(发改价格规〔2018〕988号)	第二十五条　除涉及国家秘密外，价格、财政部门应当及时将审批的收费标准告知申请单位，并向社会公布
		第二十六条　收费单位应当在收费地点显著位置公示收费项目、收费标准、收费主体、计费单位、收费依据、收费范围、收费对象、减免规定、监督举报电话等
5	《中华人民共和国政府信息公开条例》(国务院令第711号)	第二十条　(八)行政机关主动公开行政事业性收费项目及其依据、标准

五、公开注意事项

(1) 行政事业性收费公开，需公开行政事业性收费目录清单包括项目名称、执行单位、资金管理、政策依据、收费标准等信息。此外，收费项目目录中主要针对企业征收的收费项目，要单独编制涉企收费项目清单，作为收费项目目录的附录，一并向社会公开。公开实践中，切记应公开收费标准、收费依据(公开文件名、文号等信息)。

建议思路：收费依据可参考北京等地做法通过超链接方式实现在线下载或以政策文件附件等方式方便群众查阅，具体如图1-15-1所示。

北京市行政事业性收费目录清单

部门	收费编码	细项	收费项目名称	政策依据	管理形式	收费标准
一、北京市民族宗教事务委员会						
	105001		1. 回民殡葬服务收费			
	105001001	1	回民殡葬服务费	京价(收)字[94]第121号 京价(收)字[2002]391号	缴入地方国库	见文件
二、北京市经济和信息化局						
	107001		2. 无线电管理收费			
	107001001	2	频率占用费	计价费[1998]218号 京价(收)字[1998]第059号 京发改[2005]1006号 京发改[2006]69号 京财综[2019]2684号	缴入中央和地方国库	见文件
三、北京市人民防空办公室						
	110002		3. 防空地下室易地建设收费			
	110002001	3	防空地下室易地建设费	中发[2001]9号 计价格[2000]474号 京财综[2001]2177号 京价(房)字[2001]422号 京财综[2012]2451号 京财综[2014]2406号 京财综[2014]2767号 京财综[2019]1989号 京财综[2019]2412号 京财综[2019]2685号 京财税[2020]2581号	缴入中央和地方国库	每建筑平方米1640元

北京市行政事业性收费目录清单

图1-15-1　北京市行政事业性收费目录清单(扫码阅读)

(2) 收费单位应当在收费场所或地点显著位置公示收费项目、收费标准、收费主体、计费单位、收费依据、收费范围、收费对象、减免规定、监督举报电话等。

通过多渠道公开，让老百姓和企业既明白政策，且方便其咨询、投诉。如北京市门头沟区教育局详细公开了教育系统行政事业性收费项目，具体如图 1-15-2 所示。

门头沟区教育系统行政事业性收费项目2021年度公示表

单位数	执收单位	收费项目序号	收费项目编码	收费项目名称	计费单位	收费标准	收费对象	收费依据（批准机关及文号）	备注
1	第一幼儿园	1	173014016	保育教育费	元/月/人	900	幼儿家长	京发改规〔2012〕4号	
2	第二幼儿园	2	173014016	保育教育费	元/月/人	900	幼儿家长	京发改规〔2012〕4号	
3	第三幼儿园	3	173014016	保育教育费	元/月/人	750	幼儿家长	京发改规〔2012〕4号	
4	第一幼儿园龙山分园	4	173014016	保育教育费	元/月/人	600	幼儿家长	京发改规〔2012〕4号	
5	第五幼儿园	5	173014016	保育教育费	元/月/人	750	幼儿家长	京发改规〔2012〕4号	
6	第六幼儿园	6	173014016	保育教育费	元/月/人	750	幼儿家长	京发改规〔2012〕4号	
7	第七幼儿园	7	173014016	保育教育费	元/月/人	750	幼儿家长	京发改规〔2012〕4号	新增单位
8	第八幼儿园	8	173014016	保育教育费	元/月/人	750	幼儿家长	京发改规〔2012〕4号	新增单位
9	潭柘寺学校第一幼儿园	9	173014016	保育教育费	元/月/人	300	幼儿家长	京发改规〔2012〕4号	新增单位
10	清水中心小学-附属幼儿园	10	173014016	保育教育费	元/月/人	125	幼儿家长	京发改规〔2012〕4号	
11	斋堂中心小学-附属幼儿园	11	173014016	保育教育费	元/月/人	375	幼儿家长	京发改规〔2012〕4号	
12	付家台中心小学-附属幼儿园	12	173014016	保育教育费	元/月/人	125	幼儿家长	京发改规〔2012〕4号	
13	大台中心小学-附属幼儿园	13	173014016	保育教育费	元/月/人	300	幼儿家长	京发改规〔2012〕4号	
14	王平村中心小学-附属幼儿园	14	173014016	保育教育费	元/月/人	300	幼儿家长	京发改规〔2012〕4号	
15	妙峰山民族学校-附属幼儿园	15	173014016	保育教育费	元/月/人	375	幼儿家长	京发改规〔2012〕4号	
16	军庄中心小学-附属幼儿园	16	173014016	保育教育费	元/月/人	300	幼儿家长	京发改规〔2012〕4号	

北京市门头沟区教育系统收费项目公示

图 1-15-2　北京市门头沟区教育系统收费项目公示（扫码阅读）

六、公开建议

进一步优化行政事业性收费发布路径，通过相关栏目集中发布行政事业性收费清单、减税降费文件，方便群众一站式获取所需信息。进一步规范发布收费清单，全面公开收费部门、收费项目、收费标准、收费依据等要素，让收费透明化、简明化，并动态更新如新增、取消、停征项目。进一步推进收费依据全面公开，梳理归集收费文件，方便查询，让老百姓和企业明白政策要求，也有利于公众监督收费事项的合法合规性。进一步畅通投诉处理机制，让企业和群众投诉有结果。

第十六节　政府集中采购

政府集中采购信息公开是法定主动公开内容之一，《中华人民共和国政府采购法》指出，政府采购应当遵循公开透明原则、公平竞争原则、公正原则和诚实信用原则，公开透明原则排在首位。我国政府集中采购制度于 1996 年在上海试点展开，2000 年在全国全面推行，对提高财政资金使用效益、维护国家利益与社会公益、促进产业发展、促进廉政建设发挥了举足轻重的作用。近年来在党中央、国务院的高度重视下，我国政府集中采购信息公开工作取得显著成效，规范化程度不断提高，但也存在着采购项目目录或标准发布不全、未及时发布招标公告及结果等问题，使得公众对政府集中采购的认知受限。

因此，本节拟对政府集中采购的内涵和公开要求进行梳理，旨在为有关部门提供工作参考。

一、内涵及概念辨析

（一）政府采购

政府采购是指各级政府为了开展日常政务活动或为公众提供服务，以法定的方式、方法和程序，通过公开招标、公平竞争，由财政部门以直接向供应商付款的方式，从国内、外市场上为政府部门或所属团体购买货物、工程和劳务的行为。

（二）政府集中采购

政府采购实行集中采购和分散采购①相结合。集中采购是指采购人将列入集中采购目录的项目委托集中采购机构代理采购或者进行部门集中采购的行为。其中，技术、服务等标准统一，采购人普遍使用的项目，列为集中采购机构采购项目；采购人本部门、本系统基于业务需要有特殊要求，可以统一采购的项目，列为部门集中采购项目②。

（三）如何区分政府集中采购和公共资源交易

政府集中采购常被纳入到公共资源交易平台上进行公开，但政府集中采购和公共资源交易在内涵、主管部门、交易商品性质、网站公示信息、采购形式、交易方向等方面存在一定区别。具体如表 1-16-1 所示。

表 1-16-1　政府集中采购和公共资源交易的区别

标　准	政府集中采购	公共资源交易
内涵	主要为各级国家机关、事业单位和团体组织，使用财政性资金采购依法制定的集中采购目录以内的或者采购限额标准以上的货物、工程和服务的行为	主要包括工程建设招投标、土地矿产权交易、国有产权交易、政府采购、司法机关罚没物品拍卖等公共资源交易行为
责任单位与主管部门	根据《中华人民共和国政府采购法》，政府采购中心是政府采购集中代理机构，其主管部门是中央和地方财政部门	公共资源交易中心隶属于地方，主管部门是政务服务中心

① 分散采购是指采购人将采购限额标准以上的未列入集中采购目录的项目自行采购或者委托采购代理机构代理采购的行为。

②《中华人民共和国政府采购法实施条例》(国务院令第 658 号)。

标　准	政府集中采购	公共资源交易
交易商品性质	政府采购的商品交易前可能是个人所有或企业所有，不具备“公共资源”的特性，政府采购之后用于保障政府机关日常办公所需	公共资源交易中心交易的商品交易前不为个人或企业组织所拥有，属于公共资源
网站公示信息	政府采购网只发布政府采购类交易信息	公共资源交易中心网站公示的信息更为宽泛，包含政府采购交易信息
采购形式	招标投标；电子卖场（政府采购小额零散货物的常用方式）	招标投标
交易方向	遵循低价原则	遵循高价原则

二、公开内容

《中华人民共和国政府信息公开条例》（国务院令第 711 号）第十九条指出，行政机关应当主动公开本行政机关的政府集中采购项目的目录、标准及实施情况。

（1）集中采购目录：包括集中采购机构采购项目和部门集中采购项目。图 1-16-1 以深圳市人民政府门户网站为例。

深圳市政府集中采购目录

图 1-16-1　深圳市政府集中采购目录（扫码阅读）

（2）政府采购限额标准：属于中央预算的政府采购项目，由国务院确定并公布；属于地方预算的政府采购项目，由省、自治区、直辖市人民政府或者其授权的机构确定并公布。其中，政府采购货物或服务项目，单项采购金额达到 200 万元以上的，必须采用公开招标方式。政府采购工程以及与工程建设有关的货物、服务公开招标数额标准按照国务院有关规定执行。图 1-16-2 以山东省政府集中采购目录及标准为例。

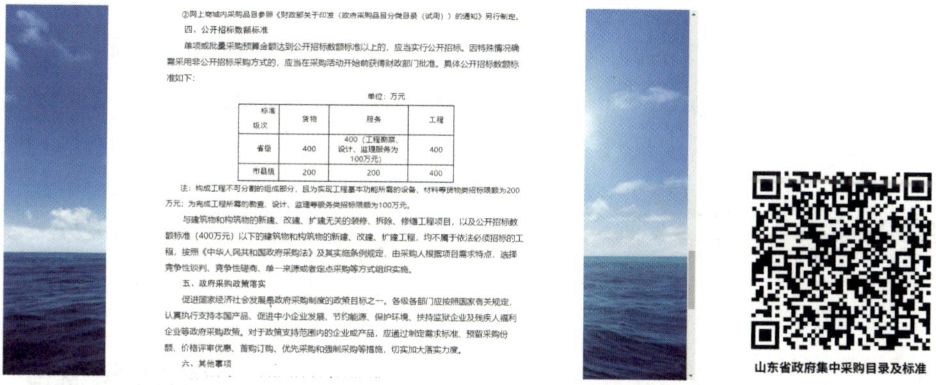

②网上商城内采购品目参照《财政部关于印发〈政府采购品目分类目录（试用）〉的通知》另行制定。

四、公开招标数额标准

单项或批量采购预算金额达到公开招标数额标准以上的，应当实行公开招标。因特殊情况确需采用非公开招标采购方式的，应当在采购活动开始前获得财政部门批准。具体公开招标数额标准如下：

单位：万元

标准 级次	货物	服务	工程
省级	400	400（工程勘察、设计、监理服务为100万元）	400
市县级	200	200	400

注：构成工程不可分割的组成部分，且为实现工程基本功能所需的设备、材料等货物类招标限额为200万元；为完成工程所需的勘查、设计、监理等服务类招标限额为100万元。

与建筑物和构筑物的新建、改建、扩建无关的装修、拆除、修缮工程项目，以及公开招标数额标准（400万元）以下的建筑物和构筑物的新建、改建、扩建工程，均不属于依法必须招标的工程，按照《中华人民共和国政府采购法》及其实施条例规定，由采购人根据项目需求特点，选择竞争性谈判、竞争性磋商、单一来源或者定点采购等方式组织实施。

五、政府采购政策落实

促进国家经济社会发展是政府采购制度的政策目标之一。各级各部门应按照国家有关规定，认真执行支持本国产品、促进中小企业发展、节约能源、保护环境、扶持监狱企业及残疾人福利企业等政府采购政策。对于政策支持范围内的企业或产品，应通过制定需求标准、预留采购份额、价格评审优惠、首购订购、优先采购和强制采购等措施，切实加大落实力度。

六、其他事项

图 1-16-2　山东省政府集中采购目录及标准（扫码阅读）

(3) 政府集中采购实施情况：根据《政府采购信息发布管理办法》（财政部令第 101 号）规定，政府采购信息是指依照政府采购有关法律制度规定应予公开的公开招标公告、资格预审公告、单一来源采购公示、中标（成交）结果公告、政府采购合同公告等政府采购项目信息，以及投诉处理结果、监督检查处理结果、集中采购机构考核结果等政府采购监管信息。根据不同采购方式，产生不同实施流程，具体如图 1-16-3 所示。

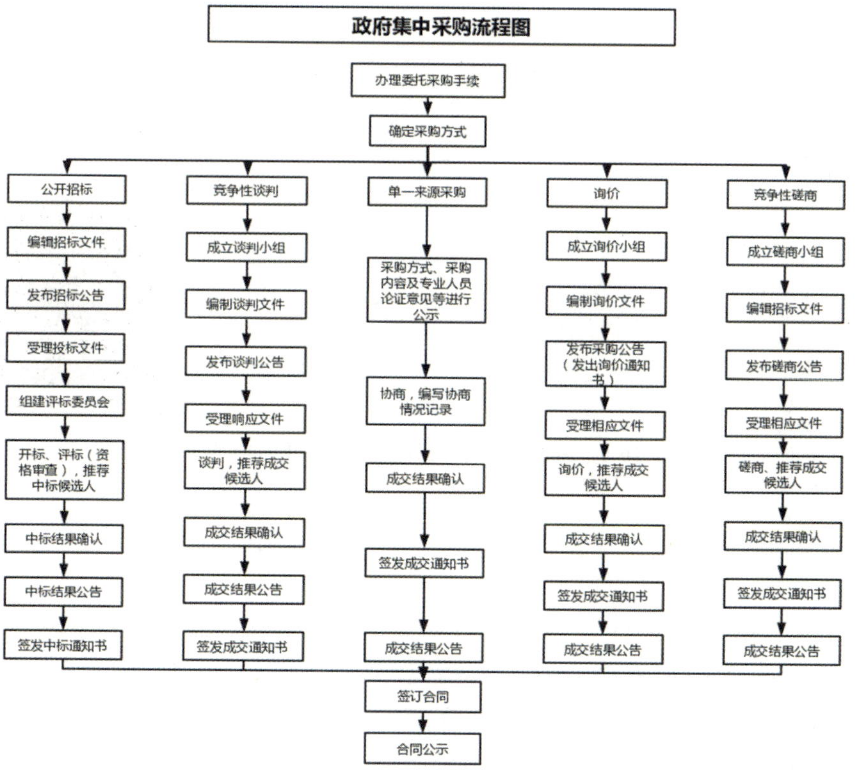

图 1-16-3　政府集中采购流程图

案例展示：

安徽省合肥市人民政府对政府采购项目进行全流程公开，如“蜀山区南岗镇卫生院儿童青少年视力筛查防控试点设备采购”项目公开预约场地、招标公告发布、招标文件发布、中标公示、中标通知书、合同见证、项目履约，具体如图 1-16-4 所示。

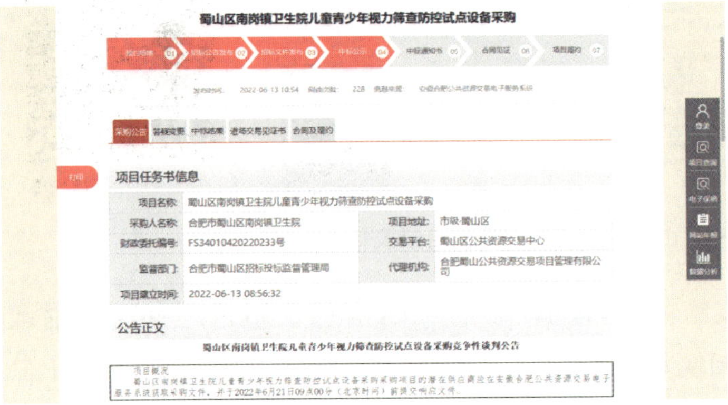

合肥市采购全流程公开

图 1-16-4　合肥市采购全流程公开（扫码阅读）

安徽省池州市人民政府以流程线的方式公布每个流程的时间点，如“安徽省池州市北山矿区外围水泥用灰岩矿勘探服务”项目公开项目登记、采购公告、开标信息、中标（成交）结果公告、交易见证信息和成交通知书等信息，具体如图 1-16-5 所示。

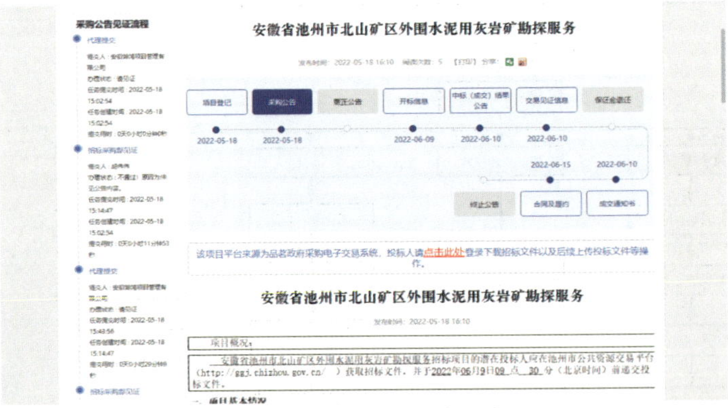

池州市政府采购全流程公开

图 1-16-5　池州市政府采购全流程公开（扫码阅读）

三、公开渠道

《政府采购信息发布管理办法》（财政部令第 101 号）第八条规定，中央预算单位政府采购信息应当在中国政府采购网发布，地方预算单位政府采购信息应当在所在行政区域的中国政府采购网省级分网发布。

根据各地公开实践，目前主要采用在法定主动公开目录下设政府集中采购专栏统一发布信息，或跳转链接至中国政府采购网、公共资源交易平台的方式予以公开。

以安徽省黄山市人民政府为例，在法定主动公开目录下设政府采购栏目，点击即可跳转至“黄山市公共资源交易中心”政府采购栏目，具体如图 1-16-6 所示。

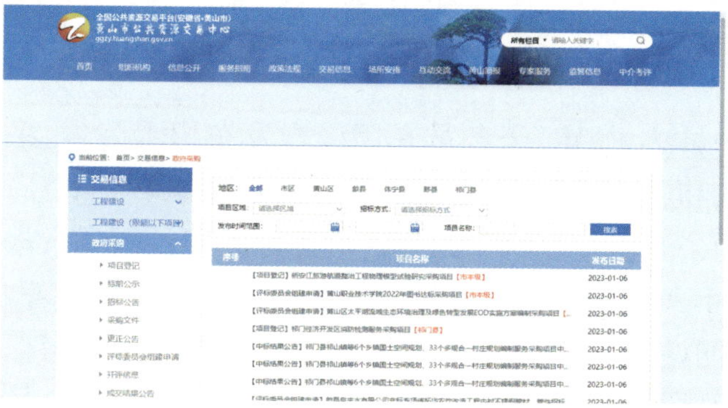

黄山市公共资源交易平台

图 1-16-6　黄山市公共资源交易平台（扫码阅读）

四、公开建议

根据《政府采购信息发布管理办法》（财政部令第 101 号）要求，提出以下几点建议：

（一）多平台多渠道信息同源发布

处理好政府信息公开专栏信息内容与政府采购网、公共资源交易平台的衔接，相应内容都应当是同一数据源。

（二）采购项目信息呈全链条发布

有条件的地区可以项目为单位围绕项目的采购、招标、中标、合同签订等环节全链条推进政府集中采购信息公开，便于民众查询和理解相关信息。

案例展示：安徽省巢湖市“污水处理管理处水质与污泥检测服务”公开从预约场地到项目履约的全流程信息，具体如图 1-16-7 所示。

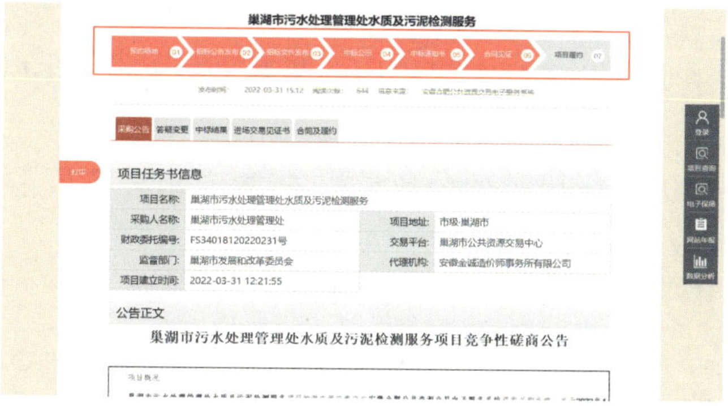

巢湖市政府采购全流程公开

图 1-16-7　巢湖市政府采购全流程公开（扫码阅读）

第十七节　公务员招考

《中华人民共和国公务员法》规定，公务员录用应当发布招考公告、采取公开考试的方式。《中华人民共和国政府信息公开条例》（国务院令第 711 号）第二十条规定，行政机关应当主动公开本行政机关的公务员招考的职位、名额、报考条件等事项以及录用结果。近年来，公务员招考的信息公开工作取得了显著成效，各地区实现了通过政府门户网站集中公开公务员招考信息，但也存在招考信息公开不及时、公开效果不佳的问题。本节围绕公务员招考的公开主体、公务员考试类型、招考程序及案例展示等内容进行阐述。

一、公务员招考的公开主体

根据《公务员录用规定》[①]，中央公务员主管部门负责全国公务员录用的综合管理工作，省级公务员主管部门负责本辖区公务员录用的综合管理工作。必要时，省级公务员主管部门可以授权设区的市级公务员主管部门组织本辖区内公务员的录用。设区的市级以下公务员主管部门按照省级公务员主管部门的规定，负责本辖区内公务员录用的有关工作。

公务员主管部门依据招考工作方案，制定招考公告，面向社会发布。招考公告应当载明招考的职位、名额、报考资格条件、报考需要提交的申请材料以及其他报考须知事项[②]。

招录机关按照公务员主管部门的要求，负责本机关及直属机构公务员录用的有关工作。根据考试成绩、考察情况和体检结果，提出拟录用人员名单，并予以公示。公示期不少于 5 个工作日。

二、公务员考试类型

（1）国家公务员考试：中央机关及其直属机构的公务员招考，由中央公务员主管部门负责组织。

（2）地方公务员考试：地方各级机关的公务员招考，由省级公务员主管部门

---

① 2007 年 11 月 6 日中共中央组织部、人事部制定，2019 年 10 月 15 日中共中央组织部修订，2019 年 11 月 26 日发布。

② 《中华人民共和国公务员法》（2005 年 4 月 27 日第十届全国人民代表大会常务委员会第十五次会议通过，根据 2017 年 9 月 1 日第十二届全国人民代表大会常务委员会第二十九次会议《关于修改〈中华人民共和国法官法〉等八部法律的决定》修正，2018 年 12 月 29 日第十三届全国人民代表大会常务委员会第七次会议修订）第二十八条。

负责组织，必要时省级公务员主管部门可以授权设区的市级公务员主管部门组织。

(3) 选调生考试：从高等院校选调品学兼优的应届大学毕业生到基层工作，把他们当作党政领导干部后备人选重点培养，录用后直接为公务员编制。

(4) 遴选：公开遴选指市(地)级以上机关从下级机关公开择优选拔任用内设机构公务员。公开遴选应当面向社会发布公告①。遴选由市(地)级以上公务员主管部门负责组织。②

(5) 聘任制公务员：是指以合同形式聘任、依法履行公职、纳入国家行政编制、由国家财政负担工资福利的工作人员。机关聘任公务员，一般应当面向社会公开招聘，发布招聘公告。③

三、公务员招考的程序及公开要求

录用公务员，应当按照下列程序进行：① 发布招考公告；② 报名与资格审查；③ 考试；④ 体检；⑤ 考察；⑥ 公示；⑦ 审批或者备案，具体如图 1-17-1 所示。省级以上公务员主管部门可以对上述程序进行调整。④

应及时有效地公开岗位信息、笔试成绩、入围面试名单、面试成绩、入围体检名单、体检结果、拟录用名单等信息。

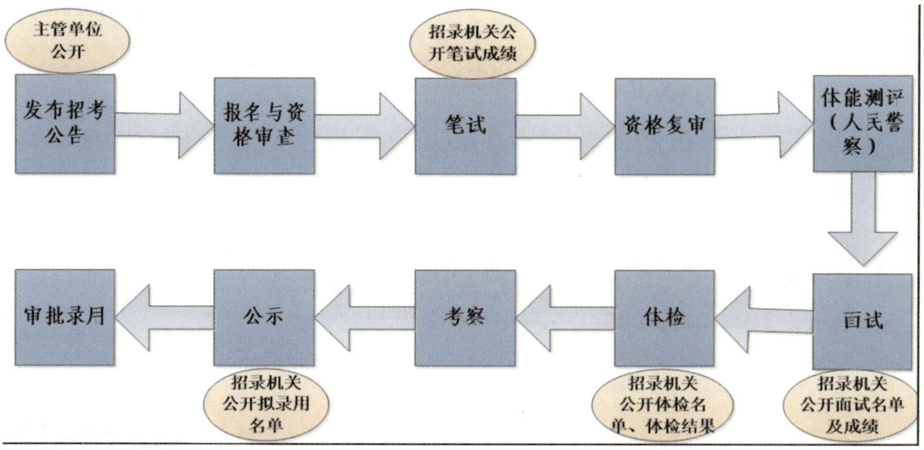

图 1-17-1　公务员招考程序及公开要求

---

① 遴选公告应当包括以下内容：① 公开遴选机关、职位、名额、职位简介和报考资格条件；② 公开遴选范围、程序、方式和相关要求；③ 报名方式和需要提交的相关材料；④ 考试科目、时间和地点；⑤ 其他相关事项。

② 《公务员公开遴选办法》(2013 年 1 月 24 日中共中央组织部、人力资源社会保障部制定，2021 年 8 月 25 日中共中央组织部修订，2021 年 9 月 17 日发布)第九条。

③ 《中共中央办公厅 国务院办公厅印发〈聘任制公务员管理规定(试行)〉》(2017 年 9 月 19 日起施行)第九条第(一)款。

④ 《公务员录用规定》(2007 年 11 月 6 日中共中央组织部、人事部制定，2019 年 10 月 15 日中共中央组织部修订，2019 年 11 月 26 日发布)第六条。

四、公开平台案例展示

以安徽省省考招考为例，招考公告由安徽省公务员主管部门在安徽先锋、安徽省人事考试网、长三角公务员考录一体化平台网站等媒体上发布，其他有关信息陆续在安徽先锋网发布，各市的职位表等招考信息由招考机关在各市指定网站发布。

（1）安徽先锋网作为省委组织部官方网站，发布了近年安徽省公务员考录相关信息，具体如图 1-17-2 所示。

安徽先锋网公务员招录

图 1-17-2　安徽先锋网公务员招录（扫码阅读）

（2）安徽省人事考试网以专题形式公开公务员考试相关信息，在网站上发布各地市的职位表，便于集中查询，具体如图 1-17-3 所示。

安徽省人事考试网公务员考试

图 1-17-3　安徽省人事考试网公务员考试（扫码阅读）

（3）长三角公务员考录一体化平台由浙江省人事考试院主办，主要提供上海市、浙江省、江苏省、安徽省公务员考试报名、成绩查询等公务员考试信息，可直接进入各省人事考试网及省委组织部网站，具体如图 1-17-4 所示。

长三角公务员考录一体化平台

图 1-17-4　长三角公务员招录一体化平台（扫码阅读）

（4）安徽省黄山市人民政府信息公开“公务员招录”专栏直接链入黄山先锋网，先锋网的“公务员工作”栏目发布了黄山市公务员招录的公告、体检名单、体检结果及考察公告、录用结果等信息，具体如图 1-17-5 所示。

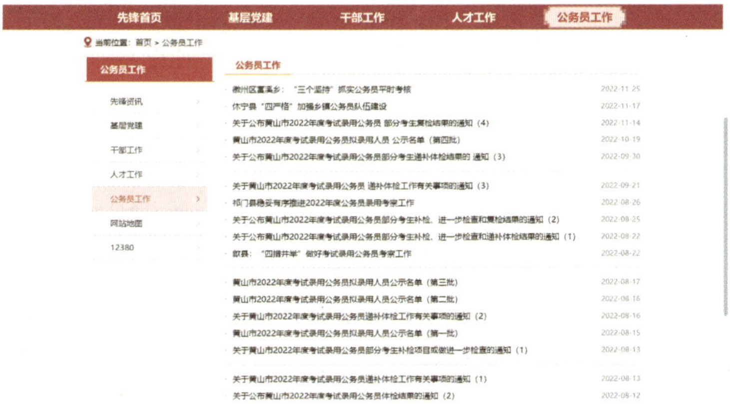

黄山先锋网公务员工作

图 1-17-5　黄山先锋网公务员工作（扫码阅读）

第十八节　政府工作报告

1954 年，周恩来总理在中华人民共和国全国人民代表大会第一次会议上首次作《政府工作报告》，回顾一五计划以来的经济建设成果，指出当前存在的社会问题及未来的发展规划。自此，政府工作报告除特殊原因外基本保持每年一报告。

政府工作报告作为一种具有法定效力的官方正式文件，是一类具有施政纲领性质的政策性文本。政府工作报告的公开不仅是对公民的劳动权、生存权、受教育权、居住权等基本权利的保障，更是对政府权力的监督，利于政府工作落到实处。2016 年，中共中央办公厅、国务院办公厅印发《关于全面推进政务公开工作的意见》，提出推进政府工作报告的落实情况的公开，助力政府工作落地。因此，本节梳理了政府工作报告的公开主体和流程，为行政机关公开政府工作报告提供借鉴。

一、政府工作报告概念及分类

我国政府工作报告主要由两方面组成，一方面是回顾及总结过去一年或五年（出现于国民经济和社会发展规划过渡的年份）的政府工作；另一方面是提出未来一年的工作指导思想、主要任务、工作重点和政治措施。

根据不同的标准，政府工作报告的分类也不尽相同，具体分类如下：根据纵向层级分类，政府工作报告可分为国务院和地方各级人民政府工作报告。根据横向内容分类，政府工作报告可分为纲领性政府工作报告①和各类专项政府工作报告②。③

本文主要依据纵向层级的分类对政府工作报告进行展开研究论述。

二、政府工作报告的程序

国务院政府工作报告包括 4 个阶段，分别是起草准备与形成讨论稿阶段、征求意见与修改完善阶段、提交报告与接受审议阶段、大会表决与批准报告阶段。地方各级人民政府参照国务院政府工作报告流程，根据本地区的实际情况，开展政府工作报告工作。以下为国务院政府工作报告 4 个阶段具体流程。

（一）起草准备、形成讨论稿阶段

国务院在每年年底会成立政府工作报告起草组，国务院总理负责主持政府工作报告的起草工作。具体流程如图 1-18-1。

---

① 纲领性政府工作报告：如国务院总理在全国人民代表大会上作的《政府工作报告》。

② 专项政府工作报告：各级人民代表大会常务委员会会每年选择若干关系改革发展稳定大局和群众切身利益、社会普遍关注的重大问题，有计划地安排听取和审议本级人民政府的专项工作报告。如环境工作报告、审计工作报告。

③ 黄文瀚. 国务院政府工作报告的法治解读及其宪法内涵[J]. 湖湘论坛，2020，33(5)：94-104.

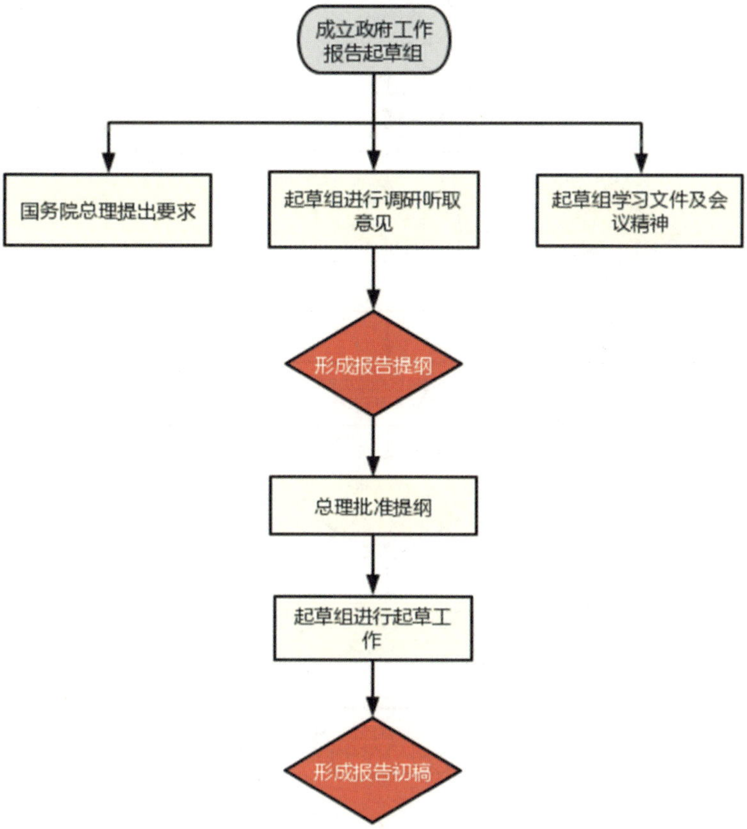

图 1-18-1　起草准备、形成讨论稿阶段流程

（二）征求意见、修改完善阶段

报告初稿形成后，还需经过多方征求意见，进行讨论修改。过程大致如图 1-18-2 所示。

（三）提交报告，接受审议阶段

全国人民代表大会会议正式开幕后，报告进入审议阶段。具体流程如图 1-18-3 所示。

（四）大会表决，批准报告阶段

全国人民代表大会主席团听取国务院总理关于报告修改情况的说明后，审议通过关于政府工作报告的决议，最后批准报告，报告向社会公开发布。

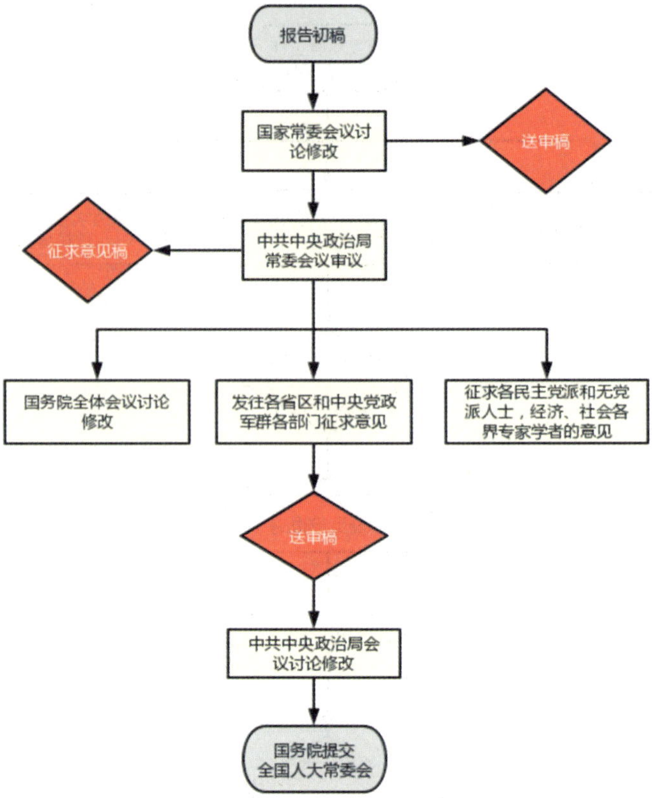

图 1-18-2　征求意见、修改完善阶段流程

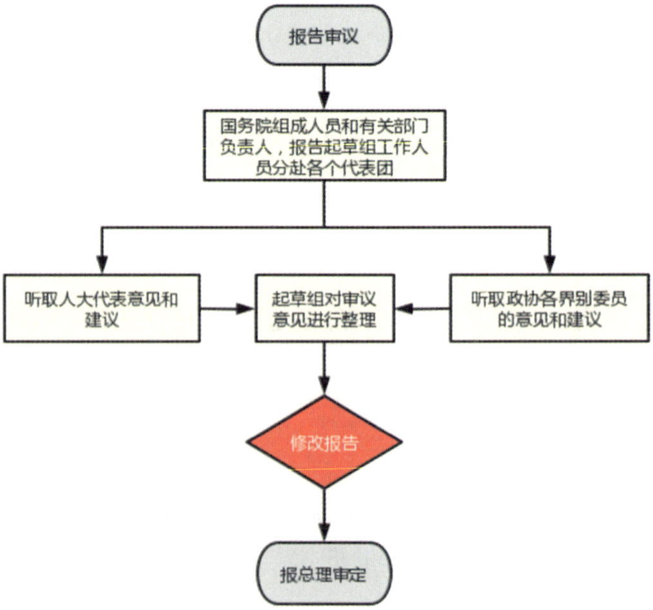

图 1-18-3　提交报告、接受审议阶段流程

三、政府工作报告的公开主体

《中华人民共和国政府信息公开条例》(国务院令第 711 号)第十条规定,“行政机关制作的政府信息,由制作该政府信息的行政机关负责公开。”

《宪法》第九十二条规定,“国务院对全国人民代表大会负责并报告工作;在全国人民代表大会闭会期间,对全国人民代表大会常务委员会负责并报告工作。”第一百一十条规定,“地方各级人民政府对本级人民代表大会①负责并报告工作。县级以上的地方各级人民政府在本级人民代表大会闭会期间,对本级人民代表大会常务委员会②负责并报告工作。地方各级人民政府对上一级国家行政机关负责并报告工作。”

因此,国务院和地方各级人民政府应当负责公开政府工作报告,具体为国务院及省、自治区、直辖市、自治州、县、自治县、市、市辖区、乡、民族乡、镇人民政府,因街道办事处③属于政府派出机构,不设置人民代表大会④,所以不对街道政府工作报告的公开做强制要求。

四、政府工作报告的公开建议

(一) 拓宽公众参与政府工作报告的渠道

打通群众和政府之间的时间、空间阻碍,为政府更好地集中民智。政府工作报告起草组除通过线下调研外,还可通过政府门户网站设置意见征集栏目,明确征集时间和期限,并及时公开意见征集和反馈情况。如安徽省人民政府政研室发起“我为政府工作报告写几句”的活动并对活动进行及时反馈,具体如图 1-18-4 所示;安徽省芜湖市人民政府征求民众对 2022 年政府工作的建议,具体如图 1-18-5 所示;云南省人民政府开展“政府工作报告@您”活动和云南省昆明市人民政府举办“我为昆明市政府工作报告献一策”活动,具体如图 1-18-6、图 1-18-7 所示。

---

① 省、自治区、直辖市、自治州、县、自治县、市、市辖区、乡、民族乡、镇设立人民代表大会和人民政府。

② 县级以上的地方各级人民代表大会设立常务委员会。

③ 市辖区、不设区的市的人民政府,经上一级人民政府批准,可以设立若干街道办事处,作为它的派出机关。

④《全国人民代表大会常务委员会关于修改〈中华人民共和国地方人民代表大会和地方各级人民政府组织法〉的决定》(主席令第三十号)第一条。

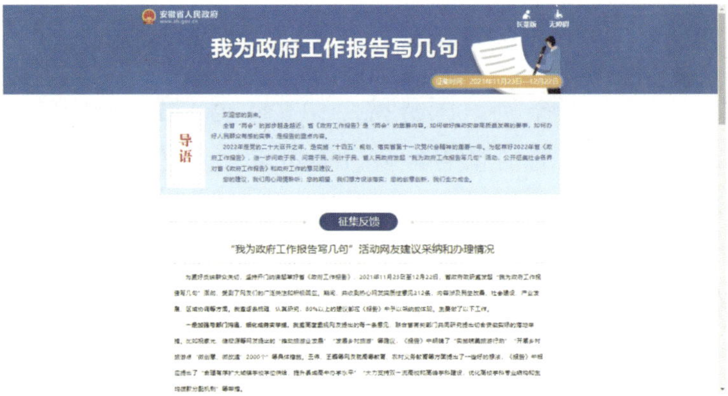

安徽省“我为政府工作报告写几句”

图 1-18-4　安徽省“我为政府工作报告写几句”(扫码阅读)

芜湖市征求意见活动

图 1-18-5　芜湖市征求意见活动(扫码阅读)

云南省“政府工作报告@您”

图 1-18-6　云南省“政府工作报告@您”(扫码阅读)

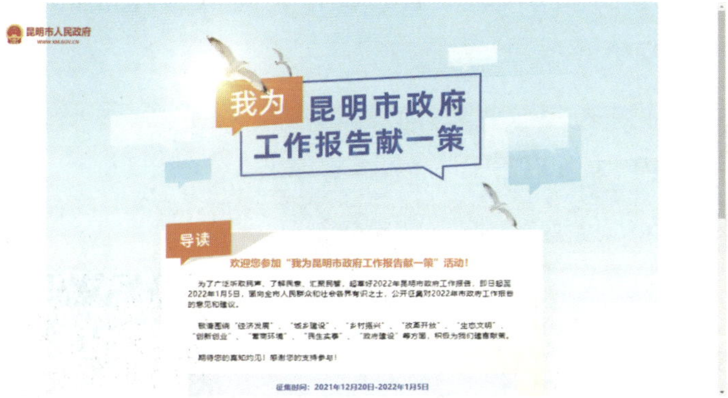

昆明市“我为政府工作报告献一策”

图 1-18-7　昆明市“我为政府工作报告献一策”（扫码阅读）

（二）创新政府工作报告的解与读

推动新媒体技术和政府工作报告相融合，在政府工作报告“解”方面，可运用短视频方式对政府工作报告进行创新式解读，如上海市徐汇区 H5 解读《干货“云”集！快来领取你的 2022 年徐汇区政府工作报告》。在政府工作报告的“读”方面，除政府工作报告的文本公开外，可公开政府工作报告的速读版本，更便于群众了解工作重点，如山西省的“政府工作报告速读版”，具体内容扫描图 1-18-8 二维码。

国务院短视频解读　　国务院漫解政府工作报告　　上海市徐汇区H5解读政府工作报告　　张家港市乐余镇图解政府工作报告

张家口市数读政府工作报告　　山西省政府工作报告速读版　　太原市数说太原政府工作报告　　六安市视频数说政府工作报告

图 1-18-8　各地创新政府工作报告的解与读（扫码阅读）

（三）推进政府工作报告的落实结果公开

政府工作报告作为纲领性文件，行政机关可公开政府工作报告中重点工作的具体推进及落实情况，便于群众监督。如四川省成都市以专题的形式公开政府工作报告落实情况，具体如图 1-18-9 所示；浙江省舟山市普陀区公开重点工作项目完成情况，具体如图 1-18-10 所示。

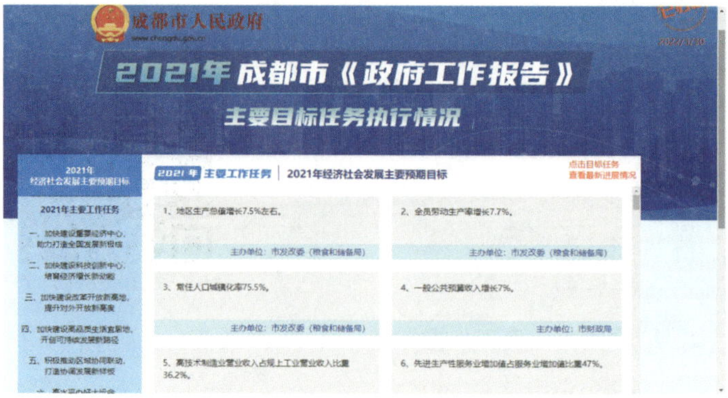

成都市政府工作报告落实情况专题

图 1-18-9　成都市政府工作报告落实情况专题（扫码阅读）

舟山市普陀区政府工作报告完成情况

图 1-18-10　舟山市普陀区政府工作报告完成情况（扫码阅读）

第十九节　人大代表建议和政协委员提案

人民代表大会制度是我国的根本政治制度，包括全国人民代表大会和地方各级人民代表大会。[①] 中国共产党领导的多党合作和政治协商制度是我国的一项基本政治制度，该制度的重要机构是中国人民政治协商会议，下设全国委员会和地方委员会。[②] 全国人大会议每年 3 月 5 日左右召开，全国政协会议每年 3 月 3 日左右开幕，各级人大代表和政协委员可通过建议提案代替人民发声、反映人民需求意见。认真办理好人大代表建议、政协委员提案是各地工作的重点，做好建议和提案的结果公开工作，“有利于各政府、各部门接受全国人大以及常委会的依法

① 《中华人民共和国地方各级人民代表大会和地方各级人民政府组织法》（第六次修正）。
② 《中国人民政治协商会议章程》总纲。

监督和全国政协的民主监督，有利于密切人民群众和政府之间的关系，有利于提高政府透明度，对法治政府、廉洁政府、创新政府建设有着重要意义”①。因此，本节从人大代表建议和政协委员提案的内涵、程序、公开要求以及各地公开经验等方面展开，并提出建议。

一、人大代表建议和政协委员提案的内涵

人大代表建议是人大代表“主要围绕国家改革发展稳定的大局，政治、经济、文化、社会生活中的重大问题和人民群众普遍关心的问题，对全国人大及其常委会、国务院及其部门、最高人民法院、最高人民检察院和其他机关、组织的工作提出建议、批评和意见”。②

政协委员提案是“政协委员，参加政协的各党派、各人民团体，政协各专门委员会，政协全体会议期间的界别、委员小组，向政协全体会议或者常务委员会提出并交提案审查委员会或者政协提案委员会审查的书面意见和建议”。③

二、人大代表建议和政协委员提案的程序

（一）人大代表建议的程序

人大代表建议从建议提出前到建议提出后，需依据《全国人民代表大会代表建议、批评和意见处理办法》的规定，具体的程序如图 1-19-1 所示。

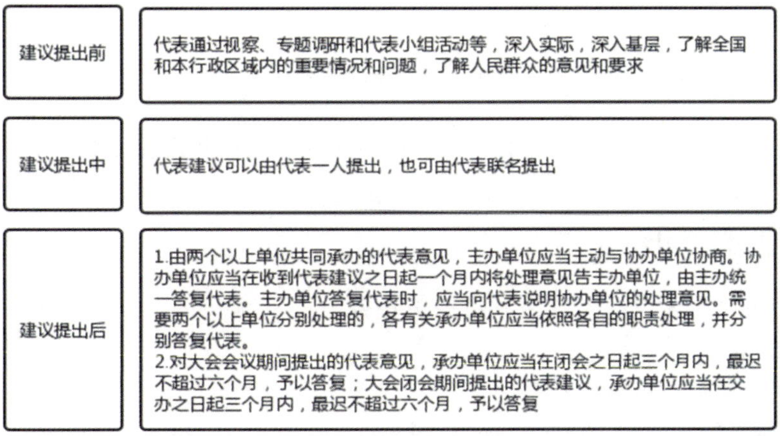

图 1-19-1　人大代表建议的程序

---

① 《国务院办公厅关于做好全国人大代表建议和全国政协委员提案办理结果公开工作的通知》（国办发〔2014〕46 号）第一条。

② 《全国人民代表大会代表建议、批评和意见处理办法》第四条。

③ 《中国人民政治协商会议全国委员会提案工作条例》第二条。

（二）政协委员提案的程序

政协委员提案从提出到表彰，需依据《中国人民政治协商会议全国委员会提案工作条例》（2018 年 11 月 29 日政协第十三届全国委员会常务委员会第四次会议修订）规定，具体的程序如图 1-19-2 所示。

提案提出	提案的提出方式： 1.政协全国委员会委员，可以个人名义或者联名方式提出提案，联名提案者须出于自愿； 2.政协全体会议期间，可以界别、委员小组或者联组名医提出提案； 3.参加政协全国委员会的各党派、人民团体，可以本党派、团体名义提出提案； 4.政协全国委员会各专门委员会，可以本专门委员会名义提出提案
提案审查	提案审查委员会或者提案委员会本着尊重和维护提案者的民主权利、保证提案质量的原则，对收到的提案进行审查。 经审查立案的提案，应当根据提案的内容和有关单位的职责分工协商确定承办单位。凡涉及两个或者两个以上承办单位办理的提案，应当确定主办单位和会同办理单位或者分别办理单位
提案办理	涉及两个或者两个以上单位会同办理的提案，主办单位应当主动协商，会同办理单位应当积极配合，及时将会同办理意见告主办单位，由主办单位答复提案者；分别办理的提案，由各承办单位分别答复提案者
提案表彰	对于优秀提案、先进承办单位和先进承办个人，政协全国委员会应当给予表彰

图 1-19-2　政协委员提案的程序

三、人大代表建议和政协委员提案的公开

（一）人大代表建议和政协委员提案的公开主体

建议提案办理主体不同致使公开主体不同。对于独办、主会办的建议和提案，独办单位和主办单位是办理复文公开的主体；对于分办的建议和提案，各分办单位是办理复文公开的主体[①]。

（二）人大代表建议和政协委员提案办理结果的公开[②]

1. 办理结果公开的三阶段

人大代表建议和政协委员提案办理结果公开历经三个阶段，第一阶段从 2005 年推进办理复文部分公开；第二阶段从 2007 年推动办理复文全文公开；第

① 《国务院办公厅关于做好全国人大代表建议和全国政协委员提案办理结果公开工作的通知》（国办发〔2014〕46 号）第三条。

② 《国务院办公厅关于做好全国人大代表建议和全国政协委员提案办理结果公开工作的通知》（国办发〔2014〕46 号）第三条。

三阶段从 2019 年评选公布年度好提案①。

2. 办理结果的公开内容

对于涉及公共利益、公众权益、社会关切及需要社会广泛知晓的建议和提案办理复文，原则上都应全文公开。同时，还应当适当公开本单位办理建议和提案总体情况、全国人大代表和全国政协委员意见建议吸收采纳情况、有关工作动态等内容。

3. 办理结果的公开方式

对于经审查可以公开的建议和提案办理复文，应采用主动公开的方式予以公开。为增强公开实效，各地区、各部门应当通过政府公报、政府网站、政务微博微信、新闻发布会以及报刊、广播、电视等便于公众知晓的方式进行公开，尤其要发挥政府网站信息公开平台的重要作用，集中展示公开的建议和提案办理结果信息，方便公众查阅。

四、地方公开经验总结

通过研究各地公开经验，发现人大代表建议和政协委员提案在实际公开工作中，公开形式和公开内容有许多创新做法值得学习。

（一）公开信息丰富，检索方式多样

山东省建立专题且设置多样检索方式。设置法律规章规定、建议提案办理总体情况、全国建议和提案办理情况、山东省建议和提案办理结果 4 个栏目，按全国和地方分类归集信息；且设置会议编号、建议编号、承办单位、建议标题 4 种检索选项，方便群众快速查找信息，具体如图 1-19-3 所示。

山东省公开人大代表建议政协提案

图 1-19-3　山东省公开人大代表建议政协提案（扫码阅读）

① 2019 年 12 月 18 日通过《政协全国委员会提案委员会关于年度好提案评选办法（试行）》提出评选公布好提案。

（二）建立信息系统，便利群众查询

上海市面向社会公众公开全国、市级建议提案办理结果，市级办理结果公开集中发布，方便公众查询，具体如图 1-19-4 所示。

上海建议提案公开

图 1-19-4　上海建议提案公开（扫码阅读）

滁州市建立政协委员提案信息系统，并以流程线的形式集中发布从提案提交、提案接收到提案立案全过程信息，时间清晰，极大保证了公众的监督权，促进政府高效办理、及时公开，具体如图 1-19-5 所示。

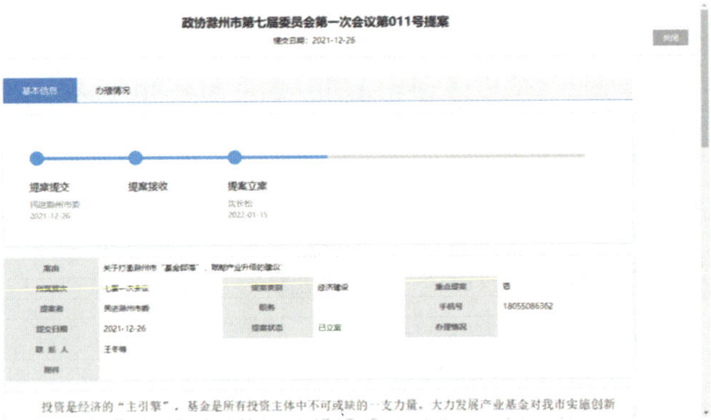

滁州市全过程公开人大代表建议政协委员提案

图 1-19-5　滁州市全过程公开人大代表建议、政协委员提案（扫码阅读）

（三）不同分类方式，凸显责任主体

在检索功能上，吉林省按照年份和办理单位对人大代表建议和政协委员提案进行筛选，明确了责任单位；在栏目分类上，吉林省政协委员提案按照委员提案、党派团体提案、联名提案进行分类，明确了提案的来源。由此，人大代表建议、政协委员提案谁提出，谁办理便一目了然，责任主体随之凸显，具体如图 1-19-6 所示。

吉林省建议提案公开

图 1-19-6　吉林省建议提案公开（扫码阅读）

（四）制定任务分解表，明晰各部门职责

多地在公开办理总体情况时制定任务分解表，但制定标准和内容翔实程度不一，如安徽省芜湖市任务分解表以序号、立案号、案由、提案人、主办单位、协办单位为归集主体，细化明晰各部门归属任务，具体如图 1-19-7 所示。

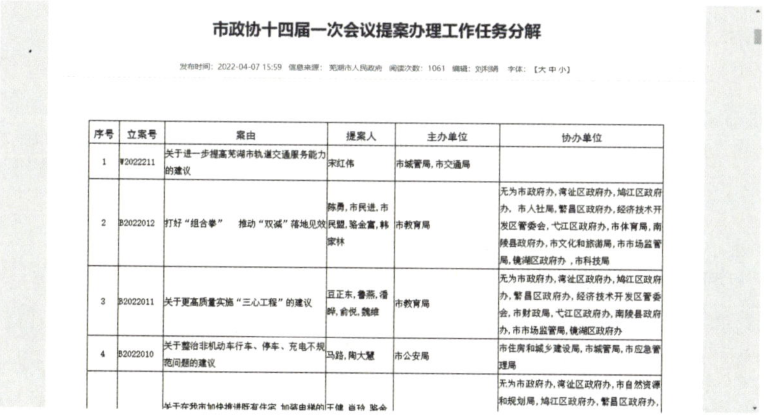

市政协十四届一次会议提案办理工作任务分解

发布时间：2022-04-07 15:59 信息来源：芜湖市人民政府 阅读次数：1061 编辑：刘娴娟 字体：【大 中 小】

序号	立案号	案由	提案人	主办单位	协办单位
1	W2022211	关于进一步提高芜湖市轨道交通服务能力的建议	宋红伟	市城管局，市交通局	
2	B2022012	打好“组合拳” 推动“双减”落地见效	陈勇，市民进，市民盟，骆金富，韩家林	市教育局	无为市政府办，湾沚区政府办，鸠江区政府办，市人社局，繁昌区政府办，经济技术开发区管委会，弋江区政府办，市体育局，南陵县政府办，市文化和旅游局，市市场监管局，镜湖区政府办 ，市科技局
3	B2022011	关于更高质量实施“三心工程”的建议	豆正东，鲁燕，潘晔，俞悦，魏维	市教育局	无为市政府办，湾沚区政府办，鸠江区政府办，繁昌区政府办，经济技术开发区管委会，市财政局，弋江区政府办，南陵县政府办，市市场监管局，镜湖区政府办
4	B2022010	关于整治非机动车行车、停车、充电不规范问题的建议	马路，陶大慧	市公安局	市住房和城乡建设局，市城管局，市应急管理局
					无为市政府办，湾沚区政府办，市自然资源和规划局，鸠江区政府办，繁昌区政府办，

芜湖市政协提案工作任务分解表

图 1-19-7　芜湖市政协提案工作任务分解表（扫码阅读）

五、公开建议

通过总结上述各地公开情况，建议以省级为单位，建立“建议提案信息系统”，实现一项建议提案从立案、交办、办理、答复的全周期流程公开；设置多种筛选按钮，如年度、会议、建议提案、交办单位、办理主体等选项，方便群众查询。

第二章　重点领域信息公开专题

重点领域信息公开是全面推进政务公开工作的重要内容，根据国务院办公厅《关于推进社会公益事业建设领域政府信息公开的意见》(国办发〔2018〕10号)、《推进重大建设项目批准和实施领域政府信息公开的意见》(国办发〔2017〕94号)、《国务院办公厅关于推进公共资源配置领域政府信息公开的意见》(国办发〔2017〕97号)，本专题选取教育、医疗卫生、重大建设项目、社会保险、社会救助、就业创业、生态环保、安全生产、食品药品、产品质量、土地征收、国有土地上房屋征收等重点领域进行研究，细化公开事项、内容、时限、方式、责任主体等，不断促进相关领域政务公开工作标准化、规范化。

第一节　教育领域

教育涉及千家万户，是第一民生，习近平总书记在党的十九大报告中提出，“建设教育强国是中华民族复兴的基础工程，必须把教育事业放在优先发展的位置，加快教育现代化，办好人民满意的教育”。教育领域的公开透明，既是管理者和服务者转变职能、提高质量、优化服务的必要前提，也是社会各方实施监督、有序参与的重要保障。做好教育信息公开工作，保障社会公众对教育的参与权和知情权，对调整和改进教学工作，规范教育部门内部管理，有效遏制教育腐败，加快教育民主建设，实现教育公平，都有着十分重要的意义。

一、公开主体

我国学者朱科蓉在《教育信息化与教育信息公开》一文中表示，“教育信息公开是指，除法律规定应当保密的事项外，各级人民政府及其职能部门以及依法行使行政职权的组织，必须通过多种方式向社会公开所掌握的与教育有关的信息。其中，教育行政部门和学校也是信息公开的主体”。

二、公开内容

（一）变化特征

（1）范围更加聚焦。我国教育领域信息公开范围呈现出不断细化的趋势，从教育领域总体的公开要求到深入教育各领域的公开要求。从2008年《中华人民共和国政府信息公开条例》（国务院令第492号）提出将教育作为常态化公开要求，逐步发展到2018年《教育部贯彻落实国务院办公厅2018年政务公开工作要点实施方案》（教办厅函〔2018〕51号）明确要求，“做好义务教育、学前教育、特殊教育、职业教育、高等教育等方面的信息公开”。

（2）内容更加具体。一方面教育领域行政机关公开内容从方向性到具体化。2008年国务院令第492号颁布后，教育部随即出台《教育部机关政府信息公开实施办法》（教办〔2008〕2号），规范了行政机关应向社会主动公开的11项政府信息范围。2013年出台了《教育部政府信息公开工作规定》，进一步细化公开内容。另一方面加强对教育领域企事业单位公开内容的要求。2009年教育部印发《教育办公厅关于进一步改进和加强办事公开的意见》（教办厅〔2009〕4号），推动直属事业单位就面向社会办事的各类项目做到“职能公开、依据公开、程序公开、收费公开、结果公开、监督公开”六公开。2010年教育部出台了《高等学校信息公开办法》（中华人民共和国教育部令第29号）提出高等学校应公开12项事项内容，同年印发《关于推进中小学信息公开工作的意见》（教办〔2010〕15号），明确中小学需要重点公开的11类信息。2021年发布《高等学校信息公开办法修订草案（征求意见稿）》，要求高等学校主动公开13项内容。

（3）标准更加明确。2019年教育部办公厅印发《义务教育领域基层政务公开标准指引》（教办厅函〔2019〕39号），推动基层义务教育公开标准化。

（二）公开要求

1. 义务教育领域的公开要求

（1）行政机关公开要求。《中华人民共和国义务教育法》（2018年修正）等文件要求公开“民办教育政策文件，民办学校办学资质、办学质量、招生范围和收费等信息；义务教育招生方案、招生范围、招生程序、报名条件、学校情况、录取情况、咨询方式等招生管理信息；学籍管理、义务教育学生资助政策、优待政策等学生管理信息；农村义务教育学生营养改善计划、控辍保学工作进展和实施成效；全面改善薄弱学校基本办学条件政策文件、工作进展和实施成效等信息；义务教育均衡发展督导评估等教育督导信息”。

义务教育作为国家保障的公益性事业，更要贯彻落实基层义务教育的公开，因此教育部办公厅印发《义务教育领域基层政务公开标准指引》（教办厅函〔2019〕39号），对基层的义务教育政策文件、教育概况、民办学校信息、财务信息、招生管理、学生管理、教师管理、重要政策执行情况、教育督导、校园安全10大类作出明确公开要求。图2-1-1为《义务教育领域基层政务公开标准指引》（教办厅函〔2019〕39号）文件二维码。

义务教育领域基层政务公开标准指引

图 2-1-1　义务教育领域基层政务公开标准指引（扫码阅读）

为便于理解上述10大类信息的具体公开要求，以下选取安徽省六安市裕安区义务教育领域信息公开情况作为示例。

① 义务教育政策文件包括教育法律、规范性文件，具体如图2-1-2所示。

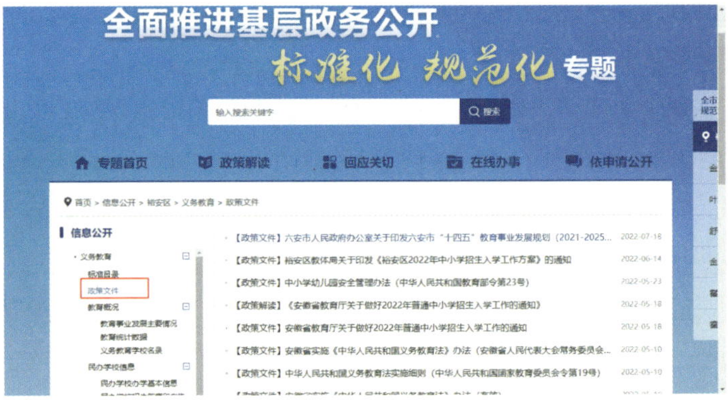

裕安区义务教育政策文件

图 2-1-2　裕安区义务教育政策文件（扫码阅读）

② 教育概况包括教育事业发展主要情况、教育统计数据、义务教育学校名录，具体如图2-1-3所示。

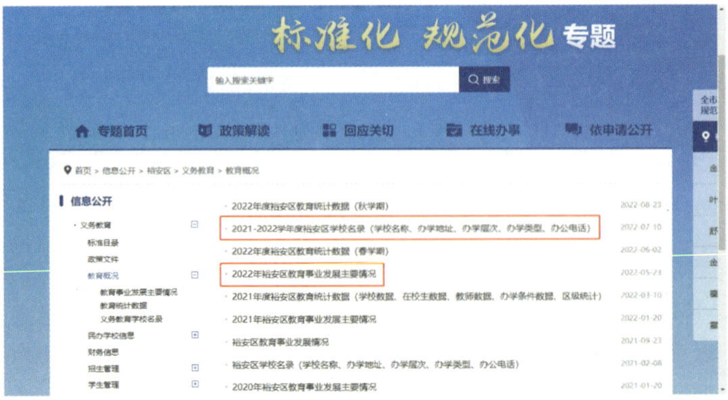

裕安区教育概况

图 2-1-3　裕安区教育概况（扫码阅读）

③ 民办学校信息包括民办学校办学基本信息，民办学校设立、变更、终止等事项行政审批、备案信息，日常监管信息，具体如图 2-1-4 所示。

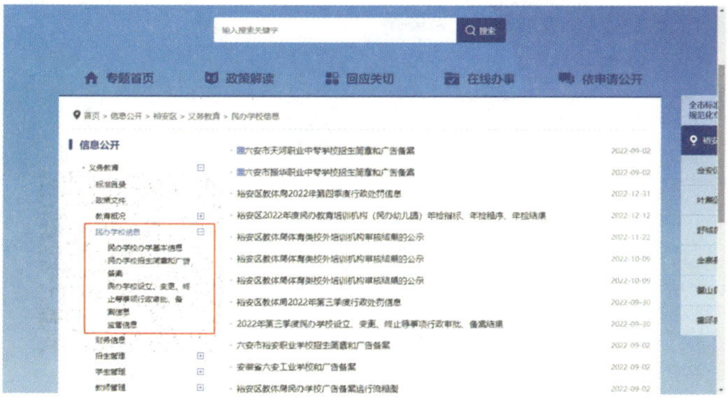

裕安区民办学校信息

图 2-1-4　裕安区民办学校信息(扫码阅读)

④ 财务信息包括财务管理及监督办法、年度经费预决算信息、收费项目及收费标准，具体如图 2-1-5 所示。

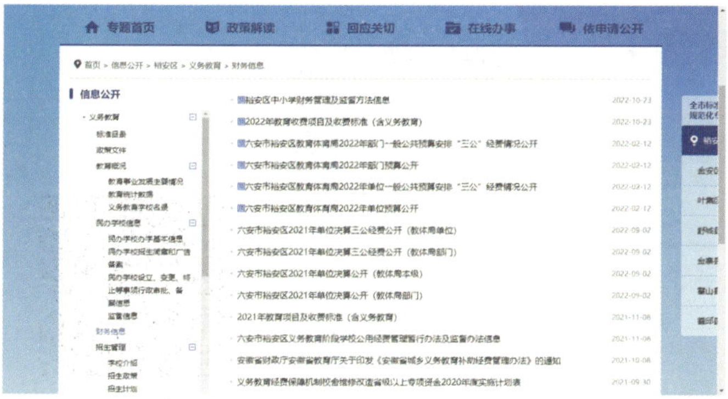

裕安区财务信息

图 2-1-5　裕安区教育财务信息(扫码阅读)

⑤ 招生管理包括学校介绍、招生政策、招生计划、招生范围、招生结果，具体如图 2-1-6 所示。

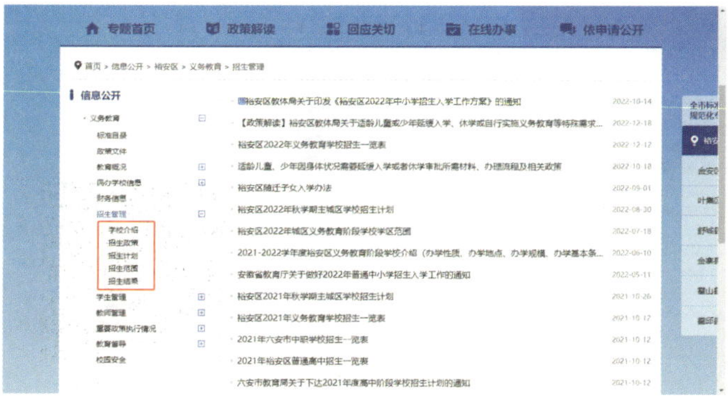

裕安区招生管理

图 2-1-6　裕安区招生管理(扫码阅读)

⑥ 学生管理包括学籍管理、义务教育学生资助政策、学生评优奖励、优待政策，具体如图 2-1-7 所示。

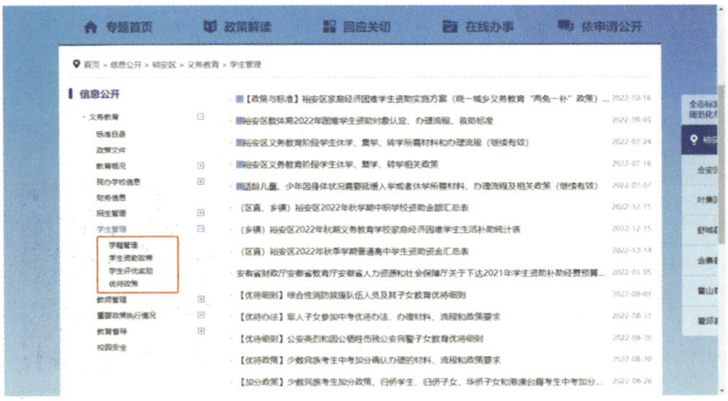

裕安区学生管理

图 2-1-7　裕安区学生管理（扫码阅读）

⑦ 教师管理包括教师培训、教师资格认定、教师公开招聘、教师行为规范、教师评优评先、教师职称评审、特岗教师招聘、乡村教师生活补助、普通话培训及测试，具体如图2-1-8 所示。

裕安区教师管理

图 2-1-8　裕安区教师管理（扫码阅读）

⑧ 重要政策执行情况包括控辍保学、农村义务教育学生营养改善计划、学校体育评价、学校美育评价，具体如图 2-1-9 所示。

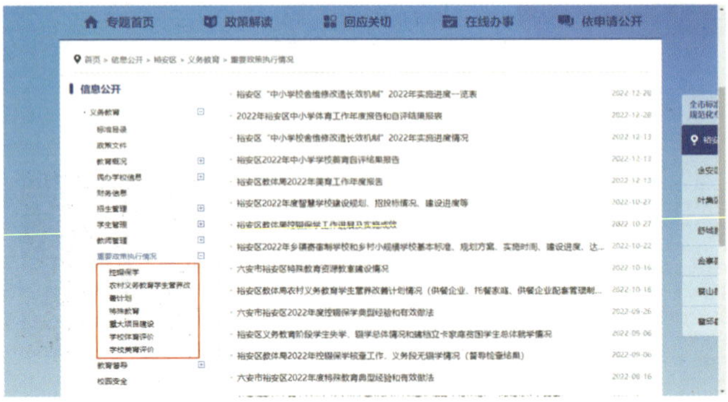

裕安区重要政策执行情况

图 2-1-9　裕安区教育重要政策执行情况（扫码阅读）

⑨ 教育督导包括机构队伍、学校督导评估、义务教育均衡发展督导评估，具体如图 2-1-10 所示。

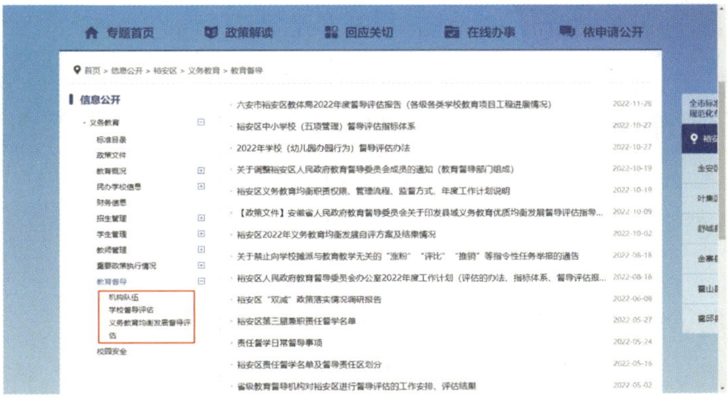

裕安区教育督导

图 2-1-10　裕安区教育督导(扫码阅读)

⑩ 校园安全主要公开校园安全管理相关信息，包括校园安全管理法律法规、配套管理制度，学生住宿、用餐、组织活动等安全管理情况，校园安全突发事件应急预案、预警信息、应对情况、调查处理情况，校车使用许可申请政策规定及申请流程，具体如图 2-1-11 所示。

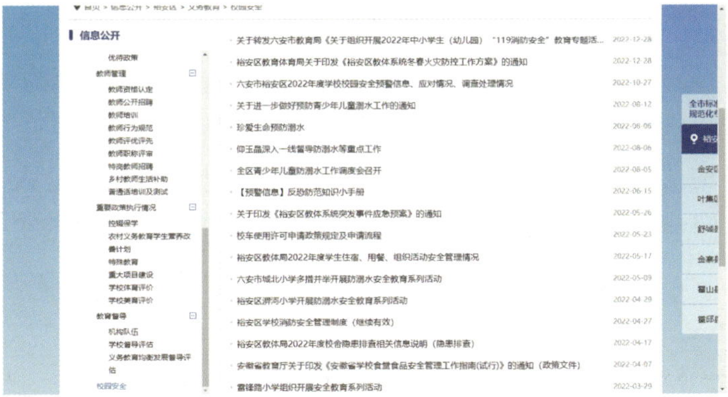

裕安区校园安全

图 2-1-11　裕安区校园安全(扫码阅读)

(2) 企事业单位公开要求。《教育部关于推进中小学信息公开工作的意见》(教办〔2010〕15 号)要求中小学应主动公开以下内容：

① 学校基本情况，包括历史沿革、办学性质、办学地点、办学规模、办学基本条件、机构职能、联系方式等。

② 学校现行规章制度以及办事流程。

③ 学校发展规划、年度工作计划及其执行情况。

④ 学校招生的计划、范围、对象，学生学籍管理规定和评优奖励办法，非义务教育阶段学校的报考条件、录取办法，奖学金、助学贷款、助学金、勤工俭学和学费

减免的申请条件、审批程序和结果。

⑤ 学校收费的类别、项目、标准、依据、范围、计费单位和批准机关以及监督电话。

⑥ 学校教学科研工作的有关规定，教学与科研成果评选，课程设置方案与教学计划及执行情况。

⑦ 学校教职工招聘、职称评聘、职务晋升、评优的条件、程序、结果及争议解决办法，绩效考核及绩效工资分配办法，教师培训等师资建设情况。

⑧ 学校数量较多的物资采购、基本建设与维修、房产承包与租赁等的招投标结果及实际执行情况。

⑨ 学校经费收支情况，学校资产和受赠物的管理使用情况。

⑩ 学生住宿、用餐、组织活动等服务事项及安全管理情况，自然灾害、传染病等涉及师生安全的突发公共事件应急预案及处置情况。

2. 其他教育领域的公开要求

（1）行政机关的公开要求。在教育领域信息公开发展的过程中，学前教育、特殊教育、职业教育并未有专项文件明确其公开要求，高等教育方面仅对高等学校信息公开出台了专项文件。故其他教育领域信息公开主要根据《国务院办公厅关于推进社会公益事业建设领域政府信息公开的意见》（国办发〔2018〕10 号）要求，具体为各级人民政府有关部门应公开学前教育、特殊教育、职业教育、高等教育的相关政策、发展规划、经费投入和使用、困难学生资助实施情况等信息。以下以福建省厦门市和安徽省合肥市相关公开情况作为示例。

① 福建省厦门市集成发布各类教育政策和发展规划、教育经费投入和使用、困难学生资助，并按照类别分栏目发布相关动态信息等，具体如图 2-1-12 所示。

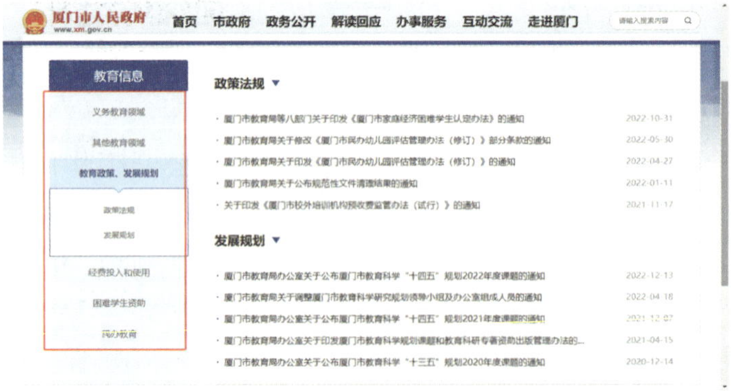

厦门市集成发布各类教育信息

图 2-1-12　厦门市集成发布各类教育信息（扫码阅读）

② 安徽省合肥市按照学前教育、特殊教育、职业教育等类别分栏目发布相关政策、发展规划、经费投入和使用、困难学生资助实施情况，具体如图 2-1-13、图 2-1-14、图 2-1-15 所示。

合肥市学前教育

图 2-1-13　合肥市学前教育(扫码阅读)

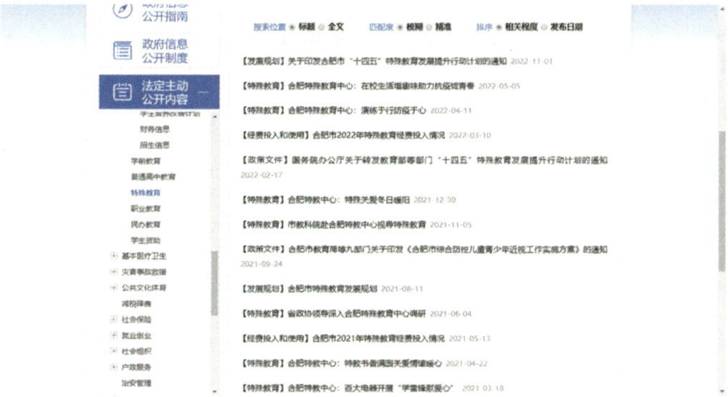

合肥市特殊教育

图 2-1-14　合肥市特殊教育(扫码阅读)

合肥市职业教育

图 2-1-15　合肥市职业教育(扫码阅读)

(2) 企事业单位的公开要求。根据政策文件梳理，在其他教育领域中，仅对高等学校信息公开出台了相关政策，不断更新对高等学校的公开要求。2010 年教育部发布《高等学校信息公开办法》(教育部令 29 号)要求公开 12 项事项内容；

2014 年《高等学校信息公开事项清单》(教办函〔2014〕23 号)将高校信息公开事项内容以清单的形式标准化,要求公开 6 项基本信息,8 项招生考试信息,7 项财务、资产及收费信息,5 项人事师资信息,9 项教学质量信息,4 项学生管理服务信息,3 项学风建设信息,4 项学位、学科信息,2 项对外交流与合作信息以及 2 项其他信息,共 50 项内容;2021 年发布《高等学校信息公开办法修订草案(征求意见稿)》要求公开 13 项内容。具体情况扫描图 2-1-16 所示二维码。

高等学校信息公开事项清单

图 2-1-16　高等学校信息公开事项清单(扫码阅读)

教育领域具体公开内容见表 2-1-1 所示。

表 2-1-1　教育领域具体公开内容

公开领域	公开内容	政策文件
义务教育	民办教育政策文件,民办学校办学资质、办学质量、招生范围和收费等信息;义务教育招生方案、招生范围、招生程序、报名条件、学校情况、录取情况、咨询方式等招生管理信息;学籍管理、义务教育学生资助政策、优待政策等学生管理信息;农村义务教育学生营养改善计划、控辍保学工作进展和实施成效;全面改善薄弱学校基本办学条件政策文件、工作进展和实施成效等信息;义务教育均衡发展督导评估等教育督导信息	《中华人民共和国义务教育法》(2018 年修正) 《国务院办公厅关于进一步加强控辍保学提高义务教育巩固水平的通知》(〔2017〕72 号) 《国务院关于深入推进义务教育均衡发展的意见》(国发〔2012〕48 号) 《全国改薄办关于印发〈全面改善贫困地区义务教育薄弱学校基本办学条件信息公开暂行办法〉的通知》(全国改薄办函〔2015〕2 号) 《中华人民共和国民办教育促进法》(主席令第八十号) 《国务院关于鼓励社会力量兴办教育促进民办教育健康发展的若干意见》(国发〔2016〕81 号) 《国务院办公厅关于印发〈2019 年政务公开工作要点〉的通知》(国务院办公厅发〔2019〕14 号) 《国务院办公厅关于推进社会公益事业建设领域政府信息公开的意见》(国办发〔2018〕10 号)
高等教育	高等教育相关政策、发展规划、经费投入和使用、困难学生资助实施情况等信息	《国务院办公厅关于推进社会公益事业建设领域政府信息公开的意见》(国办发〔2018〕10 号)
学前教育	学前教育相关政策、发展规划、经费投入和使用、困难学生资助实施情况等信息,幼儿园教职工配备、收费标准、质量评估等方面信息	《国务院办公厅关于推进社会公益事业建设领域政府信息公开的意见》(国办发〔2018〕10 号) 《县域学前教育普及普惠督导评估办法》(教督〔2020〕1 号) 《中共中央 国务院关于学前教育深化改革规范发展的若干问题》

公开领域	公开内容	政策文件
特殊教育	特殊教育相关政策、发展规划、经费投入和使用、困难学生资助实施情况等信息，幼儿园教职工配备、收费标准、质量评估等方面信息	《国务院办公厅关于推进社会公益事业建设领域政府信息公开的意见》（国办发〔2018〕10 号） 《国务院办公厅转发教育部等部门〈关于进一步加快特殊教育事业发展的意见〉》（国办发〔2009〕41 号）
职业教育	职业教育相关政策、发展规划、经费投入和使用、困难学生资助实施情况等信息，职业教育质量年度报告	《国务院办公厅关于推进社会公益事业建设领域政府信息公开的意见》（国办发〔2018〕10 号） 《国务院关于印发国家职业教育改革实施方案的通知》（国发〔2019〕4 号）

三、公开建议

各地积极推动教育领域信息公开，优化教育生态、促进教育公平。本节选取江苏省张家港市、浙江省杭州市拱墅区和北京市作为案例，分析其如何借助政务公开促落实、促规范、促服务。

（一）江苏省张家港市拓宽公开渠道助推高质量教育公平

通过“两网、一微、一馆”（张家港市人民政府官网、张家港教育信息化公共服务平台、“张家港教育”微信公众号、张家港市教育发展成就馆），面向社会全面公开教育信息，让公众了解最新教育资讯、精准解读教育政策。“张家港教育”微信公众号上开通“学区查询”“微信矩阵”“学籍查询”“线上教育”等“微服务”专栏，及时发布教育权威资讯。市教育发展成就馆通过多媒体沙盘、智慧黑板、展板、实物等展示了该市的教育发展历程及成果，具体如图 2-1-17 所示。

政务公开工作交流期刊
2022年第一期第三篇

图 2-1-17　张家港教育信息化公共服务平台（扫码阅读）

（二）浙江省杭州市拱墅区“五个阳光”擦亮义务教育政务公开“金名片”

通过“阳光招生”“阳光食堂”“阳光资助”“阳光人事”“阳光审批”5 个“阳光”，打造有温度的教育理念。

（1）“阳光招生”便利群众办事。拱墅区利用数据共享，推出“两个前置”“四个公开”举措。“两个前置”精简纸质材料，家长仅需在预登记时间内在网上进行材料递交，预报名成功的家长报名时无须携带证明材料原件，同时将报名时间分时段安排，减少家长排队时间。“四个公开”即公开区域招生日程安排和网上登记流程；对公办小学和幼儿园户籍生和非户籍生入学条件实施线上线下多渠道招生政策公开；公开公办小学学区划分；通过校园网、微信公众号公开招生录取结果。

（2）“阳光食堂”保障学生健康。一是制度规范。出台《拱墅区食堂卫生管理制度》等文件，明确招投标准入、公示等情形举措。二是菜单规范。将每日食谱、配送单等通过校园网、学校微信公众号（企业号）、“家校通”等平台发布，确保家长获取到公开信息。三是陪餐规范。将“教师同餐、家长陪餐”等举措制度化、规范化、常态化，保证学生教师公平待遇。四是监督规范。进行监控系统改造，实行操作间 360°视频实时监控，实现在线观看学校食堂操作全流程。五是管理规范。推出“片组模式”全覆盖，设立 11 个食堂“片组”，实现管理模块化。

（3）“阳光资助”贯彻教育公平。在每年新生入学及资助行动开展前夕，在拱墅区教育官方微博、微信平台、各校官网及校园内公告栏公开资助条件、申请流程等政策，实时监督资助全过程，实施一对一“温暖档案”。

（4）“阳光人事”加强教师队伍廉政建设。一是招聘计划公示及时。教师招聘启事及时在“杭州·拱墅”门户网站上公示，明确招聘岗位学科需求、招聘条件。二是全流程公开。明确各环节公开时间节点和咨询电话，进行全流程跟进，及时发布面试公告、体检公告和招聘结果，并在“拱墅发布”“拱墅教育”微博微信同步推送。

（5）“阳光审批”优化审批流程。以行政审批中心教育窗口为基点，以浙江政务服务网为基站，落实“减事项、减次数、减材料、减时间”的要求，梳理简化流程，规范和优化审批事项、公共服务事项公开，推进“最多跑一次”工程。

（三）北京市以数字赋能打造义务教育场景化服务

北京市人民政府以北京市义务教育服务平台为依托，按照“一件事”集成服务场景建设要求，对接市公安局北京市居住证信息数据库、市人力社保局社保数据库等系统，打造多场景服务，实现义务教育领域一网通办。如在“2022 年北京市义务教育小学入学”专题内，公开入学时间段安排，本市户籍、本市户籍无房家庭、非本市户籍三类学生家庭的具体入学流程，北京市各学区的入学政策，对常见问题的解答，以及其他入学可能涉及的相关服务，全面考虑不同家庭入学情况，提供多场景化服务，具体如图 2-1-18 所示。

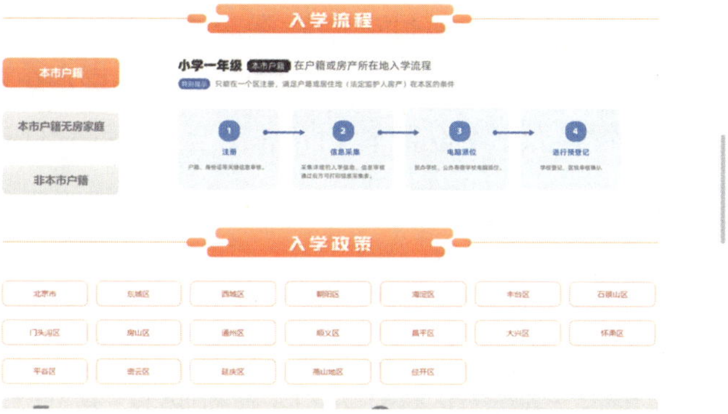

北京市2022年义务教育小学入学

图 2-1-18　北京市 2022 年义务教育小学入学（扫码阅读）

第二节　医疗卫生领域

医疗卫生是民生重点内容之一，2004 年《中华人民共和国传染病防治法》出台，要求国家建立传染病疫情信息公布制度，2007 年《中华人民共和国政府信息公开条例》（国务院令第 492 号）则将医疗、公共卫生作为法定主动公开内容。随着政务公开工作的不断深入推进，医疗卫生公开内容逐步细化，公开主体范围进一步扩大，不仅要求医疗卫生行政机关的信息公开，还进一步要求推进医疗卫生机构[①]相关信息公开。本节梳理了医疗卫生的相关概念、公开要求，并提出相应的公开建议，以供行政机关参考。

一、医疗卫生的相关概念

（一）医疗卫生

医疗卫生也称医疗卫生事业或医疗卫生服务，包括国家与社会为保障和提高

---

① 医疗卫生机构包括医院、基层医疗卫生机构、专业公共卫生机构、其他医疗卫生机构。基层医疗卫生机构包括社区卫生服务中心（站）、街道卫生院、乡镇卫生院、村卫生室、门诊部、诊所（医务室）。专业公共卫生机构包括疾病预防控制中心、专科疾病防治机构、妇幼保健机构、健康教育机构、急救中心（站）、采供血机构、卫生监督机构、卫生健康部门主管的计划生育技术服务机构，不包括传染病院、结核病医院、血防医院、精神病医院、卫生监督（监测、检测）机构。其他医疗卫生机构包括疗养院、临床检验中心、医学科研机构、医学在职教育机构、医学考试中心、人才交流中心、统计信息中心等卫生事业单位。

人民的健康水平、诊治疾病而建立的法制体系、组织体系、服务体系和服务过程等，是公共卫生和医疗服务的统称，涉及社会公共卫生服务、医疗服务、健康促进服务以及与这些服务相关的保障体系、组织管理和监督体系等。[①]

1. 公共卫生

公共卫生，是在人类对抗传染病、流行病过程中发展起来的事业，不同于普通的医疗服务、临床治疗，而是重在通过预防、监测、宣教等方式促进公众健康。在社区，人们常见的疫苗接种、疾病普及、环卫监管、食品安全等，都是身边的公共卫生。[②]

2. 医疗服务

《关于医疗卫生机构有关税收政策的通知》（财税〔2000〕42 号）明确，“医疗服务是指医疗服务机构对患者进行检查、诊断、治疗、康复和提供保健、接生、计划生育方面的服务，以及与这些服务有关的提供药品、医用材料器具、救护车、病房住宿和伙食等业务”。

（二）基本医疗卫生服务

基本医疗卫生服务，是指维护人体健康所必需、与经济社会发展水平相适应、公民可公平获得的，采用适宜药物、适宜技术、适宜设备提供的疾病预防、诊断、治疗、护理和康复等服务。基本医疗卫生服务包括基本公共卫生服务和基本医疗服务。其中，基本公共卫生服务由国家免费提供；基本医疗服务主要由政府举办的医疗卫生机构提供，鼓励社会力量举办的医疗卫生机构提供基本医疗服务。

基本公共卫生服务内容根据经济社会发展、公共卫生服务需要和财政承受能力等因素适时调整。现行的基本公共卫生服务包括健康教育、预防接种、重点人群健康管理等原基本公共卫生服务内容，以及从原重大公共卫生服务[③]和计划生育项目中划入的妇幼卫生、老年健康服务、医养结合、卫生应急、孕前检查等内容。[④]

基本医疗服务的内容主要包括各种疾病治疗措施、疗养休养措施、诊疗检查费用以及相应的药品消耗等。[⑤]

---

① 《医疗卫生定义》，成都市基层公开综合服务监管平台。

② 《发展公共卫生，防疾病于未发》（新华网，2020 年 5 月 7 日）。

③ 全国性或跨区域的重大传染病防控等重大公共卫生服务，主要包括纳入国家免疫规划的常规免疫及国家确定的群体性预防接种和重点人群应急接种所需疫苗和注射器购置，艾滋病、结核病、血吸虫病、包虫病防控，精神心理疾病综合管理，重大慢性病防控管理模式和适宜技术探索等内容。

④ 《国务院办公厅关于印发医疗卫生领域中央与地方财政事权和支出责任划分改革方案的通知》（国办发〔2018〕67 号）第二条第（一）款第 1 项。

⑤ 《基本医疗服务是什么意思?》（中国医疗保险网，2011 年 7 月 13 日）。

（三）医疗卫生服务体系

医疗卫生服务体系主要包括医院、基层医疗卫生机构和专业公共卫生机构等，具体如图 2-2-1 所示①。

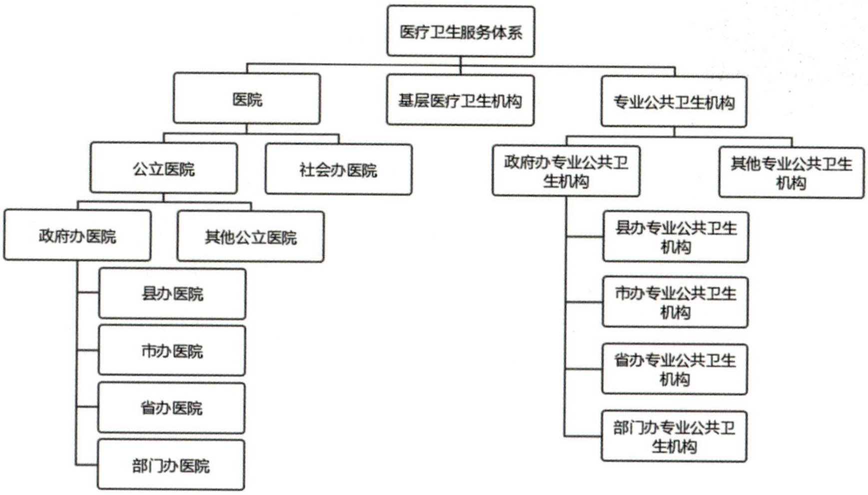

图 2-2-1　医疗卫生服务体系

二、公开要求

（一）医疗卫生行政机关公开要求

结合《中华人民共和国政府信息公开条例》（国务院令第 492 号）、历年政务公开工作要点及相关文件归纳出以下变化趋势：

（1）公开内容围绕“应公开尽公开”的原则并结合医疗卫生领域的重点工作，逐步扩大。将政策及落实结果、重大疾病预防控制、国家免疫规划、医疗服务信息、重大突发卫生事件、财政支出、医德医风建设和违规违纪问题处理结果、医疗机构绩效考核结果、传染病疫情及防控、公共卫生知识普及等信息纳入公开范围。如 2020 年前，在三医联动改革的背景下，主要侧重于对医疗卫生机构信息、财政、收费、舆情回应等常态化工作的信息公开，2020 年新冠疫情暴发后，疫情防控信息和舆情回应成为政府常态化工作。历年详细公开内容见本节附件 1。

（2）将医疗卫生机构纳入公开范围，并对其公开内容作出进一步要求。在信息公开的不断发展推进过程中，医疗卫生机构作为群众看病办事接触到的第一主

① 《国务院办公厅关于印发全国医疗卫生服务体系规划纲要（2015—2020 年）的通知》（国办发〔2015〕14 号）第三章第一节。

体，群众对其信息公开需求不断增加。《关于印发医疗卫生机构信息公开管理办法的通知》（国卫办发〔2021〕43 号）规定，“医疗卫生机构根据本机构特点和自身实际服务情况，应公开在提供社会公共服务过程中制作或者获取的，以一定形式记录、保存的信息。”

（3）基层卫生健康领域政务公开要求标准化。2019 年，国家卫生健康委编制《卫生健康领域基层政务公开标准指引（试行）》，对县级及以下卫生健康行政部门、公共卫生健康服务机构以及法律法规授权的具有管理公共事务职能的组织或企事业单位作出公开标准指引，要求公开“行政许可、行政处罚、行政强制、行政征收、行政给付、行政检查、行政确认、行政奖励、行政裁决、行政备案、公共服务”11 类一级事项，158 项二级事项。具体内容扫描图 2-2-2 二维码。

卫生健康领域基层政务公开标准指引

图 2-2-2　卫生健康领域基层政务公开标准指引（扫码阅读）

（二）医疗卫生机构的公开要求[①]

1. 公开内容

（1）应当公开内容：

① 机构基本概况、公共服务职能。

② 机构科室分布、人员标识、标识导引。

③ 机构的服务内容、重点学科及医疗技术准入、服务流程及须知等。

④ 涉及公共卫生、疾病应急处置相关服务流程信息。

⑤ 医保、价格、收费等服务信息。

⑥ 健康科普宣传教育相关信息。

⑦ 招标采购信息。

⑧ 行风廉政建设情况。

⑨ 咨询及投诉方式。

⑩ 其他法律、法规、规章等规定的应当主动公开的内容。

（2）不得公开的信息：

① 涉及国家秘密的。

② 涉及商业秘密的。

③ 涉及自然人个人信息保护的。

④ 公开后可能危及国家安全、公共安全、经济安全、执业安全、社会稳定及正

① 《关于印发医疗卫生机构信息公开管理办法的通知》（国卫办发〔2021〕43 号）。

常医疗秩序的。

⑤ 违反《中华人民共和国广告法》(主席令第二十二号)等法律法规规定或涉嫌夸大、虚假宣传等内容的。

⑥ 法律、法规、规章等规定的不予公开的信息。

(3) 可不予公开信息。医疗卫生机构内部管理等相关信息,可不予公开。法律、法规、规章另有规定的,从其规定。

2. 公开方式

医疗卫生机构的信息公开采取主动公开为主、提供咨询服务为辅。

(1) 主动公开方式:

① 办公和服务场所的公开栏、公告牌、电子显示屏、触摸屏。

② 咨询台、服务台。

③ 人员岗位标识。

④ 各级政府门户网站或本机构门户网站。

⑤ 互联网交流平台、公众号、移动客户端。

⑥ 服务手册、便民卡片、信息须知。

⑦ 咨询服务电话。

⑧ 其他便于公众知晓的方式。

(2) 咨询服务方式:医疗卫生机构可以结合已有条件,采取现场咨询、网站交流平台、热线电话、移动客户端等方便交流的途径,及时提供人性化咨询服务,满足社会公众信息需求。

三、典型案例

为更好促进医疗卫生领域各项信息公开,选取以下地区或部门相关情况示例以供参考。

(1) 政策文件。如浙江省杭州市人民政府门户网站,在“医疗卫生”专栏中设置“重要政策”子栏目,集中公开相关政策文件,具体如图 2-2-3 所示。

杭州市政策文件

图 2-2-3 杭州市医疗卫生政策文件(扫码阅读)

（2）国家免疫规划和传染病防治、传染病疫情及防控、疾病应急救助。如安徽省卫健委网站，在“重点领域信息公开—公共卫生”专栏中设置“国家免疫规划和传染病防治”“传染病疫情及防控”“疾病应急救助”3 个子栏目，分类发布相关信息，具体如图 2-2-4 所示。

安徽省公共卫生

图 2-2-4 安徽省公共卫生（扫码阅读）

（3）医疗服务信息。如浙江省杭州市人民政府门户网站，在“重点领域信息公开—社会公益事业建设领域—卫生健康信息—医疗服务信息”中公开医疗服务费用、医疗机构院务信息，具体如图 2-2-5 所示。

杭州市医疗服务信息

图 2-2-5 杭州市医疗服务信息（扫码阅读）

（4）卫生监督、医疗监管。如浙江省杭州市人民政府门户网站，在“医疗卫生”专栏中设置“卫生监督检查”“医疗监督”子栏目，集中公开相关信息，具体如图 2-2-6 所示。

杭州市卫生监督检查

图 2-2-6　杭州市卫生监督检查和医疗监督(扫码阅读)

(5) 健康科普、公共卫生知识普及。如浙江省杭州市人民政府门户网站,在“重点领域信息公开—社会公益事业建设领域—卫生健康信息—健康科普知识”中,集中公开相关信息,具体如图 2-2-7 所示。

杭州市健康科普知识

图 2-2-7　杭州市卫生健康科普知识(扫码阅读)

(6) 绩效考核结果。如安徽省卫健委网站,在“重点领域信息公开—医疗服务”栏目中设置“公立医疗卫生机构绩效考核结果”子栏目,集中发布相关信息,具体如图 2-2-8 所示。

安徽省绩效考核结果

图 2-2-8　安徽省绩效考核结果(扫码阅读)

（7）医德医风建设和违规违纪问题处理结果。如安徽省卫健委网站，在“重点领域信息公开—医德医风建设和违规违纪问题处理结果”栏目中设置“医德医风建设和违规违纪问题处理结果”子栏目，集中发布相关信息，具体如图 2-2-9 所示。

安徽省医德医风建设和违规违纪问题处理结果

图 2-2-9　安徽省医德医风建设和违规违纪问题处理结果（扫码阅读）

四、公开建议

（一）及时更新常态化信息

在政府门户网站对应栏目上及时公开重大疾病预防控制；国家免疫规划；突发公共卫生事件；传染病疫情及防控；对妇女、未成年人、老年人等重点人群和农村、工矿企业等重点区域，开展专项健康科普；疾病应急救助落实情况；医疗机构院务公开，医疗服务价格、常用药品和主要医用耗材价格信息；公立医疗卫生机构绩效考核结果。如安徽省宣城市宁国市在政府门户网站上建立“基本医疗卫生栏目”，下设子栏目，分别公开更新对应信息，具体如图 2-2-10 所示。

宁国市基本医疗卫生栏目

图 2-2-10　宁国市基本医疗卫生栏目（扫码阅读）

（二）推进场景化服务

以群众办事需求为导向，集成展示在一个场景中可能遇到的信息，解决群众办事过程中出现信息割裂的现象。上海市金山区卫健委编制《金山区医疗卫生政务公开标准化规范化事项——医疗服务一本通》，以自然人生命成长轨迹为链条，将 16 个医疗卫生具体服务事项划分为“出生在金山、工作在金山、成家在金山、养老在金山、生活在金山”等五大板块。按照“高频优先”的思路，各版块罗列了人生各阶段与医疗卫生服务最为密切的事项，通过问答和表格形式展现。如：“我家孩子预防接种如何办理？”“我怀孕了，产前检查建卡如何申请？”“我被宠物咬伤，在哪可以接种狂犬疫苗？”让百姓快速找到所需信息。①

（三）创新公开形式

通过运用新媒体技术，打造微信公众号、小程序等掌上政务公开渠道，让群众更直接、更方便、更快捷地掌握到医疗卫生领域相关信息，做到“一部手机即可解疑惑”。深圳市卫健委开通微信公众号和微信视频号，巧妙运用诙谐幽默的语言和地方方言拉进和群众之间的距离，将晦涩难懂的医疗专业知识以轻松愉悦的视频展示，打造出个性化 IP，吸引群众关注，具体如图 2-2-11 所示。

图 2-2-11　深圳市卫健委微信视频号

（四）强化医疗卫生机构信息公开

医疗卫生机构作为接触到群众的终端服务机构，应当贯彻落实《关于印发医疗卫生机构信息公开管理办法的通知》（国卫办发〔2021〕43 号）的公开要求，以公

① 选自《中国政府透明度 2020》《上海市金山区卫生健康领域政务公开的实践和展望》。

开促服务。北京大学第一医院建立药品及医疗服务项目价格查询系统，群众可自行查看对应商品的价格，做到公平公正公开。空军军医大学西京医院公开医保服务相关的政策和流程，如住院患者转诊及报销流程、医保患者门诊报销政策及流程，具体如图 2-2-12 所示。

北京大学第一医院药品及医疗服务项目价格查询系统

图 2-2-12　北京大学第一医院药品及医疗服务项目价格查询系统（扫码阅读）

附件 1：医疗卫生政务公开相关文件要求（表 2-2-1）

表 2-2-1　医疗卫生政务公开相关文件要求

文　件　名	具体要求
《国务院办公厅关于印发 2014 年政府信息公开工作要点的通知》（国办发〔2014〕12 号）	做好医疗卫生领域信息公开，加大医疗服务收费信息公开力度
《国务院办公厅关于印发 2015 年政府信息公开工作要点的通知》（国办发〔2015〕22 号）	做好法定传染病和重大突发公共卫生事件的信息公开，推动各类医疗机构健全信息公开目录，全面公开医疗服务、价格、收费等信息（卫生计生委牵头落实）
《国务院办公厅关于印发 2016 年政务公开工作要点的通知》（国办发〔2016〕19 号）	1. 围绕卫生工程，做好审批、核准、备案、实施等信息的公开。 2. 推动医疗机构院务公开，健全公开目录。加强法定传染病疫情及防控信息的公开（国家卫生计生委牵头落实）。 3. 推行医疗卫生重大民生决策事项民意调查制度。 4. 县、乡级部门和单位要重点公开医疗卫生民生支出情况，包括项目名称、预算规模、补助标准、发放程序、资金分配结果等（财政部牵头落实）
《中共中央办公厅、国务院办公厅〈关于全面推进政务公开工作的意见〉》（中办发〔2016〕8 号）	推进监管情况公开，重点公开卫生防疫等监管信息

续表

文件名	具体要求
《国务院办公厅印发〈关于全面推进政务公开工作的意见〉实施细则的通知》(国办发〔2016〕80号)	围绕医疗卫生的政务服务事项,开展“五公开”标准化规范化试点工作,探索适应基层特点的公开方式
《国务院办公厅关于印发2017年政务公开工作要点的通知》(国办发〔2017〕24号)	推行卫生计生重大民生决策事项民意调查制度。做好医疗机构院务公开和改善医疗服务行动计划落实情况公开工作。推进医德医风建设,建立违规违纪问题处理结果公开机制,改善群众就医感受(国家卫生计生委牵头落实)
《国务院办公厅关于印发2018年政务公开工作要点的通知》(国办发〔2018〕23号)	1. 做好就医民生方面的热点舆情回应,准确把握社会情绪,讲清楚问题成因、解决方案和制约因素等。 2. 国务院卫生健康主管部门要于年底前制定完善相关领域公共企事业单位信息公开制度。县级以上地方政府要督促有关部门履行监管职责,加强分类指导,组织编制公共企事业单位公开事项目录,建立完善公开考核、评议、责任追究和监督检查具体办法,切实推进公共企事业单位信息公开工作
《国务院办公厅关于推进社会公益事业建设领域政府信息公开的意见》(国办发〔2018〕10号)	保障好人民群众对公共医疗卫生的知情权,重点公开重大疾病预防控制、国家免疫规划、突发公共卫生事件、传染病疫情及防控等信息。大力开展健康科普,针对妇女、未成年人、老年人等重点人群和农村、工矿企业等重点区域,开展专项健康科普,用现代医学知识为人民群众提供健康服务。进一步做好疾病应急救助、健康扶贫政策落实情况公开工作。探索利用信息公开手段加强卫生监督。深化食品安全信息公开,完善推广企业“黑名单”制度,让违法者寸步难行,让人民吃得放心
《国务院办公厅关于印发2019年政务公开工作要点的通知》(国办发〔2019〕14号)	1. 对卫生健康经济社会热点要加强舆情监测、研判、回应,及时解疑释惑,理顺情绪,化解矛盾。 2. 围绕保障人民群众身体健康,加大医疗服务、药品安全、医保监管、疫苗监管、公立医疗卫生机构绩效考核结果等方面信息公开力度
《中华人民共和国政府信息公开条例》(国务院令第711号)	医疗政策、措施及其实施情况;公共卫生的监督检查情况

续表

文件名	具体要求
《国务院办公厅关于印发 2020 年政务公开工作要点的通知》（国办发〔2020〕17 号）	1. 及时准确发布疫情信息。坚持做好疫情防控常态化下疫情信息发布工作，依法做到及时、准确、公开、透明，让公众实时了解最新疫情动态和应对处置工作进展。融合各类信息发布渠道，有效运用新闻发布会、政府网站、政务新媒体和各类新闻媒体，全方位解读党中央、国务院重大决策部署和本地区、本部门重要工作举措，为疫情防控工作提供有力支撑。密切关注涉及疫情的舆情动态，针对相关舆情热点问题，快速反应、正面回应。有关地方和部门主要负责人要带头主动发声，以权威信息引导社会舆论。 2. 加强各级各类应急预案公开和公共卫生知识普及。严格落实政府信息公开条例关于主动公开突发公共事件应急预案的要求，有针对性地加强宣传培训，增强社会公众特别是应急预案执行人员的风险防范意识和能力，切实发挥应急预案实际效用。大力加强公共卫生知识日常普及工作，特别是对公众在新冠肺炎疫情防控过程中养成的好习惯好做法，通过科普作品等形式加强宣传推广，提高公众对传染病的防治意识和应对能力。 3. 严格依法保护各项法定权利。妥善办理涉及公共卫生事件的政府信息公开申请，除公开后将损害公共利益、侵犯他人合法权益等法定禁止公开情形外，最大限度向申请人提供相关信息，更好满足人民群众知情权，维护政府公信力。加强个人信息保护，对因新冠肺炎疫情防控工作需要收集的个人信息，要严格落实个人信息保护有关规定，采取有效措施保管并妥善处理
《国务院办公厅关于印发 2021 年政务公开工作要点的通知》（国办发〔2021〕12 号）	1. 做好常态化疫情防控信息公开。切实增强新冠肺炎疫情防控信息发布的及时性针对性，重点围绕散发疫情、隔离管控、流调溯源、精准防控、冷链物流、假期人员流动等发布权威信息，扎实做好疫苗接种信息公开和舆论引导工作。提高新冠肺炎疫情防控信息发布规范化水平，发布社会关注的重大政策、内容敏感的重要信息前，加强统筹协调，在实事求是的前提下，强化政府系统内部信息整合，统一步调对外发声。做好爱国卫生运动、健康中国行动等相关工作的信息公开，大力开展健康科普宣传。 2. 密切关注涉及疫情防控、医疗方面的舆情并及时作出回应，助力防范化解重大风险。 3. 国务院有关主管部门在 2021 年底前卫生健康领域的公共企事业单位信息公开规定，进一步加强监管，优化公共服务

续表

文件名	具体要求
《国务院办公厅关于印发2022年政务公开工作要点的通知》(国办发〔2022〕8号)	1. 持续做好疫情防控信息公开。严格执行疫情防控信息发布各项制度,统筹用好各类信息发布平台,持续发布疫情防控进展信息,及时充分回应社会关切,防止引发疑虑和不实炒作。加强疫情防控信息发布工作协调,行政机关向社会公开发布的信息,要与上级单位对下级单位下达的工作指令保持一致,增强多方协同合力。进一步规范流调信息发布和管理,保护个人隐私,避免对当事人正常生活产生不当影响。 2. 推进公共企事业单位信息公开。严格执行已出台的公共企事业单位信息公开制度,深入推进公共企事业单位信息公开,以有力有效的信息公开,助力监督管理的强化和服务水平的提升。 3. 加大政策咨询窗口建设力度,提高政务服务便民热线、实体服务大厅的政策咨询服务水平,更好解答医疗、疫情防控等方面与人民群众切身利益密切相关的问题

附件2:医疗领域相关政策文件要求(表2-2-2)

表2-2-2 医疗领域相关政策文件要求

文件名	具体要求
《中华人民共和国基本医疗卫生与健康促进法》	1. 国家完善公共场所卫生管理制度。县级以上人民政府卫生健康等主管部门应当加强对公共场所的卫生监督。公共场所卫生监督信息应当依法向社会公开。 2. 县级以上地方人民政府卫生健康主管部门应当建立医疗卫生机构绩效评估制度,组织对医疗卫生机构的服务质量、医疗技术、药品和医用设备使用等情况进行评估。评估应当吸收行业组织和公众参与。评估结果应当以适当方式向社会公开。 3. 国家保护公民个人健康信息,确保公民个人健康信息安全。任何组织或者个人不得非法收集、使用、加工、传输公民个人健康信息,不得非法买卖、提供或者公开公民个人健康信息。 4. 各级人民政府应当建立健康知识和技能核心信息发布制度,普及健康科学知识,向公众提供科学、准确的健康信息

续表

文件名	具体要求
《中华人民共和国传染病防治法》	1. 国务院卫生行政部门和省、自治区、直辖市人民政府根据传染病发生、流行趋势的预测，及时发出传染病预警，根据情况予以公布。 2. 国家建立传染病疫情信息公布制度。国务院卫生行政部门定期公布全国传染病疫情信息。省、自治区、直辖市人民政府卫生行政部门定期公布本行政区域的传染病疫情信息。传染病暴发、流行时，国务院卫生行政部门负责向社会公布传染病疫情信息，并可以授权省、自治区、直辖市人民政府卫生行政部门向社会公布本行政区域的传染病疫情信息。公布传染病疫情信息应当及时、准确
《中华人民共和国传染病防治法实施办法》	医务人员未经县级以上政府卫生行政部门批准，不得将就诊的淋病、梅毒、麻风病、艾滋病病人和艾滋病病原携带者及其家属的姓名、住址和个人病史公开
《中华人民共和国职业病防治法》	1. 职业病的分类和目录由国务院卫生行政部门会同国务院劳动保障行政部门规定、调整并公布。 2. 有关防治职业病的国家职业卫生标准，由国务院卫生行政部门制定并公布
《中华人民共和国精神卫生法》	有关单位和个人应当对精神障碍患者的姓名、肖像、住址、工作单位、病历资料以及其他可能推断出其身份的信息予以保密。但是，依法履行职责需要公开的除外
《突发公共卫生事件应急条例》	1. 国家建立突发事件举报制度，公布统一的突发事件报告、举报电话。 2. 国家建立突发事件的信息发布制度。国务院卫生行政主管部门负责向社会发布突发事件的信息。必要时，可以授权省、自治区、直辖市人民政府卫生行政主管部门向社会发布本行政区域内突发事件的信息。信息发布应当及时、准确、全面
《医疗纠纷和处理条例》	医疗纠纷人民调解委员会及其人民调解员、卫生主管部门及其工作人员应当对医患双方的个人隐私等事项予以保密。未经医患双方同意，医疗纠纷人民调解委员会、卫生主管部门不得公开调解协议的内容

第三节　重大建设项目批准和实施

重大建设项目批准和实施情况作为法定主动公开内容之一，2017 年国务院办公厅印发《关于推进重大建设项目批准和实施领域政府信息公开的意见》(国办发〔2017〕94 号)对重大建设项目批准和实施过程中产生的各类信息作出公开要求。近年来在党中央、国务院的高度重视下，我国重大建设项目批准和实施工作取得显著成效，规范化程度不断提高，但是也存在着批准效率不高、征收土地等关键环节透明度不够等问题。进一步加大该领域政府信息公开力度，有利于提升项目批准、实施的透明度和效率，保障人民群众合法权益。

一、重大建设项目的定义

根据《国家发展改革委有关负责人就推进重大建设项目批准和实施领域政府信息公开答记者问》，“目前法律法规和政策文件均未对重大建设项目的概念作出规定，学术界对此也没有明确的界定。在文件起草和征求意见过程中，各地方、各部门、各方面普遍认为，鉴于重大建设项目的行业、类型差别较大，不宜用固定资产投资额等指标进行量化，建议从项目对经济社会发展、民生改善的影响方面作定性描述，再由各省级政府、国务院有关部门根据区域、行业特点和工作侧重点，进一步明确本地区、本领域重大建设项目范围”。

同时，《国务院办公厅关于推进重大建设项目批准和实施领域政府信息公开的意见》(国办发〔2017〕94 号)，将重大建设项目限定为按照规定由政府审批或核准的固定资产投资项目，主要是为了合理确定范围，以政府投资项目和需政府核准的项目为先导，有序推动重大建设项目相关政府信息公开。

二、重大建设项目的公开内容

依据国务院办公厅《关于推进重大建设项目批准和实施领域政府信息公开的意见》(国办发〔2017〕94 号)，“在重大建设项目批准和实施过程中，重点公开批准服务信息、批准结果信息、招标投标信息、征收土地信息、重大设计变更信息、施工有关信息、质量安全监督信息、竣工有关信息 8 类信息。主要内容包括：

(1) 批准服务信息：申报要求、申报材料清单、批准流程、办理时限、受理机构联系方式、监督举报方式等。

(2) 批准结果信息：项目建议书审批结果、可行性研究报告审批结果、初步设计文件审批结果、项目核准结果、节能审查意见、建设项目选址意见审批结果、建设项目用地（用海）预审结果、环境影响评价审批文件、建设用地规划许可审批结果、建设工程规划类许可审批结果、施工许可（开工报告）审批结果、招标事项审批核准结果，取水许可、水土保持方案、洪水影响评价等涉水事项审批结果等。

（3）招标投标信息：资格预审公告、招标公告、中标候选人公示、中标结果公示、合同订立及履行情况、招标投标违法处罚信息等。

（4）征收土地信息：征地告知书以及履行征地报批前程序的相关证明材料、建设项目用地呈报说明书、农用地转用方案、补充耕地方案、征收土地方案、供地方案、征地批后实施中征地公告、征地补偿安置方案公告等。

（5）重大设计变更信息：项目设计变更原因、主要变更内容、变更依据、批准单位、变更结果等。

（6）施工有关信息：项目法人单位及其主要负责人信息，设计、施工、监理单位及其主要负责人、项目负责人信息、资质情况，施工单位项目管理机构设置、工作职责、主要管理制度，施工期环境保护措施落实情况等。

（7）质量安全监督信息：质量安全监督机构及其联系方式、质量安全行政处罚情况等。

（8）竣工有关信息：竣工验收时间、工程质量验收结果，竣工验收备案时间、备案编号、备案部门、交付使用时间，竣工决算审计单位、审计结论、财务决算金额等。

三、重大建设项目的公开主体

根据《国务院办公厅关于推进重大建设项目批准和实施领域政府信息公开的意见》（国办发〔2017〕94号）要求，“批准服务信息、批准结果信息由批准重大建设项目和有关要件的各级政府和有关部门分别负责公开，招标投标信息由招标人或有关行政监督部门依法公开，征收土地信息由辖区政府和有关部门负责公开，重大设计变更信息由批准单位负责公开，施工有关信息、质量安全监督信息、竣工有关信息由制作或保存的部门按照职责分工分别负责公开”。

四、重大建设项目的公开渠道

各级政府和有关部门应通过政府公报、政府网站、新媒体平台、新闻发布会等及时公开各类项目信息，并充分利用全国投资项目在线审批监管平台、全国公共资源交易平台、“信用中国”网站等，推进重大建设项目批准和实施领域信息共享和公开。其中，针对重大建设项目批准和实施过程中产生的信用信息纳入全国信用信息共享平台，可向社会公开的，依法依规在各地区信用网站和“信用中国”网站公开。各地也在探索优秀的公开方式，如《浙江省人民政府办公厅关于印发

2020 年浙江省政务公开工作要点的通知》(浙政办发〔2020〕20 号)中提出,“探索以专栏形式按项目全生命周期分类集中公开项目内容,着力解决相关信息公开不全面、碎片化问题”。

此外,项目法人单位可利用现场公示、网站公布等多种渠道对项目信息进行公开,方便公众查询和社会监督。

五、重大建设项目的公开形式

重大建设项目批准和实施领域的信息公开形式可分为两类,一类是按照批准服务、批准结果、招标投标、征收土地、重大设计变更、施工、质量安全监督、竣工八个流程进行公开;另一类是按照全生命周期进行公开。

(一) 按流程公开

目前各地区大多采用按照流程进行公开的方式,但存在较多局限性,在信息公开技术手段高度发达、渠道多元的今天,行政机关所公开的信息量呈爆炸式增长态势,公开杂乱的问题不仅没有缓解,反而更加严重。

(二) 按全生命周期公开

全生命周期公开形式又可分为项目流程式全生命周期公开(如温州市瓯海区)和项目清单式全生命周期公开(如宁波市宁海县)。

(1) 项目流程式全生命周期公开,是将一个项目的八个流程信息集约展示在一个网页内,方便公众了解项目流程并获取信息。如温州市瓯海区将重大建设项目公开页面划分为“建设项目清单”“批准和实施过程”“办件查询”“政民互动”“政策文件”五大版块,公众可在“建设项目清单”里查看 2018—2022 年建设项目清单;可在“批准和实施过程”栏目下,查看各重大建设项目全生命周期的具体信息和当前进度,具体如图 2-3-1、图 2-3-2 所示。

瓯海区2018-2022年建设项目清单

图 2-3-1 瓯海区 2018—2022 年建设项目清单(扫码阅读)

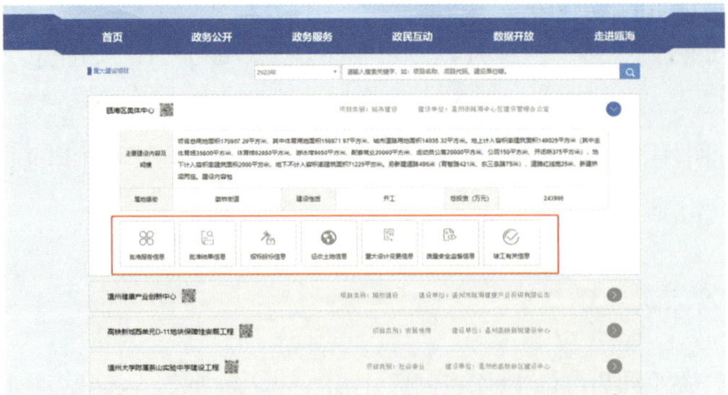

瓯海区重大建设项目

图 2-3-2　瓯海区重大建设项目(扫码阅读)

(2) 项目清单式全生命周期公开是项目流程式全生命周期的进阶形式，其优势在于不仅将项目全流程信息进行集约展示，并且通过清单的形式将各项目八个流程的相关文件汇总公开，帮助公众更加便捷地获取所需文件，如宁波市宁海县“重大建设项目批准与实施”专题，具体如图 2-3-3、图 2-3-4 所示。

宁海县“重大建设项目批准与实施”专题

图 2-3-3　宁海县“重大建设项目批准与实施”专题(扫码阅读)

六、公开注意事项

(1) 针对重大建设项目难以界定的问题，可以先行确定每年重大建设项目清单，清单内理顺责任主体、明确分工与运行机制，再根据清单进行维护更新。

(2) 重大建设项目批准与实施领域中的招投标、征收土地是特指重大建设项目类的，不可单纯与招标采购、土地征收信息相对等。

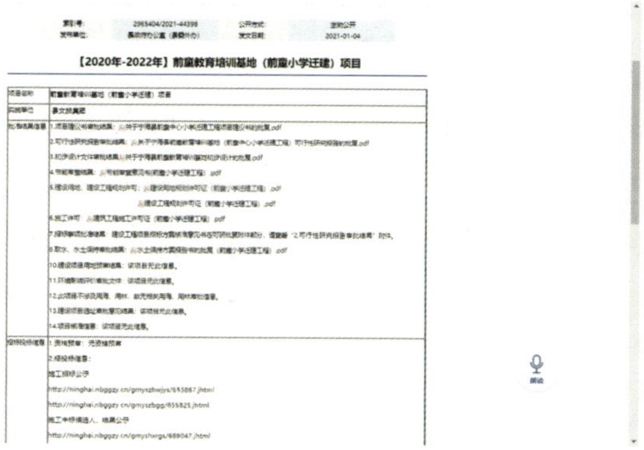

(a)

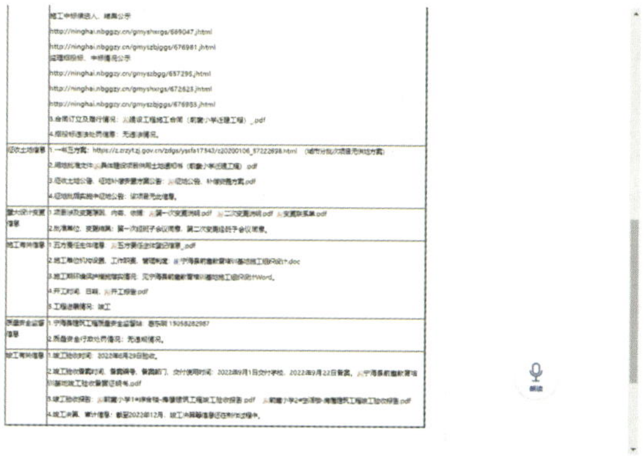

(b)

宁海县项目清单式全生命周期公开

图 2-3-4　宁海县项目清单式全生命周期公开(扫码阅读)

第四节　社 会 保 险

《中华人民共和国宪法》(2018 年修正版)第四十五条规定:“中华人民共和国公民在年老、疾病或者丧失劳动能力的情况下,有从国家和社会获得物质帮助的权利,国家发展为公民享受这些权利所需要的社会保险、社会救济和医疗卫生事业。”2007 年《劳动和社会保障部关于建立社会保险信息披露制度的指导意见》(劳社部发〔2007〕19 号)对社会保险披露信息作出详细规定。我国通过建立健全社会保险制度,确保公民享受社会保障权,并要求公开相关信息,维护公民的知情权和监督权,保障公民共享经济社会发展成果,促进社会和谐稳定。但目前社会保险信息公开仍存在公开不到位、公开范围不明确、信息更新不及时、信息名称不统一等问题。因此,本节将从社会保险概念内涵、公开发展、公开要求、案例展示等方面展开研究,以期促进政府机关更好地公开社会保险领域信息,进一步增进和维护公民社会保险权益。

一、概念内涵

根据《中华人民共和国社会保险法》(2018年修订版)(主席令第三十五号),“国家建立基本养老保险、基本医疗保险、工伤保险、失业保险、生育保险等社会保险制度,保障公民在年老、疾病、工伤、失业、生育等情况下依法从国家和社会获得物质帮助的权利”。

二、公开发展

我国社会保险制度经历由职工保险向社会保险转变,并不断深化发展的过程。1952年政务院颁布并实施《中华人民共和国劳动保护条例》,规定了职工在遇到生、老、病、死、伤、残等困难时,有获得各项保险待遇的权利,奠定了我国社会保险制度的基础。1986年国务院在《国民经济与社会发展第七个五年计划》中首次提出社会保障概念,从国家-单位保障型的传统社会保障制度向国家-社会保障型的新型社会保障体系开始转变。此后社会保险制度改革持续深化,1991年国务院发布《关于企业职工养老保险制度改革的决定》,提出多层次的养老保险体系。1997年国务院发布《关于建立统一的企业职工基本养老保险制度的决定》(国发〔1997〕26号),由此,全国大部分省市普遍建立了个人缴费和社会统筹相结合的社会保障制度。

随着社会保险制度的不断完善和政府信息公开纵深发展,社会保险领域信息公开呈现出公开主体逐步向基层延伸、公开内容不断标准化规范化趋势。发展历程历经以下三个阶段:

(一)萌芽阶段

2007年《关于建立社会保险信息披露制度的指导意见》(劳社部发〔2007〕19号)指出,参加社会保险情况的披露信息包括各项社会保险参保人数、人员结构、享受待遇情况。2008年《中华人民共和国政府信息公开条例》(国务院令第492号)第十条要求,“县级以上各级人民政府及其部门应当重点公开社会保障的政策、措施及其实施情况。”这一阶段,我国社会保险信息公开得到初步发展。

(二)发展阶段

2010年《中华人民共和国社会保险法》(主席令第三十五号)颁布,开启了社会保险法治化进程。明确“中华人民共和国境内的用人单位和个人依法缴纳社会保险费,有权查询缴费记录、个人权益记录,要求社会保险经办机构提供社会保险咨询等相关服务”。2014年年底，人力资源和社会保障部专门下发《人力资源社会保障部关于进一步健全社会保险信息披露制度的通知》（人社部发〔2014〕82号）要求建立报告备案制度，2015年年底前，省、市两级都要建立社会保险信息披露工作制度。《2015年政府信息公开工作要点》（国办发〔2015〕22号）进一步要求及时发布基本医疗保险、工伤保险和生育保险药品目录，以及基本医疗保险、工伤保险诊疗项目范围、辅助器具目录等信息。社会保险信息公开逐步落实落细。

（三）深入推进阶段

《2017年政务公开工作要点》（国办发〔2017〕24号）要求“适时公布阶段性降低社会保险费率的执行情况和实际效果，定期公布参加社会保险情况和社保基金运行情况”。2019年《中华人民共和国政府信息公开条例》（国务院令第711号）仍强调要公开社会保障的政策、措施及其实施情况。同年，人力资源社会保障部办公厅印发《社会保险领域基层政务公开标准目录》，要求县级人力资源社会保障部门，县级社会保险公共服务机构、乡镇（街道）基层公共服务平台（窗口）、村（社区）综合服务站点应公开社会保险登记、社会保险参保信息维护、社会保险缴费申报、社会保险参保缴费记录查询、养老保险服务、工伤保险服务、失业保险服务、企业年金方案备案、社会保障卡服务九大类事项相关信息。将社会保险公开要求向基层进一步延伸。

三、公开要求

根据相关政策文件要求，社会保险领域公开内容包括围绕参保、缴费及待遇享受相关的8个一级事项，包括社会保险参保、缴费、待遇享受、基金情况、社会保险关系转移接续和制度衔接情况、社会保障卡发放情况和主要应用场景、签订工伤保险服务协议的相关机构情况（医疗机构、康复机构、辅助器具配置机构）、社会保险公共服务事项清单和办事指南。具体公开内容如表2-4-1所示。

表 2-4-1　社会保险领域公开要求

公开内容		公开依据	公开渠道	公开依据
一级事项	具体要素			
各项社会保险参保情况	参保人数；人员结构；企业职工基本养老保险抚养比等	各级人力资源和社会保障部门	1. 政府门户网站 2. 人力资源和社会保障部门的网站 3. 社会保险信息网	《国务院办公厅关于印发2015年政府信息公开工作要点的通知》(国办发〔2015〕22号) 《国务院办公厅关于印发2017年政务公开工作要点的通知》(国办发〔2017〕24号) 《社会保险法》(2018年修正版) 《全国社会保障基金投资管理暂行办法》 《人力资源社会保障部关于进一步健全社会保险信息披露制度的通知》(人社部发〔2014〕82号) 人力资源社会保障部办公厅关于印发就业和社会保险领域基层政务公开标准指引的通知(人社厅函〔2019〕113号)
各项社会保险缴费情况	阶段性降低社会保险费率的执行情况和实际效果	各级人力资源和社会保障部门		
各项社会保险享受待遇情况	各项社会保险待遇享受人数、待遇水平；企业职工基本养老保险个人账户记账利率	各级人力资源和社会保障部门		
基金情况①	基金收支、结余和收益情况及监督检查结果	各级人力资源和社会保障部门		
	社会保险基金收支、管理和投资运营情况年度审计和专项审计结果	社会保险监督委员会		
	社保基金投资运作的有关情况(具体包括：基金收支结余情况、管理和投资运营情况)	社保基金会、社保基金投资管理人、社保基金托管人		
社会保险关系转移接续和制度衔接情况	基本养老保险、失业保险等跨省转入、转出人次	各级人力资源和社会保障部门		
社会保障卡发放情况和主要应用场景	社会保障卡常住人口发卡数、持卡率；主要应用场景	各级人力资源和社会保障部门		

① 《中华人民共和国社会保险法》(2018年修订版)对社会保险基金的概念作出相关规定，“社会保险基金包括基本养老保险基金、基本医疗保险基金、工伤保险基金、失业保险基金和生育保险基金。除基本医疗保险基金与生育保险基金合并建账及核算外，其他各项社会保险基金按照社会保险险种分别建账，分账核算。社会保险基金执行国家统一的会计制度”。

续表

公开内容 一级事项	具体要素	公开依据	公开渠道	公开依据
签订工伤保险服务协议的医疗机构、康复机构、辅助器具配置机构情况	基本医疗保险、工伤保险和生育保险药品目录，以及基本医疗保险、工伤保险诊疗项目范围、辅助器具目录等信息	各级人力资源和社会保障部门		
社会保险公共服务事项清单和办事指南	事项名称；事项简述；办理材料；办理方式；办理时限；结果送达；收费依据及标准；办事时间；办理机构及地点；咨询查询途径；监督投诉渠道	县级人力资源社会保障部门、县级就业和社会保险公共服务机构、乡镇（街道）基层公共服务平台（窗口）、村（社区）综合服务站点	1. 政府门户网站 2. 政务服务中心 3. 基层公共服务平台	

纵观各地公开实践，主要通过汇总发布社会保险相关信息或按照社会保险类别分类发布相关信息。如广东省惠州市在《2021 年度惠州市社会保险信息披露》集中公布相关信息，安徽省合肥市则按类别发布相关信息，具体如图 2-4-1、2-4-2 所示。

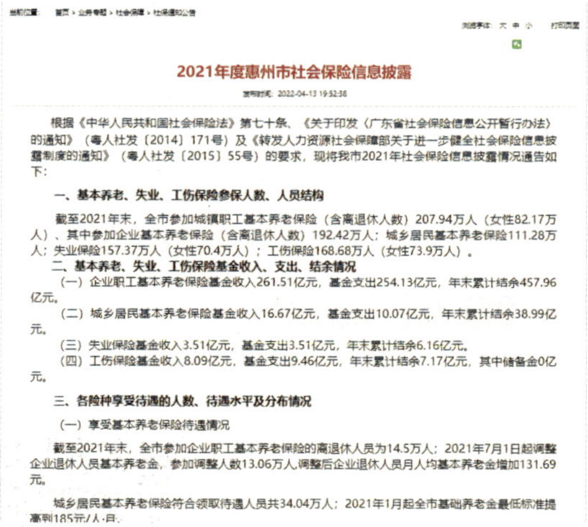
当前位置： 首页 > 业务专题 > 社会保障 > 社保通知公告

浏览字体： 大 中 小 打印页面

2021年度惠州市社会保险信息披露

发布时间： 2022-04-13 19:52:38

根据《中华人民共和国社会保险法》第七十条、《关于印发〈广东省社会保险信息公开暂行办法〉的通知》（粤人社发〔2014〕171号）及《转发人力资源社会保障部关于进一步健全社会保险信息披露制度的通知》（粤人社发〔2015〕55号）的要求，现将我市2021年社会保险信息披露情况通告如下：

一、基本养老、失业、工伤保险参保人数、人员结构

截至2021年末，全市参加城镇职工基本养老保险（含离退休人数）207.94万人（女性82.17万人）、其中参加企业基本养老保险（含离退休人数）192.42万人；城乡居民基本养老保险111.28万人；失业保险157.37万人（女性70.4万人）；工伤保险168.68万人（女性73.9万人）。

二、基本养老、失业、工伤保险基金收入、支出、结余情况

（一）企业职工基本养老保险基金收入261.51亿元，基金支出254.13亿元，年末累计结余457.96亿元。

（二）城乡居民基本养老保险基金收入16.67亿元，基金支出10.07亿元，年末累计结余38.99亿元。

（三）失业保险基金收入3.51亿元，基金支出3.51亿元，年末累计结余6.16亿元。

（四）工伤保险基金收入8.09亿元，基金支出9.46亿元，年末累计结余7.17亿元，其中储备金0亿元。

三、各险种享受待遇的人数、待遇水平及分布情况

（一）享受基本养老保险待遇情况

截至2021年末，全市参加企业职工基本养老保险的离退休人员为14.5万人；2021年7月1日起调整企业退休人员基本养老金，参加调整人数13.06万人,调整后企业退休人员月人均基本养老金增加131.69元。

城乡居民基本养老保险符合领取待遇人员共34.04万人；2021年1月起全市基础养老金最低标准提高到185元/人·月

惠州市社会保险信息披露

图 2-4-1　惠州市社会保险信息披露（扫码阅读）

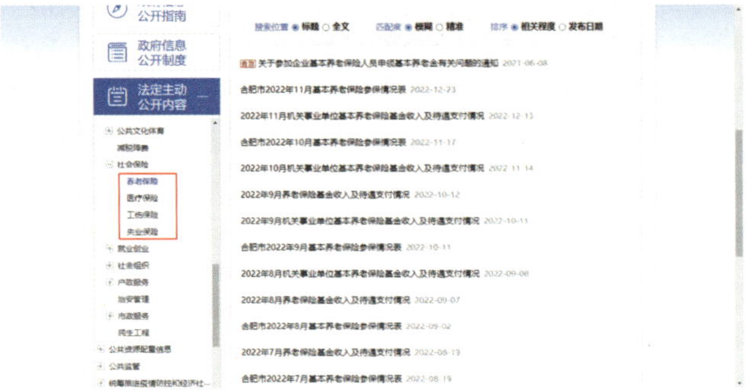

合肥市社会保险信息公开

图 2-4-2　合肥市社会保险信息公开(扫码阅读)

四、公开建议

(1) 设置专题集成公开相关信息。如四川省人民政府设置“社保一站通”专题,集成发布相关政策及动态信息,并设置“我要看”“我要问”“我要查”“我要办”等功能标签,具体如图 2-4-3 所示。

四川省“社保一站通”专题

图 2-4-3　四川省“社保一站通”专栏(扫码阅读)

(2) 以公众需求为导向开展相关宣传。如北京市人力资源和社会保障局建设“社保小课堂”,通过操作视频讲解具体操作流程,方便群众网上办事,具体如图 2-4-4 所示。

北京市“社保小课堂”

图 2-4-4　北京市“社保小课堂”(扫码阅读)

第五节　社 会 救 助

社会救助是保障基本民生、促进社会公平、维护社会稳定的基础性制度安排，及时、有效公开社会救助信息是保障公民知情权、减少因信息缺失未获得救助的重要举措。《社会救助暂行条例》(国务院令第 649 号)明确要求，“社会救助工作应当遵循公开、公平、公正、及时的原则”。随着政务公开工作的推进，各级政府及相关部门已基本实现通过政府网站的主动公开栏目、基层政务公开标准化规范化栏目集中公开社会救助相关信息，但一定程度上存在公开不规范、公开渠道单一等问题。基于此，本节将梳理社会救助领域信息公开相关要求，以期为各级政府及相关部门信息公开工作提供参考。

一、社会救助的类型

根据《社会救助暂行办法》(国务院令第 649 号)，社会救助包括最低生活保障、特困人员供养、受灾人员救助、医疗救助、教育救助、住房救助、就业救助、临时救助等类型。

分析各地政府信息公开实践可知，社会救助领域政府信息公开可结合各地区实际进行补充，如安徽省六安市社会救助领域信息公开除上述类别外，增加了计划生育特殊困难家庭扶助、流浪乞讨(生活无着落)人员救助等类别信息。

二、社会救助领域的公开主体

《中华人民共和国政府信息公开条例》(国务院令第 711 号)规定，设区的市级、县级人民政府及其部门、乡(镇)人民政府应当根据本地方的具体情况，主动公开社会救助方面的政府信息。其中，涉及社会救助领域信息公开的部门包括民政、卫健、教育、人社、住建、应急管理等。

三、社会救助领域的公开要求

(一) 公开渠道与形式

《国务院办公厅关于推进社会公益事业建设领域政府信息公开的意见》(国办发〔2018〕10 号)要求，社会救助领域信息公开方式方法要因地制宜、因事制宜，既确保公开实效、维护底线公平，又保护好相关人员个人隐私。《社会救助暂行办法》(国务院令第 649 号)规定,县级人民政府及其社会救助管理部门应当通过公共查阅室、资料索取点、信息公告栏等便于公众知晓的途径,及时公开社会救助资金、物资的管理和使用等情况。

结合政策文件要求及各地政务公开情况,社会救助领域信息公开线上渠道包括政府网站、新闻媒体、客户端、广播等,线下渠道包括公共查阅室、资料索取点、基层政府便民服务窗口、公园广场、医疗机构、村(社区)公示栏等。

线上渠道中,政府网站为信息公开第一平台,目前各地政府主要通过主动公开栏目下设置“社会救助”/“社会救助与社会福利”专栏或专题等形式发布相关信息。发布内容主要分为两类:一类为仅发布民政系统相关的社会救助信息,即发布最低生活保障、特困人员供养、临时救助相关信息,医疗、教育、就业、住房和受灾救助等领域信息则发布于相关领域栏目下,如江苏省社会救助领域信息发布,具体如图 2-5-1 所示;另一类为发布所有类别社会救助信息,如安徽省六安市社会救助领域信息发布,具体如图 2-5-2 所示。

江苏省社会救助领域信息公开

图 2-5-1　江苏省社会救助领域信息公开(扫码阅读)

六安市社会救助领域信息公开

图 2-5-2　六安市社会救助领域信息公开(扫码阅读)

(二)公开内容

1. 省级、设区的市级政府及部门

根据《社会救助暂行办法》(国务院令第649号)、《国务院办公厅关于推进社会公益事业建设领域政府信息公开的意见》(国办发〔2018〕10号)等文件精神,省级、设区的市级政府社会救助领域的公开内容主要为五大类救助类型的救助对象认定标准与流程、救助标准等相关政策和社会救助款物管理使用情况。以下示例为安徽省蚌埠市城乡低保服务指南、2021年度救助标准、2022年6月城乡低保救助情况的公开信息,发布了认定条件、办理流程、救助标准、救助情况等要素,具体如图2-5-3、图2-5-4、图2-5-5所示。

蚌埠市城乡居民最低生活保障服务指南

发布时间：2021-09-24 14:41 来源：市民政局 浏览量：232 【字体：大 中 小】 打印

蚌埠市城乡居民最低生活保障服务指南

【基本条件】

持有本市常住户口的城乡居民，凡共同生活的家庭成员月人均收入低于当地城乡低保标准，且家庭财产状况符合本市规定条件的，均有权申请获得城乡低保待遇。

【办理流程】

1、申请。以家庭为单位，由申请家庭确定一名共同生活的家庭成员作为申请人向户籍所在地的乡镇（街道）提出书面申请或者互联网申请。受申请人委托，村（居）委会可以代为提交申请。申请人需携带身份证、户口簿，签署居民家庭经济状况核对授权书，所提供申请材料真实、完整的承诺书。

2、审核。乡镇（街道）受理低保申请后，5个工作日内完成家庭经济状况调查情况，提出初审意见，报县区民政部门。

3、审批。县区民政部门自收到乡镇人民政府、街道办事处上报的审核意见和相关材料后，5个工作日内完成审核审批。

4、确认。拟审批同意的申请对象，在村居委会公示栏以及县级民政部门网站公示7个工作日。公示期满无异议的，县区民政部门3个工作日内做出审批决定，从审批之日下月起发放低保金。对不符合条件的，乡镇人民政府（街道办事处）应当书面告知申请人或其代理人并说明理由。

【办理时间、地点】

办理时间：周一至周五上午8:00-12:00

下午2:30-5:30

办理地点：户籍地乡镇人民政府、街道办事处

【联系方式】

政策咨询拨打：蚌埠市民政局社会救助科 3715022

图 2-5-3　蚌埠市城乡低保服务指南(扫码阅读)

2021年度城乡居民最低生活保障标准

发布时间：2021-06-07 16:01 来源：市民政局 浏览量：555 【字体：大 中 小】 打印

根据《安徽省民政厅关于提高2021年最低生活保障、特困人员供养标准的通知》（皖民社救函〔2021〕110号）等要求，经市政府研究，决定提高社会救助相关标准。现将有关事宜通知如下：

一、城乡居民最低生活保障标准

全市城乡居民最低生活保障标准由户月人均660元调至690元。

二、特困人员基本生活供养标准

全市农村特困人员基本生活标准由年人均不低于10470元调至10870元，其中财政补助标准由年人均不低于8910元调至9310元；城市特困人员基本生活财政补助标准由年人均不低于12144元调至12690元。

三、特困人员照料护理补贴标准

全市农村部分丧失生活自理能力特困人员照料护理标准调至每人每月240元、完全丧失生活自理能力调至每人每月365元；城市部分丧失生活自理能力特困人员照料护理标准调至每人每月240元、完全丧失生活自理能力调至每人每月418元。

四、六十年代精减下放退职职工救济标准

全市六十年代精减下放退职职工救济标准（含精减下放职业制武装民警）由月人均556元调至581元。

五、执行时间

以上调整后的社会救助相关标准从2021年7月1日起执行。各县区要落实主体责任，切实做到应保尽保，

图 2-5-4　蚌埠市2021年度城乡居民最低生活保障标准(扫码阅读)

2022年6月蚌埠市城乡低保救助情况

安徽蚌埠市2022年6月份城

2022年6月份城市低保对象分类施保情况统计表

蚌埠市2022年6月城乡低保救助情况

图 2-5-5　蚌埠市 2022 年 6 月城乡低保救助情况（扫码阅读）

省级、设区的市级政府的民政、财政部门应公开社会救助资金预算、分配、支出等情况，民政部门还应当公布社会救助服务热线。

省级、设区的市级政府及部门社会救助领域信息公开相关政策文件梳理如表 2-5-1。

表 2-5-1　社会救助政策文件要求

文　件　名	公开要求
《社会救助暂行办法》（国务院令第 649 号）	最低生活保障标准、特困人员供养标准、教育救助标准，由省、自治区、直辖市或者设区的市级人民政府确定、公布；医疗救助标准、住房困难标准和救助标准、临时救助的具体事项和标准，由县级以上人民政府确定、公布
《国务院办公厅关于推进社会公益事业建设领域政府信息公开的意见》（国办发〔2018〕10 号）	全面公开救助对象认定、救助标准等相关政策，有针对性地公开救助款物的管理使用情况
《民政部 财政部 银保监会关于进一步加强社会救助资金监管工作的意见》（民发〔2019〕139 号）	规范信息公开公示。各级民政、财政部门要进一步完善社会救助信息公开公示制度，按规定向社会公布社会救助资金预算、分配、支出等情况，不断提高工作透明度。要加强社会救助审核审批公示，进一步规范公示内容、公示地点、公示时限，及时全面公示救助对象、救助金额等信息
《民政部关于印发〈最低生活保障审核确认办法〉的通知》（民发〔2021〕57 号）	县级以上地方人民政府民政部门和乡镇人民政府（街道办事处）应当公开社会救助服务热线，受理咨询、举报和投诉，接受社会和群众对最低生活保障审核确认工作的监督

2. 县级政府及部门、乡镇政府（街道办事处）

（1）已制发标准指引的社会救助类型信息公开。2019 年，针对不同社会救助类型，各主管部门相继印发了相关领域的基层政务公开标准指引，县级人民政府部门、乡镇人民政府（街道办事处）应按照标准指引开展相关领域信息公开。

① 民政部门相关社会救助信息公开：民政部制发《社会救助领域基层政务公开标准指引》，明确最低生活保障、特困人员救助供养、临时救助等具体公开要求。具体内容扫描图 2-5-6 二维码。

社会救助领域基层政务公开标准指引

图 2-5-6　社会救助领域基层政务公开标准指引（扫码阅读）

以下以安徽省芜湖市鸠江区人民政府社会救助公开作为示例，设置社会救助专栏，下设“综合业务”“最低生活保障”“特困人员救助供养”“临时救助”子栏目，分类公开相关信息，具体如图 2-5-7 所示。

芜湖市鸠江区社会救助专栏

图 2-5-7　芜湖市鸠江区社会救助专栏（扫码阅读）

② 应急管理部门相关社会救助信息公开：2019 年，应急管理部制发《救灾领域基层政务公开标准目录》，其中，对灾后救助信息公开做了相应规定，要求公开以下信息：

A. 灾情核定信息：本行政区域内因自然灾害造成的损失情况（受灾时间、灾害种类、受灾范围、灾害造成的损失等）。

B. 救助审定信息：自然灾害救助（6 类）的救助对象、申报材料、办理程序及时限等。

C. 应急管理部门审批：救助款物通知及划拨情况。

D. 因灾过渡期生活救助：因灾过渡期生活救助标准、过渡期生活救助对象评议结果公示（灾民姓名、受灾情况、拟救助金额、监督举报电话）；过渡期生活救助对象确定（灾民姓名、受灾情况、救助金额、监督举报电话）。

E. 居民住房恢复重建救助：居民住房恢复重建救助标准（居民因灾倒房、损房恢复重建具体救助标准）；居民住房恢复重建救助对象评议结果公示（公开灾民姓名、受灾情况、拟救助标准、监督举报电话）。

以下以安徽省芜湖市无为市灾后救助信息公开作为示例，“法定主动公开内容—救灾—灾后救助”栏目中分类公开“灾情核定”“救助审定”“过渡期生活救助”“居民住房恢复重建救助”；“法定主动公开内容—救灾—款物管理”栏目中发布了“捐赠款物”和“救灾财政资金使用”，具体如图 2-5-8、图 2-5-9 所示。

图 2-5-8　无为市灾后救助（扫码阅读）

图 2-5-9　无为市款物管理（扫码阅读）

③ 人力资源社会保障部门相关社会救助信息公开：2019 年，已制发《就业和社会保险领域基层政务公开标准指引》（人社厅函〔2019〕113 号），要求公开就业困难人员（含建档立卡贫困劳动力）就业援助相关信息，具体包括如下内容：

A. 就业困难人员认定：文件依据、对象范围、申请条件、申请材料、办理流程、办理时限、办理地点（方式）、办理结果告知方式、咨询电话。

B. 就业困难人员社会保险补贴申领：文件依据、政策对象、补贴标准、申请条件、申请材料、办理流程、办理时限、办理地点（方式）、办理结果告知方式、咨询电话。

C. 公益性岗位补贴申领：文件依据、政策对象、补贴标准、申请条件、申请材料、办理流程、办理时限、办理地点（方式）、办理结果告知方式、咨询电话。

D. 求职创业补贴申领：文件依据、政策对象、补贴标准、申请条件、申请材料、办理流程、办理时限、办理地点（方式）、办理结果告知方式、咨询电话。

E. 吸纳贫困劳动力就业奖补申领：文件依据、政策对象、奖补标准、申请条件、申请材料、办理流程、办理时限、办理地点（方式）、办理结果告知方式、咨询电话。

（2）其他社会救助类型信息公开。根据《社会救助暂行办法》（国务院令第649号）关于社会救助的分类，结合已发布标准指引情况，尚未出台医疗救助、教育救助、住房救助三个方面的信息公开要求。通过梳理、分析以上三个方面的信息公开相关政策文件，县级政府及部门、乡镇政府（街道办事处）应公开政策法规文件、办事指南、审核信息、审批信息4个维度的信息。以下以医疗救助信息公开分析作为示例。

2003年《民政部，卫生部，财政部关于实施农村医疗救助的意见》（民发〔2003〕158号）即提出“实行医疗救助公示制度”，其后，《关于进一步完善城乡医疗救助制度的意见》（民发〔2009〕81号）提出“及时将医疗救助对象姓名、救助标准、救助金额等向社会公布”，明确了医疗救助公开的具体内容；《国务院办公厅转发民政部等部门关于进一步完善医疗救助制度全面开展重特大疾病医疗救助工作意见的通知》（国办发〔2015〕30号）要求“公开救助政策、工作程序、救助对象以及实施情况”，将医疗救助信息公开范围进一步扩大。

综上，医疗救助信息公开具体包括：

A. 救助政策：《城乡医疗救助基金管理办法》（财社〔2013〕217号）、《国务院办公厅转发民政部等部门关于进一步完善医疗救助制度全面开展重特大疾病医疗救助工作意见的通知》（国办发〔2015〕30号）等，以及各地配套政策法规文件。

B. 办事指南：办理事项、办理条件、医疗救助标准、申请材料、办理流程、办理时间和地点、联系方式。

C. 审核审批信息：医疗救助名单、救助金额。

D. 统计信息：医疗救助款物的管理和使用情况。

以下以安徽省六安市舒城县医疗救助信息公开作为示例，“社会公益事业及重点民生领域—社会救助和社会福利—医疗救助”栏目中发布了救助政策、医疗救助名单、资金使用情况等信息，具体如图2-5-10所示。

舒城县医疗救助

图 2-5-10　舒城县医疗救助（扫码阅读）

医疗救助、教育救助、住房救助领域政务公开相关要求主要如表 2-5-2 所示。

表 2-5-2　医疗救助、教育救助、住房救助领域政务公开要求

救助类别	文　件	公开要求
医疗救助	《民政部，卫生部，财政部关于实施农村医疗救助的意见》（民发〔2003〕158 号）	要按照公开、公平、公正的原则，实行医疗救助公示制度，接受社会和群众监督
	《关于进一步完善城乡医疗救助制度的意见》（民发〔2009〕81 号）	及时将医疗救助对象姓名、救助标准、救助金额等向社会公布，接受群众和社会监督，做到政策公开、资金公开、保障对象公开
	《城乡医疗救助基金管理办法》（财社〔2013〕217 号）	城乡医疗救助基金应按照公开、公平、公正、专款专用、收支平衡的原则进行管理和使用
		城乡医疗救助基金的筹集和使用情况，应通过网站、公告等形式按季度向社会公布，城乡医疗救助对象和救助金额等情况应每季度在村（居）委会张榜公布
	《社会救助暂行办法》（国务院令第 649 号）（2014 年）	医疗救助标准，由县级以上人民政府按照经济社会发展水平和医疗救助资金情况确定、公布
	《国务院办公厅转发民政部等部门关于进一步完善医疗救助制度全面开展重特大疾病医疗救助工作意见的通知》（国办发〔2015〕30 号）	公开救助政策、工作程序、救助对象以及实施情况，主动接受群众和社会监督，确保过程公开透明、结果公平公正

续表

救助类别	文　件	公开要求
教育救助	《社会救助暂行办法》(国务院令第649号)(2014年)	教育救助标准,由省、自治区、直辖市人民政府根据经济社会发展水平和教育救助对象的基本学习、生活需求确定、公布
	《教育部等六部门关于做好家庭经济困难学生认定工作的指导意见》(教财〔2018〕16号)	坚持公开透明与保护隐私相结合。既要做到认定内容、程序、方法等透明,确保认定公正,也要尊重和保护学生隐私结果公示。学校要将家庭经济困难学生认定的名单及档次,在适当范围内、以适当方式予以公示。公示时,严禁涉及学生个人敏感信息及隐私
住房救助	《社会救助暂行办法》(国务院令第649号)(2014年)	住房困难标准和救助标准,由县级以上地方人民政府根据本行政区域经济社会发展水平、住房价格水平等因素确定、公布
	《住房城乡建设部 民政部 财政部关于做好住房救助有关工作的通知》(建保〔2014〕160号)	市、县人民政府应当建立“一门受理、协同办理”机制,完善申请审核、资格复核、具体实施等住房救助程序规定
		城镇家庭可通过乡镇人民政府、街道办事处或者直接向住房保障部门提出申请,经县级民政部门确认资格,住房保障部门负责审核家庭住房状况并公示
		农村居民(家庭)应向户籍所在地的乡镇人民政府提出申请。乡镇人民政府对申请人相关情况进行确认、调查核实并公示后,报县级人民政府住房城乡建设部门会同民政部门审批
		全面公开住房救助政策、救助程序、救助结果等信息,畅通投诉监督渠道

四、社会救助领域的公开建议

(一)设置专栏集成公开相关信息

通过各地政府信息公开情况排查,部分地区尚未集中、系统发布各类社会救助信息,建议在政府网站设置社会救助专栏发布相关信息,方便社会公众查询。

如可借鉴六安市人民政府公开实践，设置“社会救助和社会福利”专栏，详见本节“公开渠道”部分示例。

（二）拓展公开内容

围绕社会公众对社会救助领域信息公开的需求，延伸公开内容，如浙江省“福利救助”专栏，集成展示助残服务业务办理入口、社会救助机构地图、慈善机构地图、养老机构地图以及工作动态等信息，方便群众查找相关机构、及时了解社会救助领域相关政策和工作动态，具体如图 2-5-11 所示。

图 2-5-11　浙江省“福利救助”专栏（扫码阅读）

（三）加大公开社会救助统计数据

加强社会救助统计数据公开，如福建省福州市人民政府除公开社会救助统计数据的人次数和资金支出情况外，还公开救助对象性别、年龄、健康状况等要素，便于社会公众全面了解社会救助情况，具体如图 2-5-12 所示。

城市居民最低生活保障统计表

（2022年6月）

图 2-5-12　福州市城市居民最低生活保障统计表（扫码阅读）

第六节 就 业 创 业

《中华人民共和国政府信息公开条例》(国务院令第 711 号)第二十条规定,行政机关应当主动公开"扶贫、教育、医疗、社会保障、促进就业等方面的政策、措施及其实施情况"。《国务院关于印发"十四五"就业促进规划的通知》(国发〔2021〕14 号)第二十六款提出"实施就业政策快办帮办行动,及时公布政策清单和网上办理渠道"。本节聚焦就业创业这一重点领域,通过梳理相应文件,理顺公开要求,为行政机关提供工作参考。

一、就业创业的内涵

根据《关于中华人民共和国劳动法若干条文的说明》(劳办发〔1994〕289 号),就业是指"具有劳动能力的公民在法定劳动年龄内,依法从事某种有报酬或劳动收入的社会活动"。创业也是一种劳动形式,是创业主体抓住机遇,整合利用各种社会资源,并结合自身所拥有的能力、经验、技术等自主开拓和创造更大的社会价值、经济价值和财富的过程。

二、就业创业领域的公开要求

国务院办公厅《关于印发〈2014 年政府信息公开工作要点〉的通知》(国办发〔2014〕12 号)最早提出推进就业信息公开。此后,2016 年、2019 年和 2022 年政府信息公开工作要点,均对就业创业领域的信息公开提出进一步细化的要求;2019 年人力资源社会保障部制定《就业和社会保险领域基层政务公开标准指引》,编制就业领域基层政务公开标准目录,对县级人力资源社会保障部门、县级就业公共服务机构、乡镇(街道)基层公共服务平台(窗口)和村(社区)综合服务站点等公开工作作出要求,具体内容扫描图 2-6-1 所示二维码。

就业领域基层政务公开标准目录

图 2-6-1 就业领域基层政务公开标准目录(扫码阅读)

综合上述文件,当前就业创业领域的公开内容集中在以下几个方面:

一是公开就业创业的政策信息。包括促进就业方面的规划、政策及其实施范围、政策宣讲和精准推送、政策解读和培训。

二是公开促就业创业的举措。包括就业创业方面的措施、补贴申领条件及其程序、管理和审批信息、就业供求信息。

三是公开就业专项活动。面向范围包括农村劳动力、就业困难人员、高校毕业生、退役军人、下岗职工等人群。

公开要求文件来源如表 2-6-1 所示。

表 2-6-1 就业创业政策文件要求

文 件 名	公开要求
《国务院办公厅关于印发〈2014 年政府信息公开工作要点〉的通知》（国办发〔2014〕12 号）	及时公开促进就业方面的规划、政策、措施和实施情况，以及就业创业优惠政策实施范围，各项补贴申领条件、申领程序、管理和审批信息等，做好国有企事业单位人员招录信息和人力资源市场供求信息、分析信息发布工作
《国务院办公厅关于印发〈2016 年政府信息公开工作要点〉的通知》（国办发〔2016〕19 号）	加大促进就业创业政策、措施的公开力度，推动公开相关补贴申领条件，做好集中展示申领程序等信息；加强公开面向农村劳动力、就业困难人员、高校毕业生等就业专项活动的工作
《国务院办公厅关于印发〈2019 年政府信息公开工作要点〉的通知》（国办发〔2019〕14 号）	及时公开促进就业创业的政策措施、就业供求信息，做好面向高校毕业生、退役军人、下岗职工、农民工等重点群体的就业专项活动
《国务院办公厅关于印发〈2022 年政府信息公开工作要点〉的通知》（国办发〔2022〕8 号）	以公开保持社会和谐稳定，强化稳就业保就业信息公开。加强政策宣讲和推送工作，将各级政府出台的就业支持政策及时传达至相关群体，帮助他们更好就业创业。加大减负稳岗扩就业政策解读和政策培训工作力度，重点对基层执行机关开展政策培训，使各项政策能够落得快、落得准、落得实，最大限度利企惠民。动态公开技能培训政策规定及经办流程，让更多群众能够知悉，并获得就业培训机会
《就业领域基层政务公开标准目录》	涵盖就业信息服务，职业介绍、职业指导和创业开业指导，公共就业服务专项活动，就业失业登记，创业服务，对就业困难人员（含建档立卡贫困劳动力）实施就业援助，高校毕业生就业服务，基本公共就业创业政府购买服务国（境）外人员入境就业等 9 个一级事项

三、典型案例

为更好促进就业创业领域各项信息公开，以下选取安徽省滁州市人民政府相关情况示例以供参考。

（1）就业信息服务包括就业政策法规咨询、岗位信息发布、求职信息登记、市场工资指导价位信息发布、职业培训信息发布，具体如图 2-6-2 所示。

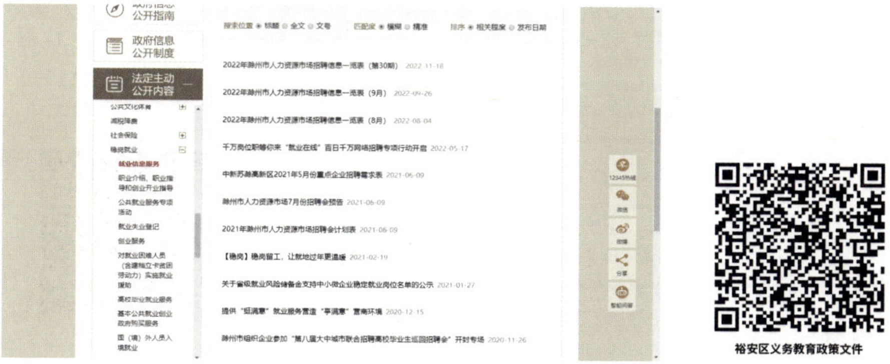

图 2-6-2　滁州市就业信息服务

（2）职业介绍、职业指导和创业开业指导主要公开三个方面的办事指南和咨询电话等，具体如图 2-6-3 所示。

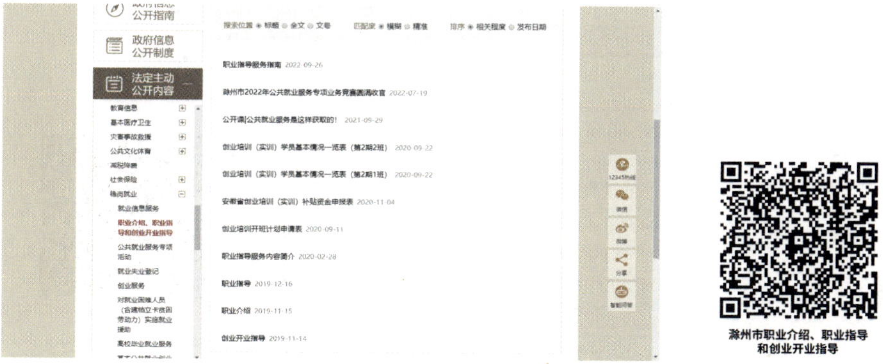

图 2-6-3　滁州市职业介绍、职业指导和创业开业指导（扫码阅读）

（3）公共就业服务专项活动主要公开活动通知、活动时间、参与方式、相关材料、活动地址、咨询电话等信息，具体如图 2-6-4 所示。

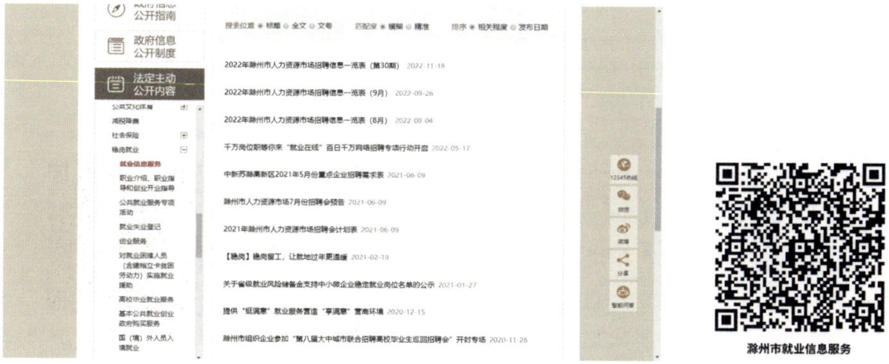

图 2-6-4　滁州市公共就业服务专项活动（扫码阅读）

(4) 就业失业登记主要公开失业登记、就业登记和《就业创业证》申领的办事指南和咨询电话等信息，具体如图 2-6-5 所示。

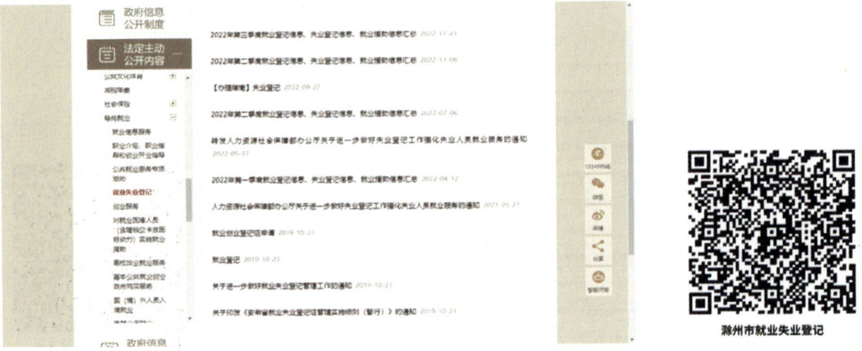

图 2-6-5　滁州市就业失业登记(扫码阅读)

(5) 创业服务主要公开创业补贴申领、创业担保贷款申请的文件依据、政策对象、补贴标准、办事指南、咨询电话等信息，具体如图 2-6-6 所示。

图 2-6-6　滁州市创业服务(扫码阅读)

(6) 对就业困难人员(含建档立卡贫困劳动力)实施就业援助主要公开就业困难人员认定、就业困难人员社会保险补贴申领、公益性岗位补贴申领、求职创业补贴申领、吸纳贫困劳动力就业奖补申领等信息，具体如图 2-6-7 所示。

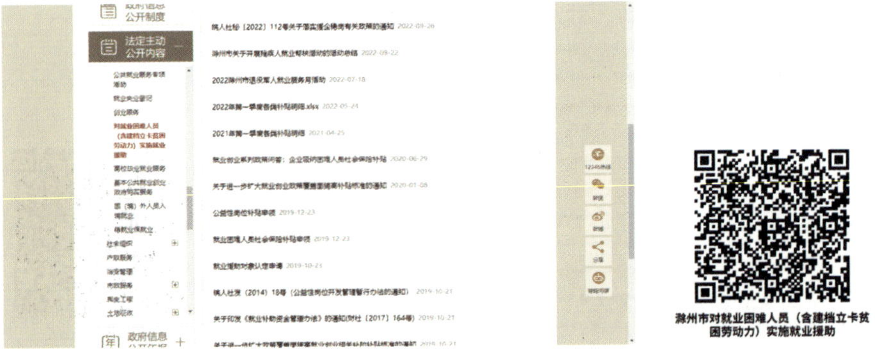

图 2-6-7　滁州市对就业困难人员(含建档立卡贫困劳动力)实施就业援助(扫码阅读)

（7）高校毕业生就业服务主要公开高等学校毕业生接收手续办理、就业见习补贴申领、求职创业补贴申领、高校毕业生社保补贴申领的文件依据、办事指南、咨询电话等信息，具体如图 2-6-8 所示。

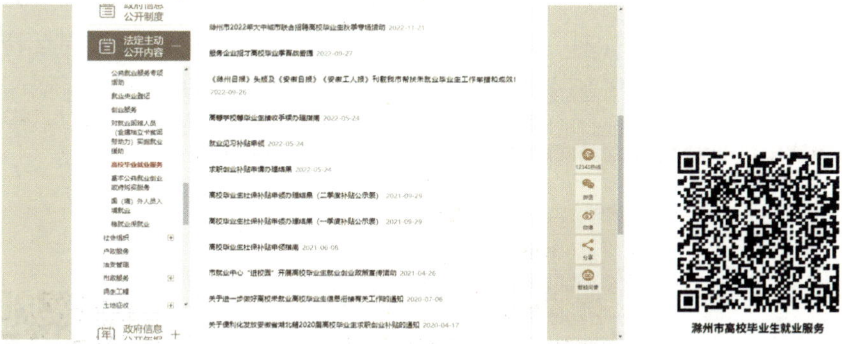

图 2-6-8　滁州市高校毕业生就业服务（扫码阅读）

（8）基本公共就业创业政府购买服务主要公开政府向社会购买基本公共就业创业服务成果的文件依据、购买服务相关情况、咨询电话等信息，具体如图 2-6-9 所示。

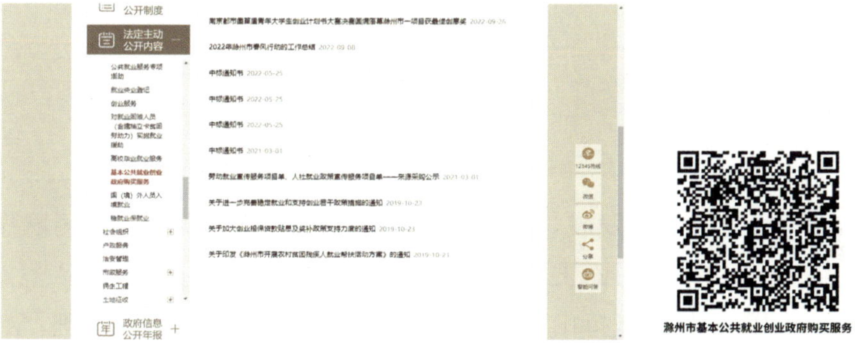

图 2-6-9　滁州市基本公共就业创业政府购买服务（扫码阅读）

（9）国（境）外人员入境就业主要公开文件依据、办事指南和咨询电话等信息，具体如图 2-6-10 所示。

图 2-6-10　滁州市国（境）外人员入境就业（扫码阅读）

四、公开建议

促进政务公开向服务延伸，如北京市人力资源和社会保障局建立“就业超市”专题，公开“用人单位岗补社补”“技能提升补贴”等结果类信息，同时公开招聘信息、招聘会、职业指导课程等服务类信息，具体如图 2-6-11 所示。

北京市“就业超市”专题

图 2-6-11　北京市“就业超市”专题(扫码阅读)

第七节　生态环境保护

随着经济社会的快速发展，生态环境保护的重要性逐渐凸显，环境保护越来越成为国家、社会和公民层面关注的重大命题，党的二十大报告指出“坚持绿水青山就是金山银山的理念，坚持山水林田湖草沙一体化保护和系统治理，全方位、全地域、全过程加强生态环境保护”。环境保护信息的公开及相应的公众参与有助于共享环境信息，促进环境行为改进，使社会朝着可持续方向发展。但目前环境保护信息公开还存在一定的问题，如区域不平衡明显，部分地区在环保城考①数据、环境风险和事故信息、环境健康信息等方面公开严重不足；部分地区环境信息公开时间严重滞后造成“环境舆情危机”，如厦门市 PX 项目、成都彭州化工厂项目等。因此，对生态环境保护信息的公开要求进行梳理，具有重大的现实意义。

---

① 城市环境综合整治定量考核。

一、生态环境保护信息公开的相关概念

（一）生态环境保护信息的内涵

生态环境保护信息按内容可分为环境污染信息、污染源排放信息、环境管理信息和环境质量信息等[①]；按公开主体可分为企业环境信息[②]和政府环境信息[③]，本节旨在介绍政府环境信息，以下内容均围绕政府环境信息展开。

（二）公开的主体

根据《中华人民共和国环境保护法》（主席令第九号），政府环境保护信息公开的主体主要是指各级人民政府环境保护主管部门和其他负有环境保护监督管理职责的部门。[④] 其中，生态环境部政务公开领导小组（以下简称政务公开领导小组）统筹领导生态环境部的政府信息公开工作；办公厅（政务公开领导小组办公室）负责组织协调政府信息公开日常工作，指导生态环境系统政府信息公开工作。[⑤]

二、生态环境保护信息的公开要求

（一）公开要求特征

自 2008 年《中华人民共和国政府信息公开条例》（国务院令第 492 号）实施以来，党中央、国务院先后出台政策，对生态环境保护领域信息公开作出一系列重要部署。通过梳理近年来的政务公开工作要点、污染防治攻坚战及环保领域相关专项文件等可以看出（近年来政务公开要点相关内容如图 2-7-1 所示），生态环境保护信息公开呈现以下趋势。

一是信息公开范围不断深化，逐步推动了环保督察、环境状况公报、空气和水环境质量、建设项目环境影响评价、环境监管信息等方面的公开。二是公开内容呈现出不断满足公众需求的特点，逐步对重大污染事件的关注、健康影响等方面提出公开要求。如《2016 年政务公开工作要点》（国办发〔2016〕19 号）提出公开"对人体健康的影响和建议措施等内容"，《2017 年政务公开工作要点》（国办发

---

① 吴玉萍. 中国政府环境信息公开制度探究[D]. 长沙：湖南师范大学，2012.

② 企业环境信息，是指企业以一定形式记录、保存的，与企业经营活动产生的环境影响和企业环境行为有关的信息。

③《环境信息公开办法（试行）》（国家环境保护总局令第 35 号）第二条。

④《中华人民共和国环境保护法》（主席令第九号）（2014 年 4 月 24 日修订）第五十三条。

⑤《生态环境部关于印发〈生态环境部政府信息公开实施办法〉的通知》第三条。

〔2017〕24 号）要求公开“加大重污染天气等治理措施、进展、成效方面的信息公开力度”。三是细化信息公开频次要求。如生态环境部实时发布城市空气质量、地表水水质、海水水质和空气吸收剂量率数据；定期发布海水浴场水质周报，地表水水质月报、城市空气质量状况月报。

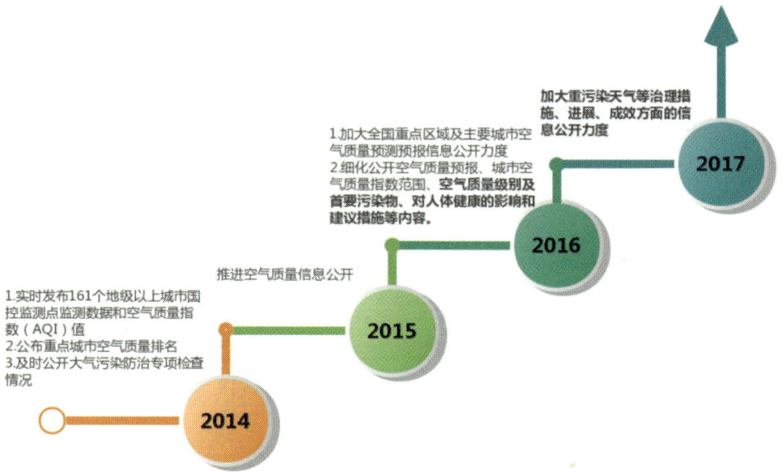

图 2-7-1　公开要求变化特征

（二）公开内容

根据相关文件梳理，各地相关部门应公开生态环境质量、污染源信息等环境基础信息，建设项目环境影响评价、污染综合防治、生态建设等管理、治理、示范区/基地创建相关信息，以及工作推进、督查和咨询举报等方面信息，具体如表 2-7-1 所示。

表 2-7-1　生态环境保护公开要求

项　　目	公开内容	政策依据
生态环境质量	环境状况公报（仅省级以上环境保护部门发布）；空气质量指数和 PM2.5 浓度；重污染天气信息发布；水环境质量信息（地表水监测结果和集中式生活饮用水水源水质状况报告）；声环境功能区监测结果（包括声环境功能区类别、监测点位、执行标准、监测结果）；其他环境质量信息	《国务院办公厅关于印发当前政府信息公开重点工作安排的通知》（国办发〔2013〕73 号）、《国务院办公厅关于印发 2017 年政务公开工作要点的通知》（国办发〔2017〕24 号）、《国务院办公厅关于印发 2018 年政务公开工作要点的通知》（国办发〔2018〕23 号）、《国务院办公厅关于推进社会公益事业建设领域政府信息公开的意见》（国办发〔2018〕10 号）、《中华人民共

续表

项　　目	公开内容	政策依据
污染源信息及监督监测信息	重点排污单位基本情况、总量控制、污染防治等信息，重点排污单位环境信息公开监管信息；重点排污单位监督性监测信息；国控重点企业自行监测及监督性监测信息	和国政府信息公开条例》（国务院令第711号）、《国务院办公厅关于印发2019年政务公开工作要点的通知》（国办发〔2019〕14号）、《生态环境部办公厅关于印发〈生态环境领域基层政务公开标准指引〉的通知》（环办厅函〔2019〕672号）、《中共中央办公厅国务院办公厅印发〈中央生态环境保护督察工作规定〉》、《中共中央办公厅国务院办公厅印发〈关于深化环境监测改革提高环境监测数据质量的意见〉》、《关于全面推进政务公开工作的意见》（中办发〔2016〕8号）、《开展基层政务公开标准化规范化试点工作方案》（国办发〔2017〕42号）、《中华人民共和国环境保护法》（主席令第九号）、《中华人民共和国海洋环境保护法》、《危险废物经营许可证管理办法》、《中华人民共和国环境噪声污染防治法》（主席令第一O四号）、《中华人民共和国放射性污染防治法》（主席令第六号）、《中华人民共和国固体废物污染环境防治法》、《中华人民共和国水污染防治法》（主席令第八十七号）、《中华人民共和国大气污染防治法》（主席令第三十一号）、《中华人民共和国土壤污染防治法》（主席令第八号）、《中华人民共和国核安全法》、《中华人民共和国环境影响评价法》、《环境行政处罚办法》、《突发环境事件应急管理办法》（环境保护部令第34号）、《企业事业单位突发环境事件应急预案备案管理办法（试行）》（环发〔2015〕4号）》、《国家重点监控企业污染源监督性监测及信息公开办法》（环发〔2013〕81号）、《国家生态环境监测方案》、《国务院关于印发水污染防治行动计划的通知》（国发〔2015〕17号）、《关于做好下放危险废物经营许可审批工作的通知》（环办函〔2014〕551号）
建设项目环境影响评价	项目环评受理公示，环评项目审批公示，环保竣工验收公示	
污染综合防治	大气污染防治、水污染防治、加快治理黑臭水体、推进重点流域综合整治、农业面源污染、土壤环境管理、核与辐射安全、主城区建筑工地扬尘防治等相关法律、法规、政策、技术规范等和污染防治行动计划落实情况、污染防治监督检查、工作进展等信息；公开固体废弃物和城市垃圾分类处置等信息	
生态建设	生态乡镇、生态村、生态示范户、生态文明建设示范区创建情况；实践创新基地创建情况、农村环境综合整治情况；各类自然保护地生态环境监管执法信息；生物多样性保护、生物物种资源保护相关信息	
工作推进	生态环境主题活动通知、活动开展情况	
突发环境事件应急管理	突发环境事件应急管理的规定和要求；突发环境事件应急预案及演练情况；企业事业单位突发环境事件应急预案备案情况；突发事件事态发展和应急处置信息；突发环境事件汇总分析（数量、级别、时间、地点、应急处置概况等信息）	
生态环境保护督查	按要求公开生态环境保护督查进驻时限，受理投诉、举报途径，督查反馈问题，受理投诉、举报查处情况，反馈问题整改情况	

续表

项　目	公开内容	政策依据
咨询、污染举报及信访等	生态环境举报、咨询方式（电话、地址等）；重点生态环境信访案件及处理情况；举报投诉重点环境问题处理情况，违法违规单位及其法定代表人名单和处理、整改情况；生态环境保护政策与业务咨询答复函	

（三）公开平台和渠道

1. 环境保护信息的公开平台要求

各地相关部门可通过全国信用信息共享平台、国家企业信用信息公示系统、信用中国、社会诚信档案、生态环境主管部门网站、国家核安全局网站等平台对环境信息予以公开。

2. 环境保护信息的公开渠道要求

各地相关部门要通过12369环保举报热线、信息公告栏、电子信息屏、资料查阅室、行政审批大厅、新闻发布会、生态环境部公报、政府信息公开年度报告、中国环境报等渠道对环境信息进行公开。

三、典型案例

为更好促进生态环境领域各项信息公开，以下选取内蒙古自治区相关公开作为示例。内蒙古生态环境厅建设数据开放专栏，集中公开实时空气质量、各盟市综合指数排名、自然保护区名录、企业自行监测、垃圾焚烧厂、移动基站、空气吸收剂量率等信息，并公开环境状况公报、全区环境质量发布、城市空气质量月报、河流水质月报、城市饮用水源水质月报、河流水质自动监测周报等各类报告，具体如图2-7-2所示。

四、经验总结

创新环境信息公开方式。各地责任部门在依托政府网站统一门户、政府公报、政府工作报告、新闻发布会等渠道方式之外，可积极探索建设互联网技术新平台，发挥大众媒介功能，通过应用政务新媒体，利用图解、简报、广告、短视频、在线访谈等方式对环境信息进行多维度公开。

(a)

(b)

内蒙古自治区生态环境保护数据平台

图 2-7-2 内蒙古自治区生态环境保护数据平台(扫码阅读)

(一) 平台建设方面优秀案例

(1) 上海市生态环境厅建立企事业单位环保服务平台,借助“环保 e 小二”智能助手为上海市企事业单位提供生态环境线上咨询和服务,具体如图 2-7-3 所示。

上海生态环境厅人工智能

图 2-7-3 上海生态环境厅人工智能(扫码阅读)

（2）甘肃省生态环境厅通过建设互联网＋生态政务服务平台，设立公众服务和环保智库等栏目，对环境信息进行实时公布，对环境数据进行开放，便于公众查询所需环境信息，具体如图 2-7-4 所示。

甘肃省生态环境厅互联网+平台

图 2-7-4　甘肃省生态环境厅“互联网＋平台”（扫码阅读）

（二）公开形式方面优秀案例

（1）福建省生态环境厅采取在线访谈的方式向市民公开近期环境保护工作相关情况，具体如图 2-7-5 所示。

福建省生态环境厅在线访谈

图 2-7-5　福建省生态环境厅在线访谈

（2）湖北省生态环境厅对生态环境质量状况公报采用图解形式，定期公布生态环境局简报，便于公众理解，具体如图 2-7-6、图 2-7-7 所示。

湖北省生态环境保护厅图解

图 2-7-6 **湖北省生态环境厅图解**（扫码阅读）

湖北省生态环境保护厅简报

图 2-7-7 **湖北省生态环境厅简报**（扫码阅读）

(3) 甘肃省生态环境厅在“互联网＋生态政务服务平台”“公众服务”栏目下设立“在线参观”子栏目，对生活中常见的环境保护问题采用短视频的形式加以解说，提高公众对生态环境保护的关注度，具体如图 2-7-8 所示。

甘肃省生态环境厅 “在线参观”

图 2-7-8 **甘肃省生态环境厅“在线参观”**（扫码阅读）

附件：历年政务公开/政府信息公开工作要点（表 2-7-2）、污染防治攻坚战信息公开要求（表 2-7-3）

表 2-7-2 历年政务公开/政府信息公开工作要点

年份	领域	具体公开内容
2014 年	大气	实时发布 161 个地级以上城市国控监测点监测数据和空气质量指数（AQI）值；公布重点城市空气质量排名；及时公开大气污染防治专项检查情况
	水	建立饮用水水源环境状况信息定期公开制度
	核与辐射	公开核与辐射安全信息
	其他	推进建设项目环境影响评价信息公开，全文公开建设项目环境影响报告书、环境影响评价批复文件等信息，做到环评受理、审批和验收全过程公开；推进国家重点监控企业污染源监督性监测信息公开和污染减排信息公开；及时主动公开污染源环境监管信息、环境违法案件及查处情况
2015 年	大气	推进空气质量信息公开
	水	推进水环境质量信息公开
	核与辐射	推进核与辐射安全信息公开；重点公开核电厂核与辐射安全审批信息和辐射环境质量信息
	其他	推进污染物排放、污染源、建设项目环评等信息公开；做好环境重点监管对象名录和区域环境质量状况公开工作；加大环境执法检查依据、内容、标准、程序和结果公开力度；公开群众举报投诉重点环境问题处理情况，违法违规单位及其法定代表人名单和处理、整改情况；加强突发环境事件信息公开，及时公布应对情况及调查结果
2016 年	大气	加大全国重点区域及主要城市空气质量预测预报信息公开力度；细化公开空气质量预报、城市空气质量指数范围、空气质量级别及首要污染物、对人体健康的影响和建议措施等内容
	水	推动集中式生活饮用水水源水质监测信息公开；自 2016 年起地级以上城市人民政府每季度应向社会公开饮用水水源、供水厂出水、用户水龙头水质等饮水安全状况
	其他	推进重点排污单位依法向社会公开其产生的主要污染物名称、排放方式、排放浓度和总量、超标排放情况，以及污染防治设施的建设和运行情况；督导检查建设单位公开环评信息

续表

年份	领域	具体公开内容
2017 年	大气	加大重污染天气等治理措施、进展、成效方面的信息公开力度
	水	开展城市水环境质量排名工作，每年公布水质最好和最差的城市名单；持续推进集中式生活饮用水水源水质监测信息公开
	其他	实行环境保护例行新闻发布会制度，及时公开环境政策措施、环境治理工作进展等信息，主动回应社会关注的热点问题；建立企业环境信息公开统一平台，集中发布重点排污单位环境信息；依法公开重特大或敏感突发环境事件调查结论、环境影响和损失的评估结果等信息；及时公开全面推行"河长制"工作实施方案、管理保护目标以及河湖保护情况
	/	围绕生态环保的重大建设项目，做好审批、核准、备案等结果公开，落实责任，着力推进实施过程信息公开
2018 年	/	推进重大环境污染和生态破坏事件调查处理的信息公开；注重运用技术手段实现公开的信息可检索、可核查、可利用；各地区各有关部门要把重点领域信息公开纳入主动公开基本目录，持续加以推进；在政府信息公开工作年度报告中公布重点领域信息公开情况，接受社会监督
2019 年	大气	做好持续开展大气污染治理攻坚的信息公开
	水	做好加快治理黑臭水体、推进重点流域和近岸海域综合整治的信息公开
	固体废弃物	做好加强固体废弃物和城市垃圾分类处置的信息公开
	其他	做好防治农业面源污染及其他方面的信息公开

表 2-7-3　污染防治攻坚战信息公开要求

类别	具体要求
计划、规划类	1. 相关城市政府就加快城市建成区、重点流域的重污染企业和危险化学品企业搬迁改造制定专项计划并向社会公开。 2. 县级及以上地方政府全面排查违法违规挤占生态空间、破坏自然遗迹等行为，制定治理和修复计划并向社会公开
具体领域类	1. 定期监(检)测、评估集中式饮用水水源、供水单位供水和用户水龙头水质状况，县级及以上城市至少每季度向社会公开一次。 2. 全力做好疫情地区大气、地表水等环境质量监测，重点强化饮用水水源地水质监测，增加余氯特征指标，及时公开监测信息，加快提升应急监测能力。 3. 2022 年 6 月底前，县级城市政府完成建成区内黑臭水体排查并制定整治方案，统一公布黑臭水体清单及达标期限。

续表

类别	具体要求
	4. 进一步完善水、大气污染物和固体废弃物排放标准和规范，充分听取企业和行业协会商会意见，征求意见过程向全社会公开。 5. 动态发布重点管控新污染物清单及其禁止、限制、限排等环境风险管控措施。 6. 完善环境信息公开制度，加强重特大突发环境事件信息公开，对涉及群众切身利益的重大项目及时主动公开。 7. 健全生态环保信息强制性披露制度，依法公开环境质量信息和环保目标责任，保障人民群众的知情权、参与权、监督权。 8. 优化执法方式，深入推进“双随机、一公开”监管，进一步规范自由裁量权（“双随机、一公开”是指在监管过程中随机抽取检查对象，随机选派执法检查人员，抽查情况及查处结果及时向社会公开）
平台类	1. 将企业环境信用信息纳入全国信用信息共享平台和国家企业信用信息公示系统，依法通过“信用中国”网站和国家企业信用信息公示系统向社会公示。 2. 健全生态环境新闻发布机制，充分发挥各类媒体作用。省、市两级要依托党报、电视台、政府网站，曝光突出环境问题，报道整改进展情况。 3. 充分发挥各类媒体的舆论监督作用，以“生态环境部”两微、《中国环境报》等为主要载体，及时曝光突出生态环境问题，报道整改进展情况。针对中央环保督察“回头看”等生态环境保护专项行动，组织中央主流媒体、重要市场媒体及新媒体进行伴随式采访

第八节　安全生产

为了贯彻落实《中华人民共和国安全生产法》（主席令第七十号）提出的“事故调查报告应当依法及时向社会公布”规定，切实维护人民群众生命财产安全和健康权益，要求行政机关及企事业单位做好安全生产监管工作。安全生产信息的公开，不仅有助于保障群众的知情权，提高安全监管工作的社会参与度，增强群众的安全生产意识，营造全社会关注安全生产的良好氛围，还促进安全生产监督管理部门和生产经营单位进一步增强责任心，提高安全生产监管工作的质量。

一、安全生产公开的发展

从安全生产的专项文件和历年的政务公开工作要点中可以看出安全生产领域信息公开主体不断扩大，公开内容进一步细化并要求全流程公开。

（1）公开主体不断扩大。一方面向基层政府延伸，2002 年《中华人民共和国安全生产法》仅要求县级以上地方各级人民政府公开安全生产相关信息，2019 年《安全生产领域基层政务公开标准目录》要求全国各县（区、市）及以下履行安全生产监督管理职能的行政机关、法律法规授权的管理公共事务职能的组织或公共企事业单位公开基层安全生产领域 28 项内容，具体内容可依据图 2-8-1 扫码查看。另一方面，扩大对生产经营单位的公开要求，2019 年《生产安全事故应急条例》（国务院令第 708 号）要求生产经营单位对生产安全事故前中后阶段进行公开。

安全生产领域基层政务公开标准目录

图 2-8-1　安全生产领域基层政务公开标准目录
（扫码阅读）

（2）公开内容进一步细化。2012—2021 年政务公开相关文件不断细化对安全生产领域的公开要求，将生产安全事故信息、调查处理信息、生产安全事故应对处置信息、重特大事故预警信息、安全提示执法信息、安全生产不良记录“黑名单”和安全生产舆情回应等内容纳入公开范围，逐步形成安全生产事故事前事中事后的全链条公开，具体如表 2-8-1 所示。

表 2-8-1　安全生产政策文件要求

政策文件	相关要求
《中华人民共和国安全生产法》（主席令第七十号）	明确要求县级以上地方各级人民政府安全生产监督管理部门应当定期统计分析本行政区域内发生生产安全事故的情况，并定期向社会公布
《2012 年政府信息公开重点工作安排》（国办发〔2012〕26 号）	将生产安全事故信息公开作为 2012 年政府信息公开工作的重点之一
《关于加强生产安全事故信息公开工作的意见》（安委办〔292〕27 号）（已失效）	要求各地区、各有关部门要把生产安全事故信息公开作为实施政务公开、加强群众监督、回应社会关切、促进责任落实、维护安全生产领域社会公平正义的重要手段之一
《国务院办公厅关于深入推进安全生产信息公开工作的通知》（安监总厅〔2013〕119 号）	要求进一步加大安全生产信息公开力度
《2013 年政府信息公开要点》（国办发〔2013〕73 号）	要加强调查处理信息公开，加大生产安全事故应对处置信息公开力度，加大安全生产预警和预防信息公开力度
《2014 年政府信息公开工作要点》（国办发〔2014〕12 号）	要求加强事故调查处理信息公开，除依法应当保密的内容外，主动全面公开特别重大、重大事故调查报告全文
《2016 年政务公开要点》（国办发〔2016〕19 号）	要加强安全生产监管执法信息公开，公开监管执法的依据、内容、标准、程序和结果

续表

政策文件	相关要求
《2017 年政务公开工作要点》（国办发〔2017〕24 号）	及时发布重特大事故预警信息和安全提示，做好重大风险隐患信息公开工作。加大安全生产监管监察信息公开力度，公开常规检查执法、暗察暗访、突击检查、随机抽查等执法信息。落实好安全生产不良记录“黑名单”制度，并向社会公布
《2018 年政务公开要点》（国办发〔2018〕23 号）	做好安全生产的热点舆情回应，准确把握社会情绪，讲清楚问题成因、解决方案和制约因素等，更好引导社会预期
《生产安全事故应急条例》（国务院令第 708 号）	对生产安全事故的前中后应急工作作出明确公开要求
《安全生产领域基层政务公开标准目录》	对基层安全生产领域 28 项内容的公开依据、公开时限、公开主体、公开渠道和载体、公开对象、公开方式和公开层级作出明确规定
《2021 年政务公开工作要点》（国办发〔2021〕12 号）	密切关注涉及安全生产方面的舆情并及时作出回应，助力防范化解重大风险

二、安全生产事前事中事后公开要求

安全生产工作的性质要求必须坚持安全第一、预防为主、综合治理的方针，从源头上防范化解重大安全风险。根据《中华人民共和国安全生产法》《生产安全事故应急条例》（国务院令第 708 号）和历年政务公开工作要点中的相关规定，将安全生产工作整个活动过程分为三个环节：事前预防、事中监管和事后处理。

（一）事前预防环节公开工作

1. 公开生产安全事故应急救援预案

《生产安全事故应急条例》（国务院令第 708 号）第五条规定，“县级以上人民政府及其负有安全生产监督管理职责的部门和乡、镇人民政府以及街道办事处等地方人民政府派出机关，应当针对可能发生的生产安全事故的特点和危害，进行风险辨识和评估，制定相应的生产安全事故应急救援预案，并依法向社会公布。生产经营单位应当针对本单位可能发生的生产安全事故的特点和危害，制定相应的生产安全事故应急救援预案，并向本单位从业人员公布。”

2. 公开应急救援队伍建立情况

《生产安全事故应急条例》（国务院令第 708 号）第十二条规定，“生产经营单位应当及时将本单位应急救援队伍建立情况按照国家有关规定报送县级以上人民政府负有安全生产监督管理职责的部门，并依法向社会公布。县级以上人民政府负有安全生产监督管理职责的部门应当定期将本行业、本领域的应急救援队伍建立情况报送本级人民政府，并依法向社会公布。”

3. 安全生产预警和预防信息

国务院办公厅《关于印发当前政府信息公开重点工作安排的通知》（国办发〔2013〕73 号）要求，“加大安全生产预警和预防信息公开力度。及时发布可能引发事故灾难的自然灾害风险信息和重大隐患预警信息，着力提高信息发布的时效”。国务院办公厅《关于印发 2017 年政务公开工作要点的通知》（国办发〔2017〕24 号）要求，“及时发布重特大事故预警信息和安全提示，做好重大风险隐患排查信息公开工作”。

（二）事中监管环节公开工作

在生产活动开始后，负有安全生产监督管理职责的部门应当加强对生产活动的风险控制和执法监管。具体表现如下：

（1）负有安全生产监督管理职责的部门应当建立举报制度，公开举报电话、信箱或者电子邮件地址等网络举报平台，受理有关安全生产的举报。①

（2）负有安全生产监督管理职责的部门应当在对生产经营单位作出行政处罚决定后 7 个工作日内在监督管理部门公示系统予以公开曝光；②对企业作出安全生产执法决定之日起 20 个工作日内向社会公开执法信息。③

（3）负有安全生产监督管理职责的部门要面向社会公开企业安全生产违法信息库，以供查询。④

（4）地方各级人民政府及其相关部门、中央垂直管理部门设在地方的机构要依照《安全生产法》等法律法规和规章，以清单方式明确每项安全生产监管监察职权和责任，制定工作流程图，并通过政府网站和政府公告等载体，及时向社会公开。⑤

（三）事故处理环节公开工作

当事故发生后，及时采取事故救援、抢救，进行事故调查处理，评估应急处置工作，监督检查整改情况。

1. 公开事故救援情况

《安全生产监管监察部门信息公开办法》第十条规定，“安全生产监管部门应

---

① 《中华人民共和国安全生产法》（2021 年修订版）第七十三条。
② 《中华人民共和国安全生产法》（2021 年修订版）第七十八条。
③ 《国务院办公厅关于加强安全生产监管执法的通知》（国办发〔2015〕20 号）第（十五）条。
④ 《国务院办公厅关于加强安全生产监管执法的通知》（国办发〔2015〕20 号）第（十）条。
⑤ 《国务院办公厅关于加强安全生产监管执法的通知》（国办发〔2015〕20 号）第（十四）条。

当在本部门职责范围内主动公开社会影响较大的生产安全事故的应急处置和救援情况”。

2. 公开事故调查处理情况

(1) 事故应急处置评估。《安全生产监管监察部门信息公开办法》规定,“事故调查组应当将应急处置评估内容纳入事故调查报告。”

生产安全事故应急处置评估报告的内容包括“事故应急处置基本情况、事故单位应急处置责任落实情况、地方人民政府应急处置责任落实情况、评估结论、经验教训、相关工作建议”。

(2) 事故调查报告。事故调查报告应当由负责事故调查的人民政府或者其授权的有关部门、机构①依法及时向社会公布。②

事故调查报告应当包括“事故发生单位概况、事故发生经过和事故救援情况、事故造成的人员伤亡和直接经济损失、事故发生的原因和事故性质、事故责任的认定以及对事故责任者的处理建议、事故防范和整改措施、有关证据材料、事故调查组成员签名”③,以及“应急处置评估内容”。

3. 公开整改和防范措施落实结果

《中华人民共和国安全生产法》(2021 年修订版)规定,“负责事故调查处理的国务院有关部门和地方人民政府应当在批复事故调查报告后一年内,组织有关部门对事故整改和防范措施落实情况进行评估,并及时向社会公开评估结果”,“县级以上地方各级人民政府应急管理部门应当定期统计分析本行政区域内发生生产安全事故的情况,并定期向社会公布。”

安全生产工作事前预防、事中监管和事后处理三个环节相关公开要求详见表 2-8-2 所示。

表 2-8-2　安全生产公开要求

公开内容		公开主体
事前	生产安全事故应急救援预案	县级以上地方各级人民政府及其负有安全生产监督管理职责的部门和乡、镇人民政府以及街道办事处等地方人民政府派出机关;生产经营单位
	应急救援队伍建立情况	县级以上地方各级人民政府负有安全生产监督管理职责的部门;生产经营单位
	安全生产预警和预防信息	县级以上地方各级人民政府负有安全生产监督管理职责的部门

① 《生产安全事故报告和调查处理条例》(国务院令第 493 号)第三十四条。
② 《中华人民共和国安全生产法》(2021 年修订版)第八十六条。
③ 《生产安全事故报告和调查处理条例》(国务院令第 493 号)。

续表

公开内容		公开主体
事中	建立举报制度，公开举报电话、信箱或者电子邮件地址等网络举报平台，受理有关安全生产的举报	县级以上地方各级人民政府负有安全生产监督管理职责的部门
	行政处罚决定；执法信息	县级以上地方各级人民政府负有安全生产监督管理职责的部门
	企业安全生产违法信息库	县级以上地方各级人民政府负有安全生产监督管理职责的部门
	以清单方式明确每项安全生产监管监察职权和责任工作流程图	地方各级人民政府及负有安全生产监督管理职责的部门、中央垂直管理部门设在地方的机构
事后	社会影响较大的生产安全事故的应急处置和救援情况	县级以上地方各级人民政府负有安全生产监督管理职责的部门
	事故应急处置评估报告	县级以上地方各级人民政府负有安全生产监督管理职责的部门
	事故调查报告	负责事故调查的人民政府或者其授权的有关部门、机构
	事故整改和防范措施落实情况的评估结果	负责事故调查处理的国务院有关部门和地方人民政府
	本行政区域内发生生产安全事故的情况的统计分析结果	县级以上地方各级人民政府负有安全生产监督管理职责的部门

三、典型案例

为更好促进安全生产领域各项信息公开，以下选取安徽省六安市舒城县人民政府网站中相关公开信息作为示例以供参考，在“法定主动公开内容—安全生产”中设置“行政管理”子栏目，并按照“隐患管理”“预案管理”“诚信管理”“事故通报”“监管信息”“预警提示信息”分类发布相关信息。

（1）隐患管理，发布安全生产举报电话、隐患排查情况等信息，具体如图 2-8-2 所示。

隐患管理

图 2-8-2　六安市舒城县隐患管理（扫码阅读）

（2）预案管理，发布各类应急预案，具体如图 2-8-3 所示。

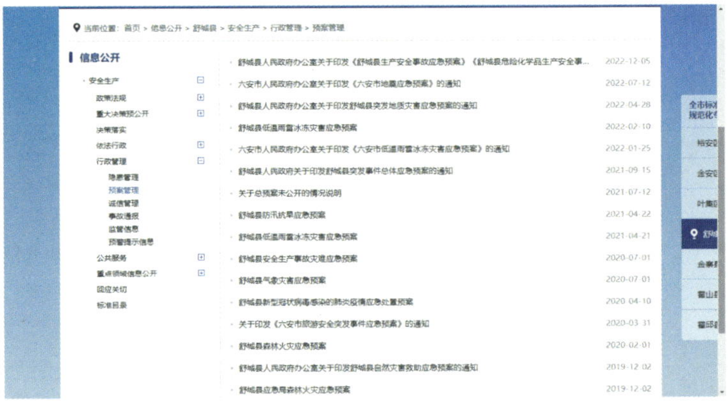

预案管理

图 2-8-3　六安市舒城县预案管理（扫码阅读）

（3）诚信管理，发布列入或撤销纳入安全生产黑名单管理的企业信息，具体如图 2-8-4 所示。

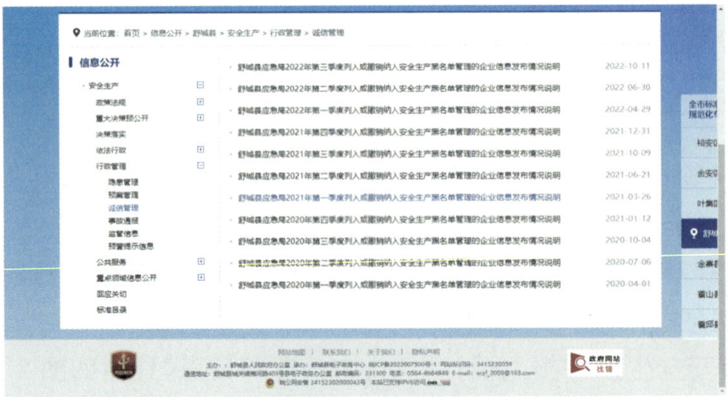

诚信管理

图 2-8-4　六安市舒城县诚信管理（扫码阅读）

(4) 事故通报，发布安全生产相关事故信息、调查报告等信息，具体如图 2-8-5 所示。

事故通报

图 2-8-5　六安市舒城县事故通报(扫码阅读)

(5) 监管信息，发布日常监管、监管监察问题及整改情况等信息，具体如图 2-8-6 所示。

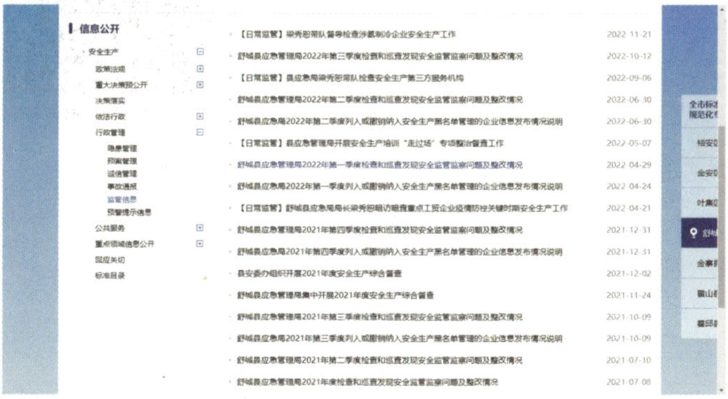

监管信息

图 2-8-6　六安市舒城县监管信息(扫码阅读)

(6) 安全预警信息，发布气象、地质灾害等预警信息，具体如图 2-8-7 所示。

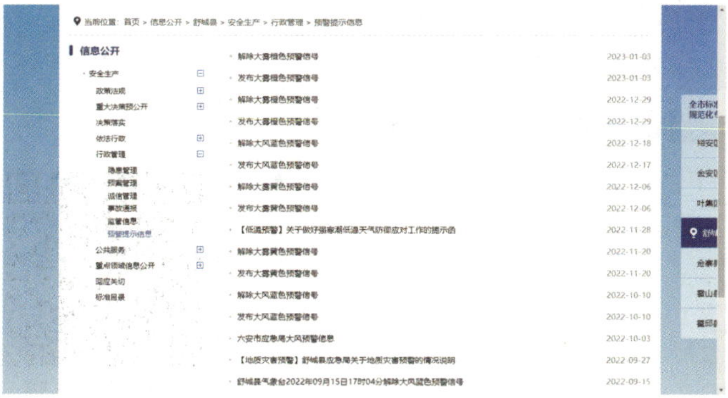

安全预警信息

图 2-8-7　六安市舒城县安全预警信息(扫码阅读)

四、安全生产公开建议

（一）加强平台系统的集中展示，便捷群众查找相关信息

如北京市应急管理局建立事故调查结果公示系统，公示被调查单位或个人名称、事故调查部门以及事故调查报告，并在事故调查报告中详细描述单位基本情况，事故现场情况，事故经过及应急救援情况，事故原因及性质，事故处理、整改和防范措施建议，具体如图 2-8-8 所示。

北京市事故调查结果公示系统

图 2-8-8　北京市事故调查结果公示系统（扫码阅读）

（二）深入贯彻宣传教育，加强事故警示

黑龙江省应急管理厅建立"典型事故警示"专题，公布每月全省典型事故、省内外近期典型事故、事故警示教育视频，警醒施工单位避免同类事故的发生，同时加强施工过程中安全保护措施的常识科普和事故发生后的自救措施，强化工作人员的自保能力，具体如图 2-8-9 所示。

黑龙江省"事故警示"专题

图 2-8-9　黑龙江省"事故警示"专题（扫码阅读）

（三）深化村级安全生产公开，落实基层防控

四川省广元市青川县观音店乡强化畜牧业安全生产工作。一方面发放畜禽养殖场（户）安全生产告知书，督促畜禽粪污化粪池（贮存池）业主落实好设施运行、维护维修、使用等防护措施，把安全生产事故隐患消灭在萌芽时期。另一方面，强化警示教育宣传，通过“村村通”滚动播放典型案例、重大隐患案例，张贴警示标语、拉横幅、设置宣传栏等多种手段，广泛宣传、大力普及畜禽粪污化粪池（贮存池）安全科学清掏、规范使用、科学施救等安全生产常识，切实提高村民安全生产意识。

第九节　食 品 药 品

食品药品安全关乎着国计民生，是对人民身体健康和生命安全的基本保障，也是每年《政府工作报告》中重要内容。每年“3·15”晚会上曝光出的食品药品安全问题让公众瞠目结舌，“食品卫生检测不达标”“食品药品假冒伪劣”等现象此起彼伏，消费者对于食品药品安全信息的需求呈现快速增长的趋势。《食品安全信息公布管理办法》要求“食品安全信息公布应当准确、及时、客观，维护消费者和食品生产经营者的合法权益”，《中华人民共和国药品管理法》也明确提出“公布药品安全信息，应当及时、准确、全面，并进行必要的说明，避免误导”。食品药品安全信息公开是实现消费者“吃得放心”“用得安心”的重要举措，既能保障消费者权益，又能提高政府公信力。此外，食品安全监管体制不断完善，将各部门分段监管修改为由食品药品监管部门统一负责食品生产、流通、餐饮服务全流程监管，监管责任不断集中。本节将从食品药品的概念切入，详细描述该领域的公开要求，为各级政府相关部门信息公开提供参考。

一、政务公开文件相关公开要求

通过梳理历年政府信息公开工作要点中对于食品药品的公开要求（见附件 1），总结出“政策文件”“执法活动”“监督检查”“舆情回应”四类主题，具体见表 2-9-1。

表 2-9-1　食品药品公开要求

主　题	公开内容	文件依据
政策文件	1. 食品药品重大监管政策信息； 2. 食品安全标准； 3. 主动公开全国统一的市场准入负面清单并根据调整情况做好更新发布	《2014 年政府信息公开工作要点》（国办发〔2014〕12 号）

<table>
<tr><th>主　题</th><th>公开内容</th><th>文件依据</th></tr>
<tr><td>执法活动</td><td>网上非法售药整治、医疗器械整治等专项行动信息公开工作</td><td rowspan="3">《2015 年政府信息公开工作要点》(国办发〔2015〕22 号)
《2016 年政务公开工作要点》(国办发〔2016〕19 号)
《2017 年政务公开工作要点》(国办发〔2017〕24 号)
《2018 年政务公开工作要点》(国办发〔2018〕23 号)
《2019 年政务公开工作要点》(国办发〔2019〕14 号)
《2021 年政务公开工作要点》(国办发〔2021〕12 号)</td></tr>
<tr><td>监督检查</td><td>1. 产生重大影响的食品药品典型案件；
2. 做好涉及新食品原料、食品添加剂、食品安全标准以及食品安全风险评估结果等公开工作；
3. 强化食品安全定期常态性抽检信息公开机制，定期公布全国食品抽检总体情况、发现的主要问题和核查处置情况；
4. 公开食品药品安全违法行为处罚信息；
5. 及时公布批准上市药品的受理、审评、审批等相关信息，以及召回产品、停产整顿、收回或撤销证书等情况；
6. 医药代表登记备案信息公开工作</td></tr>
<tr><td>舆情回应</td><td>1. 保健食品消费警示信息；
2. 密切关注涉及食品药品安全的舆情并及时作出回应</td></tr>
</table>

二、专项文件公开要求

(一) 监管信息公开要求

各级食品药品监督管理部门应当在其政府网站公开行政审批信息、备案信息、监督检查结果信息、监督抽检信息、行政处罚决定信息、产品召回信息、统计信息及上一年度食品药品安全监管信息公开工作年度报告。没有政府网站的，应当在上级食品药品监督管理部门政府网站或者同级人民政府的政府网站公开。

1. 行政审批信息

(1) 食品、药品、医疗器械、化妆品审评审批服务指南、产品(配方)注册证书(批件)、标签和说明书样稿等信息。

(2) 食品、药品、医疗器械、化妆品生产经营许可服务指南、生产经营许可证等信息。

(3) 保健食品、特殊医学用途配方食品、药品和医疗器械广告审查服务指南、审查结果等信息。

(4) 其他行政审批事项服务指南、批准文件等相关信息。

2. 备案信息

食品、药品、医疗器械、化妆品的备案日期、备案企业(产品)、备案号等备案信息。

3. 监督检查结果信息

食品、药品、医疗器械、化妆品日常监督检查和飞行检查等监督检查结果信息。

4. 监督抽检信息

食品、药品、医疗器械、化妆品监督抽检结果中的有关被抽检单位、抽检产品名称、标示的生产单位、标示的产品生产日期或者批号及规格、检验依据、检验结果、检验单位等监督抽检信息。如宁波市人民政府在“重点领域信息公开—食品药品—食品信息查询—食品抽检”栏目中定期公开“食品安全监督抽检信息通告”，具体如图 2-9-1 所示。

宁波市食品安全监督抽检信息通告

图 2-9-1　宁波市食品安全监督抽检信息通告（扫码阅读）

5. 行政处罚决定（自送达之日起 7 个工作日内公开，特殊情况可延长至 20 个工作日）

（1）行政处罚案件名称、处罚决定书文号。

（2）被处罚的自然人姓名、被处罚的企业或其他组织的名称、统一社会信用代码（组织机构代码、事业单位法人证书编号）、法定代表人（负责人）姓名。

（3）违反法律、法规和规章的主要事实。

（4）行政处罚的种类和依据。

（5）行政处罚的履行方式和期限。

（6）作出行政处罚决定的行政执法机关名称和日期。

6. 产品召回信息（决定作出后 24 小时内公开）

（1）生产经营者的名称、住所、法定代表人（主要负责人）、联系电话、电子邮箱等。

（2）产品名称、注册证书（批件）号、规格、生产日期或者批号等。

（3）责令召回的原因、起始时间等。

（4）法律、法规和规章规定的其他信息。

例如，福建省人民政府在“重点领域信息公开”子栏目“药品安全—药品召回”

和“食品安全—食品召回与风险交流”中分别公开药品、食品召回相关信息，具体如图 2-9-2、图 2-9-3 所示。

福建省药品召回

图 2-9-2 福建省药品召回(扫码阅读)

福建省食品召回与风险交流

图 2-9-3 福建省食品召回与风险交流(扫码阅读)

7. 食品药品安全监管信息公开工作年度报告

食品药品监督管理部门按照《中华人民共和国政府信息公开条例》(国务院令第 711 号)的要求，在每年 3 月 31 日前编制完成本级食品药品监督管理部门上一年度食品药品安全监管信息公开工作年度报告，并向社会公布。①

食品药品监管领域基层政务公开标准目录

图 2-9-4 食品药品监管领域基层政务公开标准目录(扫码阅读)

此外，2019 年，为深化基层食品药品安全监管信息公开，市场监督管理总局出台《食品药品监管领域基层政务公开标准目录》，对县(市、区)及以下市场监管部门以及其他依法履行相关行政管理职能的组织作出进一步要求，明确食品药品监管基层需公开行政审批、监督检查、行政处罚、公共服务 4 个方面 19 类公开事

① 《食品药品安全监管信息公开管理办法》(食药监法〔2017〕125 号)第十九条。

项的公开内容、公开依据、公开时限、公开主体、公开渠道、公开对象、公开方式和公开层级，具体内容可依据图 2-9-4 扫码查看。

（二）其他公开要求

除食品药品安全监管信息公开外，国务院和省级人民政府还应公开以下信息。

1. 国务院食品药品安全信息公开要求

（1）食品安全信息[①]。国务院卫生行政部门负责统一发布以下食品安全信息：

① 国家食品安全总体情况。包括国家年度食品安全总体状况、国家食品安全风险监测计划实施情况、食品安全国家标准的制定和修订工作情况等。

② 食品安全风险评估信息。

③ 食品安全风险警示信息。包括对食品存在或潜在的有毒有害因素进行预警的信息；具有较高程度食品安全风险食品的风险警示信息。

④ 重大食品安全事故及其处理信息。包括重大食品安全事故的发生地和责任单位基本情况、伤亡人员数量及救治情况、事故原因、事故责任调查情况、应急处置措施等。

⑤ 其他重要的食品安全信息和国务院确定的需要统一发布的信息。

（2）药品安全信息[②]。国务院药品监督管理部门统一公布以下信息：

① 国家药品安全总体情况。

② 药品安全风险警示信息。

③ 重大药品安全事件及其调查处理信息。

④ 国务院确定需要统一公布的其他信息。

2. 省级（包括省、自治区、直辖市人民政府）食品药品安全信息公开要求

（1）食品安全信息。省级卫生行政部门自行决定是否公布影响仅限于本辖区的以下食品安全信息：

① 食品安全风险监测方案实施情况、食品安全地方标准制订、修订情况和企业标准备案情况等。

② 本地区首次出现的，已有食品安全风险评估结果的食品安全风险因素。

③ 影响仅限于本辖区全部或者部分的食品安全风险警示信息，包括对食品存在或潜在的有毒有害因素进行预警的信息；具有较高程度食品安全风险警示信息及相应的监管措施和有关建议。

---

① 《食品安全信息公布管理办法》（卫监督发〔2010〕93 号）。

② 《中华人民共和国药品管理法》（主席令第四十五号）第一百零七条。

④ 本地区重大食品安全事故及其处理信息。

例如，上海市人民政府通过“上海市食品安全网”专题统一发布“上海市水油分离器产品质量检测结果”“食品安全风险监测公告”“食品质量抽检信息公告”“食品风险评估报告”等信息，具体如图 2-9-5 所示。

上海市食品安全网

图 2-9-5　上海市食品安全网（扫码阅读）

(2) 药品安全信息①。省、自治区、直辖市人民政府药品监督管理部门可公开影响仅限于本辖区的以下药品安全信息：

① 药品安全风险警示信息。

② 重大药品安全事件及其调查处理信息。

例如，福建省人民政府在“重点领域信息公开—药品安全”中设置“药品安全警示”和“曝光台”等子栏目，发布常见药品安全问题和曝光重大药品安全事件相关情况，具体如图 2-9-6 所示。

福建省药品安全

图 2-9-6　福建省药品安全（扫码阅读）

---

① 《中华人民共和国药品管理法》（主席令第四十五号）第一百零七条。

三、案例展示

山东省菏泽市定陶区全面开展农村食品“重点排查”“专项抽检”“你送我检”等抽检公示活动，以政务公开助力群众“舌尖上的安全”。

一是重点排查，微信公示。重点排查农村集贸市场食品生产经营主体和农村小餐饮、批发市场、红白喜事“流动包桌”等，严厉打击制售“三无”食品、侵权“山寨”食品、假冒食品、劣质食品、过期食品等违法违规行为。对于检查中发现的来源不清、渠道不明、标签不规范等问题食品，一律下架停止销售、依法处置，并建立食品安全“红黑榜”，通过“菏泽市定陶区市场监督管理局”微信公众号予以公示。

二是专项抽检，官网公示。针对方便休闲食品、酒水饮料、调味品、奶制品、肉制品等农村消费量大的食品品类进行专项抽检，重点抽检“傍名牌”类食品。对于抽检不合格食品，经国家食品安全抽样检验系统公示后，加快处置速度，加大处罚力度，并在政府门户网站公开处置结果，杜绝不合格食品流入市场。

三是有送必检，现场公示。各镇街市场监管执法人员利用检测车等快检设备，在农村集贸市场及商场、超市等场所，对群众购买的蔬菜、水果、肉类等食用农产品提供现场免费检测服务，发现农兽药超标或假冒伪劣等不合格产品，立即封存、溯源处罚、挽回损失、公示原因，充分发挥其参与监督的积极作用，有力保障广大农村居民“舌尖上的安全”。

附件：食品药品历年政务/政府信息公开工作要点的公开要求

表 2-9-2　食品药品历年政务/政府信息公开工作要点的公开要求

文件名	内容
《2014 年政府信息公开工作要点》（国办发〔2014〕12 号）	深入推进食品药品安全信息公开。重点做好食品药品监管法治建设信息，以及网上非法售药整治、医疗器械整治等专项行动信息公开工作，提高监管透明度
《2015 年政府信息公开工作要点》（国办发〔2015〕22 号）	推进食品药品安全信息公开。做好食品药品重大监管政策信息、产生重大影响的食品药品典型案件，以及食品安全监督抽检、药品监督抽验信息公开工作。及时发布网上非法售药整治等专项行动信息和保健食品消费警示信息（食品药品监管总局牵头落实）
《2016 年政务公开工作要点》（国办发〔2016〕19 号）	做好涉及新食品原料、食品添加剂、食品安全标准以及食品安全风险评估结果等公开工作，继续加强对食品安全标准的宣传和解读（国家卫生计生委牵头落实）。 做好食品药品监管信息、抽检抽验信息的公开工作，及时发布处罚信息、消费警示信息和产生重大影响的典型案件信息，积极回应社会关切（食品药品监管总局牵头落实）

续表

文件名	内容
《2017年政务公开工作要点》(国办发〔2017〕24号)	推进食品药品安全领域信息公开。加大食品药品监管信息公开力度,公开食品药品安全违法行为处罚信息。定期公布全国食品抽检总体情况、发现的主要问题和核查处置情况。建设新媒体发布平台,强化食品安全定期常态性抽检信息公开机制,增强公众获取抽检结果、了解食品知识的便利度。进一步做好药品上市审批和监督检查信息公开,及时公布批准上市药品的受理、审评、审批等相关信息,以及召回产品、停产整顿、收回或撤销证书等情况。做好医药代表登记备案信息公开工作(食品药品监管总局牵头落实)
《2018年政务公开工作要点》(国办发〔2018〕23号)	做好食品药品安全方面的热点舆情回应,准确把握社会情绪,讲清楚问题成因、解决方案和制约因素等,更好引导社会预期
《2019年政务公开工作要点》(国办发〔2019〕14号)	对食品药品等经济社会热点,要加强舆情监测、研判、回应,及时解疑释惑,理顺情绪,化解矛盾。 围绕保障人民群众身体健康,加大药品安全信息公开力度
《2021年政务公开工作要点》(国办发〔2021〕12号)	密切关注涉及食品药品安全的舆情并及时作出回应,助力防范化解重大风险。做好市场规则标准,全面落实"全国一张清单"管理模式,主动公开全国统一的市场准入负面清单并根据调整情况做好更新发布,切实做到平等准入、开放有序

第十节　产品质量

产品质量安全与人民群众的生命财产安全、经济社会发展和稳定等要素密切相关,《中华人民共和国产品质量法》提出,"国务院和省、自治区、直辖市人民政府的市场监督管理部门应当定期发布其监督抽查的产品的质量状况公告"。《中华人民共和国政府信息公开条例》(国务院令第711号)明确要求,行政机关应当主动公开产品质量的监督检查情况。强化产品质量监督信息公开,有助于保障消费者权益,"吃得放心""用得安心",促进经济市场平稳运行,另一方面产品质量检查结果的公示有助于维护公平竞争的市场秩序,提高行政机关执法公信力。

一、产品质量相关概况

(一) 产品质量概念

《工业产品质量责任条例》(国发〔1986〕42号)第二条规定,"产品质量是指国家的有关法规、质量标准以及合同规定的对产品适用、安全和其他特性的要求。”

（二）产品质量监督

1. 产品质量监督的概念

产品质量监督，是指由国家指定的产品质量监管部门、有关组织和消费者，按照相关技术标准和法定程序对产品质量进行评价、考核和鉴定，以加强企业产品质量管理，维护消费者合法权益，为公众的生命与财产安全提供有效保障，是有关国计民生的一项重要工作。①

2. 产品质量监督的方式

国家对产品质量实行以抽查为主要方式的监督检查制度，对可能危及人体健康和人身、财产安全的产品，影响国计民生的重要工业产品以及消费者、有关组织反映有质量问题的产品进行抽查。②

二、公开主体

《中华人民共和国产品质量法》第八条规定，“国务院市场监督管理部门主管全国产品质量监督工作。国务院有关部门在各自的职责范围内负责产品质量监督工作。县级以上地方市场监督管理部门主管本行政区域内的产品质量监督工作。县级以上地方人民政府有关部门在各自的职责范围内负责市场监督管理工作”。

因此，产品质量监督检查信息由国务院、省、市、县级市场监督管理部门负责公开。

三、公开内容

通过梳理相关文件，产品质量信息公开内容主要包括政策法规、随机抽查事项清单、质量提升行动、执法专项行动、抽检结果和产品召回五大类（详见表 2-10-1）。具体文件及相关公开要求如下：

（1）《2016 年政务公开工作要点》（国办发〔2016〕19 号）要求，“围绕加强事中事后监管，依法公开随机抽查事项清单，明确抽查依据、主体、内容、方式等，及时公布抽查结果和查处情况，实行‘阳光执法’。重点推进产品质量的监管执法信息公开，公开监管执法的依据、内容、标准、程序和结果。”

（2）《2017 年政务公开工作要点》（国办发〔2017〕24 号）要求，“推进产品质量监管政策法规、标准、程序和结果公开；推动推荐性国家标准全文公开；做好质量

---

① 赵法库. 浅谈如何做好产品质量监督工作[J]. 商业观察，2021(07)：94-96.

② 《中华人民共和国产品质量法》(2018 年修正版)第十五条。

提升行动、执法专项行动信息公开，发布中国品牌价值评价结果，公开质量违法行为记录、缺陷产品名单及后续处理情况，促进中高端产品供给；及时公布流通领域商品质量抽检结果；加快推进全国 12315 互联网平台建设，做好消费者诉求数据分析结果公开工作；加大对查处假冒伪劣、虚假广告、价格欺诈等行为的公开查处假冒伪劣、虚假广告、价格欺诈等行为的公开力度。”

（3）《中华人民共和国产品质量法》（2018 年修订版）要求，“国务院和省、自治区、直辖市人民政府的市场监督管理部门应当定期发布其监督抽查的产品的质量状况公告。”

表 2-10-1　产品质量公开要求

公开事项	公开内容	政策依据
政策法规	推进产品质量监管政策法规、标准、程序公开；推动推荐性国家标准全文公开	《2017 年政务公开工作要点》（国办发〔2017〕24 号）
随机抽查事项清单	明确抽查依据、主体、内容、方式等	《2016 年政务公开工作要点》（国办发〔2016〕19 号）
质量提升行动、执法专项行动	发布中国品牌价值评价结果，公开质量违法行为记录、缺陷产品名单及后续处理情况	《2017 年政务公开工作要点》（国办发〔2017〕24 号）《中华人民共和国产品质量法》（2018 年修订版）
抽检结果	及时公布流通领域商品质量抽检结果；公开查处假冒伪劣、虚假广告、价格欺诈等行为；定期公布监督抽查的产品的质量状况公告	
产品召回	消费品存在缺陷的，生产者应当实施召回，并在自召回计划报告之日起 3 个工作日内以便于公众知晓的方式发布召回信息，并接受公众咨询	《消费品召回管理暂行规定》（国家市场监督管理总局令第 19 号）

四、典型案例

安徽省安庆市市场监督管理局建立“商品产品质量监管”栏目公开以下信息。

（一）国家标准公开

“国家标准公开”可直接跳转到“国家标准全文公开系统”，可在此系统上通过搜索查找相关主体的产品质量国家标准类文件，具体如图 2-10-1 所示。

图 2-10-1　国家标准全文公开系统（扫码阅读）

（二）随机抽查事项清单

抽查事项清单中包括抽查任务名称、抽查事项、发起方式、抽查主体、抽查基数、抽查目标数、抽查时间段以及备注。此外，还公开了产品质量监督抽查流程图，具体如图 2-10-2、图 2-10-3 所示。

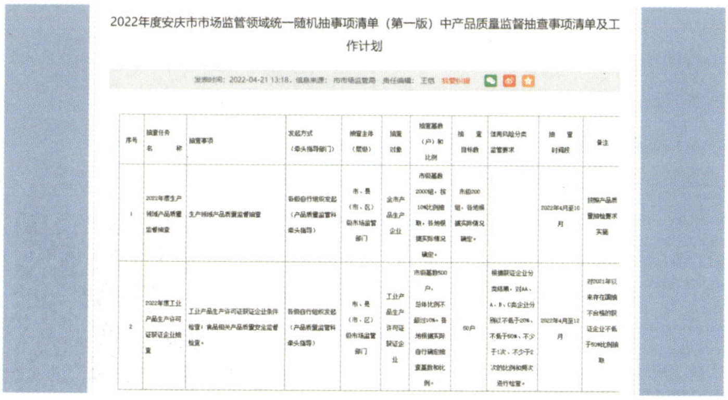

2022年度安庆市市场监管领域统一随机抽事项清单（第一版）中产品质量监督抽查事项清单及工作计划

发布时间：2022-04-21 13:18，信息来源：市市场监管局　责任编辑：王恺

序号	抽查任务名　称	抽查事项	发起方式（牵头指导部门）	抽查主体（层级）	抽查对象	抽查基数（户）和比例	抽　查目标数	信用风险分类监管要求	抽　查时间段	备注
1	2022年度生产领域产品质量监督抽查	生产领域产品质量监督抽查	各级自行组织发起（产品质量监管科牵头指导）	市、县（市、区）级市场监管部门	全市产品生产企业	市级基数2000组，按10%比例抽取，各地根据实际情况确定。	市级200组，各地根据实际情况确定。		2022年4月至10月	按照产品质量抽检要求实施
2	2022年度工业产品生产许可证获证企业抽查	工业产品生产许可证获证企业条件检查；食品相关产品质量安全监督检查。	各级自行组织发起（产品质量监管科牵头指导）	市、县（市、区）级市场监管部门	工业产品生产许可证获证企业	市级基数500户，总体比例不超过10%。各地根据实际自行确定抽查基数和比例。	60户	根据获证企业分类结果，对AA、A、B、C类企业分别以不低于20%、不低于60%、不少于1次、不少于2次的比例和频次进行检查。	2022年4月至12月	对2021年以来存在国抽不合格的获证企业不低于50%比例抽取

图 2-10-2　安庆市随机抽查事项清单（扫码阅读）

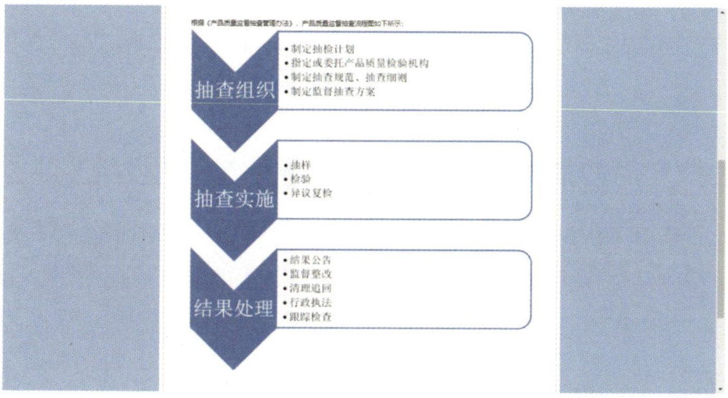

图 2-10-3　安庆市产品质量监督抽查流程图（扫码阅读）

（三）专项执法信息

对开展的“非医用口罩产品质量”“儿童玩具和学生用品”等专项活动信息进行公开通知，并对部分活动进行工作总结，做到“事事有通知”“事事有总结”，具体如图 2-10-4、图 2-10-5 所示。

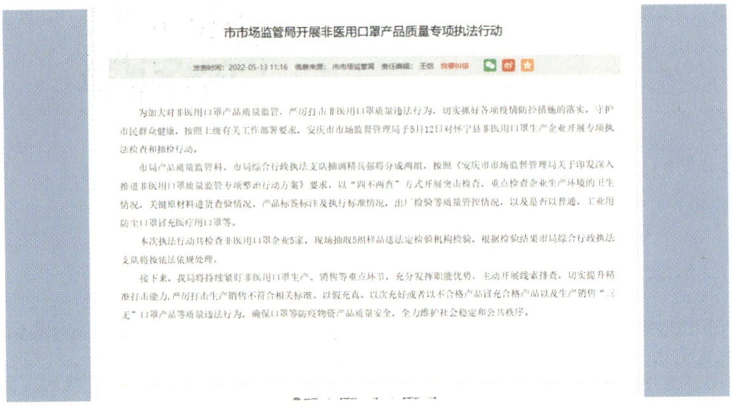
市市场监管局开展非医用口罩产品质量专项执法行动

发表时间：2022-05-13 11:16 信息来源：市市场监管局 责任编辑：王信 我要纠错

为加大对非医用口罩产品质量监管，严厉打击非医用口罩质量违法行为，切实抓好各项疫情防控措施的落实，守护市民群众健康，按照上级有关工作部署要求，安庆市市场监督管理局于5月12日对怀宁县非医用口罩生产企业开展专项执法检查和抽检行动。

市局产品质量监管科、市局综合行政执法支队抽调精兵强将分成两组，按照《安庆市市场监督管理局关于印发深入推进非医用口罩质量监管专项整治行动方案》要求，以“四不两直”方式开展突击检查，重点检查企业生产环境的卫生情况，关键原材料进货查验情况，产品标签标注及执行标准情况，出厂检验等质量管控情况，以及是否以普通、工业用防尘口罩冒充医疗用口罩等。

本次执法行动共检查非医用口罩企业5家，现场抽取5组样品送法定检验机构检验，根据检验结果市局综合行政执法支队将按依法依规处理。

接下来，我局将持续紧盯非医用口罩生产、销售等重点环节，充分发挥职能优势，主动开展线索排查，切实提升精准打击能力，严厉打击生产销售不符合相关标准、以假充真、以次充好或者以不合格产品冒充合格产品以及生产销售“三无”口罩产品等质量违法行为，确保口罩等防疫物资产品质量安全，全力维护社会稳定和公共秩序。

安庆市“非医用口罩产品质量”专项执法活动

图 2-10-4　安庆市“非医用口罩产品质量”专项执法活动（扫码阅读）

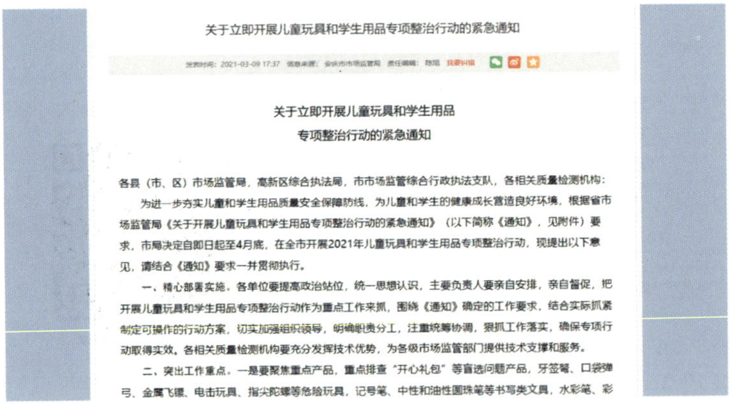
关于立即开展儿童玩具和学生用品专项整治行动的紧急通知

发表时间：2021-03-09 17:37 信息来源：安庆市市场监管局 责任编辑：陈旭 我要纠错

关于立即开展儿童玩具和学生用品

专项整治行动的紧急通知

各县（市、区）市场监管局，高新区综合执法局，市市场监管综合行政执法支队，各相关质量检测机构：

为进一步夯实儿童和学生用品质量安全保障防线，为儿童和学生的健康成长营造良好环境，根据省市场监管局《关于开展儿童玩具和学生用品专项整治行动的紧急通知》（以下简称《通知》，见附件）要求，市局决定自即日起至4月底，在全市开展2021年儿童玩具和学生用品专项整治行动，现提出以下意见，请结合《通知》要求一并贯彻执行。

一、精心部署实施。各单位要提高政治站位，统一思想认识，主要负责人要亲自安排，亲自督促，把开展儿童玩具和学生用品专项整治行动作为重点工作来抓，围绕《通知》确定的工作要求，结合实际抓紧制定可操作的行动方案，切实加强组织领导，明确职责分工，注重统筹协调，狠抓工作落实，确保专项行动取得实效。各相关质量检测机构要充分发挥技术优势，为各级市场监管部门提供技术支撑和服务。

二、突出工作重点。一是要聚焦重点产品，重点排查“开心礼包”等盲选问题产品，牙签弩、口袋弹弓、金属飞镖、电击玩具、指尖陀螺等危险玩具，记号笔、中性和油性圆珠笔等书写类文具，水彩笔、彩

安庆市“儿童玩具和学生用品”专项整治行动

图 2-10-5　安庆市“儿童玩具和学生用品”专项整治行动（扫码阅读）

（四）抽检结果

以表格的形式公开抽检产品的抽查领域、规格型号、生产日期或批号、被抽检单位名称、是否符合相关标准等信息，具体如图 2-10-6 所示。

2022年安庆市产品质量监督抽查结果（第四批）

序号	抽查领域	抽查产品	商标	规格型号	生产日期	被抽样单位名称	标称生产单位名称	是否符合相关标准	不合格项目	检验机构
1	生产	一般用途单芯硬导体无护套电缆	恒电	60227IEC01（BV） 1×2.5mm²（2） 450/750	2021.7.8	安庆恒电电缆有限公司	安庆恒电电缆有限公司	是	/	皖西南产品质量监督检验中心
2	生产	交联聚乙烯绝缘聚氯乙烯护套电	恒电	YJV-0.6/1kV 5×6mm²（2）	2022.5.16	安庆恒电电缆有限公司	安庆恒电电缆有限公司	是	/	皖西南产品质量监督检验中心
3	生产	聚氯乙烯绝缘无护套电缆电线	新明	60227IEC01（BV） 2.5mm²（2） 450/750V	2022.4.20	安庆新明电缆有限公司	安庆新明电缆有限公司	是	/	皖西南产品质量监督检验中心
4	生产	铜芯聚氯乙烯绝缘无护套电线电	新华鑫	60227IEC01（BV） 2.5mm²（2） 450/750V	2022.6.17	安徽华鑫电线电缆有限公司	安徽华鑫电线电缆有限公司	是	/	皖西南产品质量监督检验中心
5	生产	铜芯聚氯乙烯绝缘聚氯乙烯护套	新华鑫	BVVB 2×2.5mm²（2） 300/500V	2022.3.12	安徽华鑫电线电缆有限公司	安徽华鑫电线电缆有限公司	是	/	皖西南产品质量监督检验中心
6	生产	聚氯乙烯绝缘护套电缆	星光	BVVB 2×2.5mm²（2） 300/500V	2021.4.20	安徽省安庆市星光电线电缆有限公司	安徽省安庆市星光电线电缆有限公司	是	/	皖西南产品质量监督检验中心
7	生产	聚氯乙烯绝缘电缆	星光	60227IEC01（BV） 1×2.5mm²（2） 450/750V	2021.12.22	安徽省安庆市星光电线电缆有限公司	安徽省安庆市星光电线电缆有限公司	是	/	皖西南产品质量监督检验中心
8	生产	铝芯交联聚乙烯绝缘架空电缆	日月	JKLYJ-1kV 1×70	2022.5.22	安徽新天电缆有限公司	安徽新天电缆有限公司	是	/	皖西南产品质量监督检验中心
9	生产	一般用途单芯硬导体无护套电缆	日月	60227IEC01（BV） 1.5mm²（2） 450/750V	2022.6.10	安庆日月电缆有限公司	安庆日月电缆有限公司	是	/	皖西南产品质量监督检验中心
10	生产	一般用途单芯硬导体无护套电缆	TL	60227IEC01（BV） 2.5mm²（2） 450/750V	2022.6.6	安庆天立电线电缆有限责任公司	安庆天立电线电缆有限责任公司	是	/	皖西南产品质量监督检验中心
11	生产	铜芯聚氯乙烯绝缘聚氯乙烯护套	TL	BVVB 2×1.5mm²（2） 300/500V	2022.5.6	安徽天立电线电缆有限责任公司	安徽天立电线电缆有限责任公司	是	/	皖西南产品质量监督检验中心
12	生产	聚氯乙烯绝缘电力电缆	韩琪	VV 2×10mm²（2） 0.6/1kV	2020.12.12	安徽顺融电缆股份有限公司	安徽顺融电缆股份有限公司	是	/	皖西南产品质量监督检验中心
13	生产	一般用途单芯硬导体无护套电缆	格灯	60227IEC01（BV） 2.5mm²（2） 450/750V	2022.6.14	安徽格灯电缆有限公司	安徽格灯电缆有限公司	是	/	皖西南产品质量监督检验中心
14	生产	铜芯交联聚乙烯绝缘聚氯乙烯护	/	YJV 4×35+1×16 0.6/1kV	2022.4.28	安徽添联通讯有限公司	安徽添联通讯有限公司	是	/	皖西南产品质量监督检验中心
15	生产	一般用途单芯硬导体无护套电缆	/	60227IEC01（BV） 1.5mm²（2） 450/750V	2022.6.24	安徽添联通讯有限公司	安徽添联通讯有限公司	是	/	皖西南产品质量监督检验中心
16	流通	单芯硬导体无护套电缆	铜都	ZRBV 1.5mm²（2） 450/750	2022.3.8	安庆市开发区铜都电缆经营部	铜陵市远维线缆有限公司	是	/	皖西南产品质量监督检验中心
17	流通	聚氯乙烯绝缘聚氯乙烯护套电缆	铜都	BVVB 2×1.5mm²（2）	2020.7	安庆市开发区铜都电缆经营部	铜陵市远维线缆有限公司	是	/	皖西南产品质量监督检验中心
18	流通	一般用途单芯硬导体无护套电缆	铭品电缆	60227IEC01（BV） 1×2.5mm²（2）	2022.4.2	安庆市宜秀区金联亨线缆经营部	铭品电缆集团股份有限公司	是	/	皖西南产品质量监督检验中心

2022年安庆市产品质量监督抽查结果

图 2-10-6　2022 年安庆市产品质量监督抽查结果（扫码阅读）

第十一节　土 地 征 收

2004 年《中华人民共和国土地管理法》要求公开区片综合地价、征收土地的补偿费用的收支状况、土地统计资料等相关信息。《中华人民共和国政府信息公开条例》（国务院令第 711 号）第二十一条规定，“设区的市级、县级人民政府及其部门、乡（镇）人民政府还应当根据本地方的具体情况，主动公开涉及土地征收的政府信息”。及时充分地公开征地信息，是维护被征地农民合法权益和社会和谐稳定的基本要求；是增强征地工作透明度，确保被征地农民知情权的重要保障；是强化政府工作的社会监督，提高政府公信力和执行力的重要手段。本节将通过梳理土地征收的相关信息，帮助行政机关更好地进行土地征收公开工作。

一、土地征收的内涵

（一）土地征收的概念

土地征收是国家为了公共利益的需要，依照法律规定的程序和权限将农民集体所有的土地征收成国有土地，并依法给予被征地的农村集体经济组织和被征地农民合理补偿和妥善安置的行政行为。

（二）土地征收的特点

（1）征收土地法律关系主体、客体的特定性。征收土地法律关系的主体双方都是特定的，征收土地的主体只能是国家，土地征收的客体只能是农民集体所有的土地。

（2）征收土地行为的公共目的性。公共目的是征收土地的前提条件，根据《土地管理法》规定，国家在征收土地时必须为了公共利益或国家建设事业的需要，否则即构成违法行为。

（3）土地征收的强制性。土地征收并不是民事法律行为，而是国家授权的并依照法律规定的依据所实施的行政行为，具有强制性。

（4）土地征收的有偿性。国家征收农民集体土地，必须按照相关规定给予农民补偿。

（5）土地征收程序的合法性。为了保障征地行为的合法性、公正性、透明性，保障被征地人的合法权益，征地必须按照法定程序进行。

二、土地征收的程序及公开要求

根据《中华人民共和国土地管理法实施条例》（国务院令第743号）、天津市规划资源局《关于印发〈天津市征收土地工作程序〉的通知》（津规资源发〔2021〕262号）等相关文件规定，县级以上地方人民政府土地征收程序如图2-11-1所示。

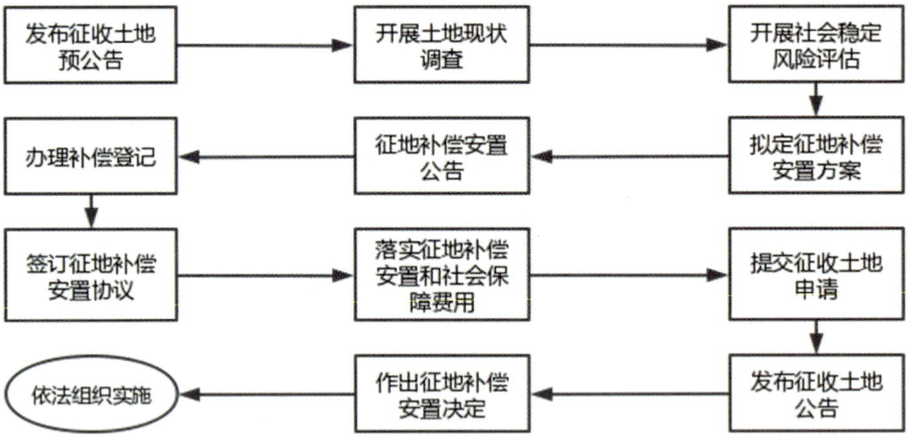

图2-11-1　土地征收程序

上述征收程序执行过程中，需公开征收土地预公告、征地补偿安置方案公告、征收土地公告、征地补偿费用4个方面信息，具体要求和注意事项如表2-11-1所示。

表 2-11-1　土地征收公开要求

公开内容	公开要素	公开范围
征收土地预公告	征收范围、征收目的、开展土地现状调查的安排等内容	在拟征收土地所在的乡（镇）和村、村民小组范围内发布
征地补偿安置方案公告	(1) 征地补偿安置方案包括征收范围、土地现状、征收目的、补偿方式和标准、安置对象、安置方式、社会保障等内容； (2) 公告应当同时载明办理补偿登记的方式和期限、异议反馈渠道等内容	在拟征收土地所在的乡（镇）和村、村民小组范围内公告
征收土地公告	征收范围、征收时间等具体工作安排	在拟征收土地所在的乡（镇）和村、村民小组范围内发布
征地补偿费用	(1) 区片综合地价； (2) 土地补偿费、安置补助费标准； (3) 土地补偿费、安置补助费分配办法	全社会

（注意事项：① 在拟定征地补偿安置方案环节，若多数被征地的农村集体经济组织成员认为拟定的征地补偿安置方案不符合法律、法规规定的，县级以上地方人民政府应当组织听证，听证结果予以公开。② 征收农用地的，提交征收土地申请前应当先行办理农用地转用审批。《中华人民共和国土地管理法实施条例》对农转用审批制度作了优化。对原“一书四方案”（建设用地呈报书和农用地转用方案、补充耕地方案、征收土地方案和供地方案）进行合并调整，整合为农用地转用方案和征收土地申请。“一书四方案”主动公开的前提是人民政府已作出征地批复，已属于确定的实施阶段。否则，“一书四方案”依旧是过程性信息，一般不公开。

随着政务公开的深入，2019 年自然资源部办公厅编制并印发《农村集体土地征收基层政务公开标准指引》（自然资办函〔2019〕1105 号）（详见表 2-11-2），有效落实基层政务公开标准化规范化的工作要求。其后，2022 年 4 月 26 日自然资源部办公厅印发《自然资源领域基层政务公开标准指引》（自然资办函〔2022〕576 号），完善对农村集体土地征收基层政务公开相关要求，进一步明确细化全国各县、不设区的市、市辖区及以下履行自然资源管理职能的行政机关、法律法规授权的管理公共事务职能的组织或公共企事业单位土地征收的公开要求，自然资源部办公厅《关于印发〈农村集体土地征收基层政务公开标准指引〉的通知》（自然资办函〔2019〕1105 号）同时废止。

表 2-11-2 《关于印发〈农村集体土地征收基层政务公开标准指引〉的通知》部分内容

公开事项	公开内容（要素）	公开依据	公开时限	公开主体	公开渠道和载体	公开对象		公开方式		公开层级	
						全社会	特定群体	主动	依申请	县级	乡级
征地管理政策	征地补偿安置法律以及适用于本地区的政策、技术标准等规定要求；法律法规和规章；征地前期工作、征地审查报批、征地组织实施规范性文件；征地农用地区片综合地价；地上附着物和青苗补偿费标准；被征地农民安置与社会保障有关规定；省级政府制订的征地补偿安置协议示范文本等材料【＊征地工作流程图】	《政府信息公开条例》	自形成或者变更之日起 20 个工作日内予以公开，法律法规另有规定的从其规定	自然资源主管部门/县级人民政府	政府网站、政府服务中心、征地信息公开平台	√		√		√	
征地法定公告	① 征收土地预公告，公布征收范围、征收目的、开展土地现状调查的安排以及不得抢栽抢建的有关要求等；② 征地补偿安置公告，公布《征地补偿安置方案》全文，包括征收范围、土地现状、征收目的、补偿方式和标准、安置对象、安置方式、社会保障等内容，以及办理补偿登记的方式和期限、异议反馈渠道等；③ 征收土地公告，公布征地批准机关、批准文号、批准时间、批准用途，征收范围、组织实施征收具体工作安排以及救济途径等	《土地管理法》《土地管理实施条例》	征收土地预公告、征地补偿安置公告自形成之日起，在乡（镇）和村、村民小组公示栏公开；征收土地预公告不少于 10 个工作	自然资源主管部门/县级人民政府	政府网站、社区/企事业单位/村公示栏、征地信息公开平台	√	√法律要求在特定群体公开	√		√	√

续表

公开事项	公开内容（要素）	公开依据	公开时限	公开主体	公开渠道和载体	公开对象 全社会	公开对象 特定群体	公开方式 主动	公开方式 依申请	公开层级 县级	公开层级 乡级
			日，征地补偿安置公告不少于 30 日；征收土地公告自收到批准文件之日起 15 个工作日内，在乡（镇）和村、村民小组公示栏公开不少于 5 个工作日； 张贴公示结束后在政府网站、征地信息公开平台公开								
征地工作程序	征地工作中涉及对农村集体经济组织的相关材料：① 土地现状调查相关材料，公布征收土地勘测调查表、地上附着物和青苗调查情况表等（涉及土地勘测定界图件（涉密除外）的，图件应按规定进行技术处理）；② 征地补偿安置方案听证相关材料，组织听证的，公布《听证通知书》、听证处理意见等；③ 征地补偿登记相关材料，涉及农民	《土地管理法》《土地管理实施条例》	信息形成后 5 个工作日内，在村、村民小组公示栏公开不少于 5 个工作日； 征地社会稳定风险评估相关材料在收到批准后，依申请公开；听证相关材料时限要求还应符合听证相关规定；	自然资源主管部门/县级人民政府	政府网站、社区/企事业单位/村公示栏、征地信息公开平台	√	√法律要求在特定群体公开	√	√具体见时限要求栏	√	√

续表

公开事项	公开内容(要素)	公开依据	公开时限	公开主体	公开渠道和载体	公开对象		公开方式		公开层级	
						全社会	特定群体	主动	依申请	县级	乡级
	集体所有补偿内容的登记材料,应予公开;涉及个人补偿内容的登记材料,经本人同意的,可以公开;④ 征地补偿安置协议,与土地所有权人签订的协议应予公开;与土地使用权人签订的协议,经本人同意的,可以公开;⑤ 征地补偿安置费用支付凭证,对土地所有权人的补偿费用支付凭证应予公开;对土地使用权人补偿费用支付凭证,经本人同意的,可以公开〔不含农村集体经济组织内部土地补偿费用分配、使用情况〕 【* 征地社会稳定风险评估相关材料】		自收到批准文件之日起 15 个工作日内,上述信息在政府网站、征地信息公开平台公开								
征地申报批准相关材料	① 县级人民政府组织征地报批经审批通过的相关材料,包括县级人民政府建设用地请示,征收土地申请等;② 征地批准文件,包括国务院批准征地批复文件、省级人民政府批准征地批复文件、地方人民政府转发征地批复、其他征地批准文件等 【* 其他相关报批材料和图件由各省(区、市)确定公开方式】	《土地管理法》《土地管理实施条例》	收到批准文件之日起 15 个工作日内	自然资源主管部门/县级人民政府	政府网站、征地信息公开平台	√		√		√	

三、典型案例

为更好促进土地征收领域各项信息公开，以下选取安徽省征地信息公开平台相关公开作为示例以供参考，按照批前、批中、批后全流程集成发布相关信息。如“郎溪县 2022 年度第 08 批次（增减挂钩）城镇建设用地”，分为“征地前期准备”“审批流程”“建设用地批复文件”“一书一方案”“征地组织实施”五大模块进行公开。

（1）“征地前期准备”模块包括征地报告书、征地现状调查、征地听证，具体如图 2-11-2 所示。

征地前期准备

图 2-11-2　征地前期准备（扫码阅读）

（2）“审批流程”详细公布了受理、审查、补正、核费、缴费、报省政府、办结的办理时间，具体如图 2-11-3 所示。

审批流程

图 2-11-3　审批流程（扫码阅读）

（3）“建设用地批复文件”公开《关于郎溪县 2022 年第八批次（增减挂钩）城镇建设用地的批复》（皖政地挂宣〔2022〕25 号），具体如图 2-11-4 所示。

建设用地批复文件

图 2-11-4　建设用地批复文件(扫码阅读)

(4)“一书一方案”模块主要包括一书一方案附件、建设用地呈报说明书、征收土地方案,具体如图 2-11-5 所示。

一书一方案

图 2-11-5　一书一方案(扫码阅读)

(5)“征地组织实施”模块公开了勘察定界简图、征收土地公告、征地补偿登记、征地补偿安置方案公告、征地补偿安置听证、征地补偿费用支付、其他公开,具体如图 2-11-6 所示。

征地组织实施

图 2-11-6　征地组织实施(扫码阅读)

四、公开建议

义乌市搭建“六个一”公开载体开展阳光征收。

一个集中公开场所：在征收区块的征收范围内或附近设立集中公开场所，提供集中、便捷、动态、系统的征收信息。群众既可查阅所需的各类征收信息，也可与其他征收户交流信息。

一个二维码：将二维码技术用于房屋征收补偿协议和房票的电子读取，实现被征收房屋产权人信息、被征收房屋信息、被征收房屋的评估价值信息、安置补偿的各项费用信息、安置凭证面值、安置凭证可使用价值等征收补偿数据“集成化”。

一个房屋征收安置补偿信息公开系统：通过房屋征收安置补偿信息公开系统的触摸屏，群众可实时查询到本区块的基本概况、签约进度、补偿政策、公示公告、房源等信息，还可进行监督举报。

一个公告栏：在主要出入口处设置公告栏，栏内张贴本区块的产权调查情况、认定情况、征收补偿方案、征收决定、评估公司选择、分户补偿情况等各类信息，可集中同时察看各项资料。

一块大屏幕显示屏：在签约等候区和签约大厅设置大屏幕显示屏，直接关联房屋征收补偿系统，通过数据统计和传送，实时播放本区块产权调换房源的总量、使用情况及剩余数量等信息，让群众阳光选房。

一个咨询台：设立咨询台，由征收政策专家、法律顾问、公证人员等房屋征收相关部门轮流值班，帮助群众答疑解惑。

第十二节　国有土地上房屋征收

2011 年《国有土地上房屋征收与补偿条例》(国务院令第 590 号)明确指出，“房屋征收与补偿应当遵循决策民主、程序正当、结果公开的原则”。2019 年，住房和城乡建设部发布了《国有土地上房屋征收与补偿领域基层政务公开标准目录》，但纵观各地在该领域的公开情况，仍存在较多可提升之处。基于此，本节将就国有土地上房屋征收与补偿的定义、公开发展阶段、公开要求、公开建议等方面展开研究。

一、国有土地上房屋征收与补偿的定义

依据《国有土地上房屋征收与补偿条例》(国务院令第590号)(以下简称《房屋征收与补偿条例》),国有土地上房屋征收与补偿是指,基于公共利益需要,市、县级人民政府依照法律规定程序,取得国有土地上房屋所有权人的房屋所有权及房屋占用范围内的国有土地使用权,并向权利人作出相应补偿的行为。

二、国有土地上房屋征收与补偿公开的发展阶段

通过文件分析(详见附件1),可将国有土地上房屋征收与补偿信息公开划分为4个阶段。

(1) 起步阶段(2008—2010年)。2008年《中华人民共和国政府信息公开条例》(国务院令第492号)将房屋征收与补偿列入主动公开内容,明确要求市级、县级人民政府及其部门、乡(镇)人民政府公开房屋拆迁及其补偿信息。

(2) 发展阶段(2011—2016年)。2011年《房屋征收与补偿条例》根据征收与补偿流程,明确并细化了房屋征收与补偿的信息公开内容。《关于推进国有土地上房屋征收与补偿信息公开工作的实施意见》(建房〔2012〕84号)要求进一步完善了房屋征收与补偿的信息公开内容。《关于进一步加强国有土地上房屋征收与补偿信息公开工作的通知》(建房〔2013〕133号)提出要深入推进房屋征收与补偿信息公开,不断拓展信息公开渠道,进一步加强房屋征收现场公告栏、电子屏的建设。

(3) 发展阶段(2011—2016年)。2011年《房屋征收与补偿条例》对房屋征收与补偿的信息公开内容进行明确,按照征收与补偿流程,公开要求如下:房屋征收补偿方案应征求公众意见,征求意见及根据意见修改情况公开;公开征收决定,载明征收补偿方案和行政复议、行政诉讼等事项;公开房屋征收调查登记结果,公开范围为被征收人;公开房屋征收补偿决定,公开范围为房屋征收范围内;公开分户补偿情况,公开范围为被征收人。《关于推进国有土地上房屋征收与补偿信息公开工作的实施意见》(建房〔2012〕84号)明确要求,房屋征收补偿信息公开7项,在《房屋征收与补偿条例》基础上,增加:公开房屋征收补偿法规政策;房屋征收补助、奖励政策和标准;分户初步评估结果,不断完善房屋征收与补偿公开内容,具体如图2-12-1所示。

(4) 标准化规范化阶段(2017年—至今)。2017年,《国务院办公厅关于印发开展基层政务公开标准化规范化试点工作方案的通知》(国办发〔2017〕42号)发布,开始探索基层政务公开标准化规范化探索,将国有土地上房屋征收与安置列

入 26 个试点领域。《国务院办公厅关于全面推进基层政务公开标准化规范化工作的指导意见》(国办发〔2019〕54 号),要求全面落实试点领域标准指引。随后,住房和城乡建设部办公厅印发了《国有土地上房屋征收与补偿领域基层政务公开标准目录》(以下简称《标准目录》),深入推进房屋征收与补偿领域的基层政务公开规范化标准化工作。

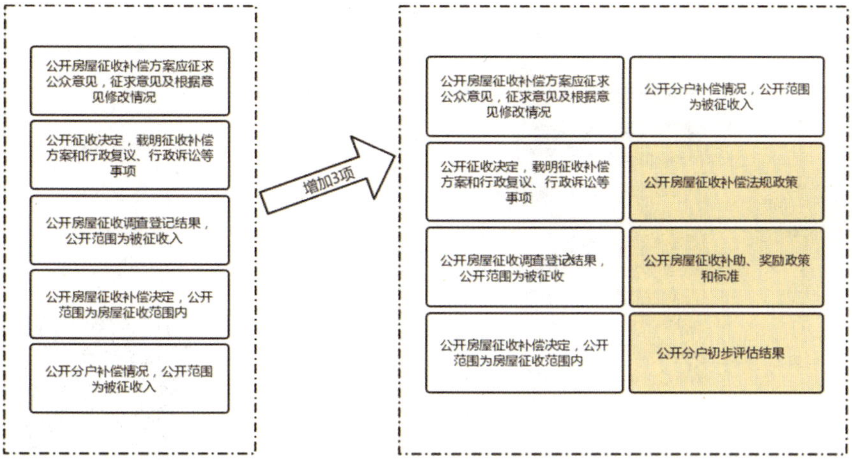

图 2-12-1　公开要求变化趋势

三、国有土地上房屋征收与补偿信息公开要求

(一) 公开内容与方式总览

总体公开内容方面,围绕房屋征收与补偿领域业务流程,包括法规政策、征收、评估和补偿等 4 个一级公开事项,共计 12 个二级公开事项。其中涉及主动公开的包括政策法规、征收环节的房屋调查登记和房屋征收决定、评估环节和补偿环节的所有事项,依申请公开的为征收环节的启动要件、社会稳定风险评估、房屋征收补偿方案拟定。

房屋征收与补偿公开范围可按照政策法规和行政程序环节进行划分,其中政策法规公开对象为面向全社会公开;行政程序环节的信息公开对象是以向行政程序参与人的公开为主,即自征收至补偿环节,公开对象是以在征收范围内公开和在征收范围内向被征收人公开为主,征收、评估至补偿环节中,仅房屋征收决定为在征收范围内公开,其余均为在征收范围内向被征收人公开,具体如图 2-12-2 所示。

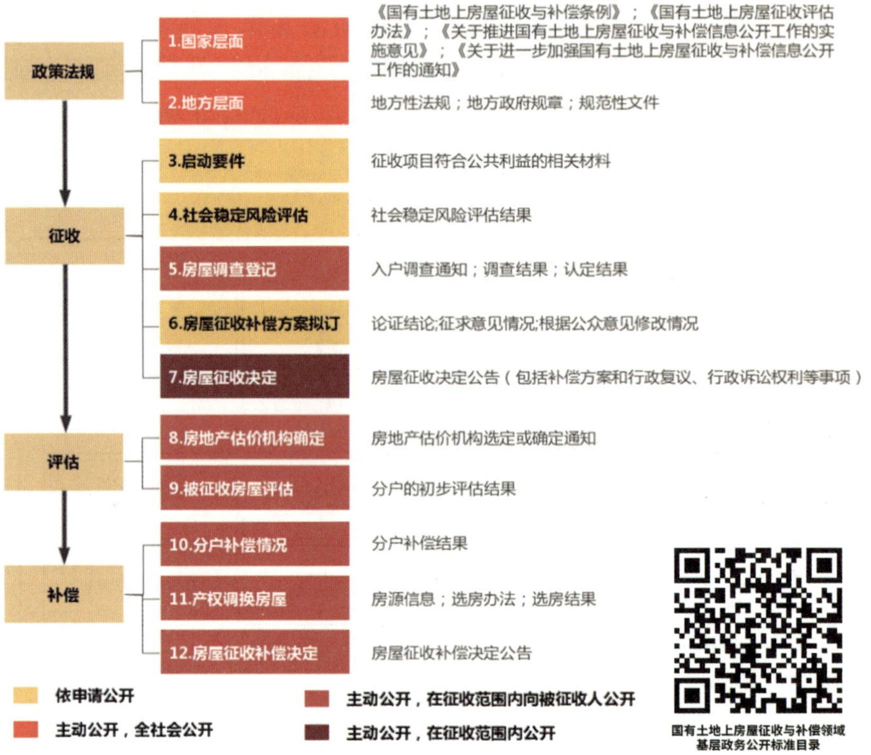

图 2-12-2　国有土地上房屋征收与补偿领域基层政务公开标准目录（扫码阅读）

（二）主动公开事项分析

1. 国家层面法规政策

依据《公开标准目录》，国家层面法规政策应发布《国有土地上房屋征收与补偿条例》（国务院令第 590 号）、《国有土地上房屋征收评估办法》（建房〔2011〕77 号）、《关于推进国有土地上房屋征收与补偿信息公开工作的实施意见》、（建房〔2012〕84 号）、《关于进一步加强国有土地上房屋征收与补偿信息公开工作的通知》（建房〔2013〕133 号），其公开渠道为政府网站。

图 2-12-3 示例为安徽省六安市裕安区人民政府国家层面法规政策相关内容在政府网站发布情况，除规定应发布的国家层面法规政策以外，围绕房屋征收与补偿，还发布了《中华人民共和国物权法》《中华人民共和国民法典》以及房屋拆迁政策解读等文件。

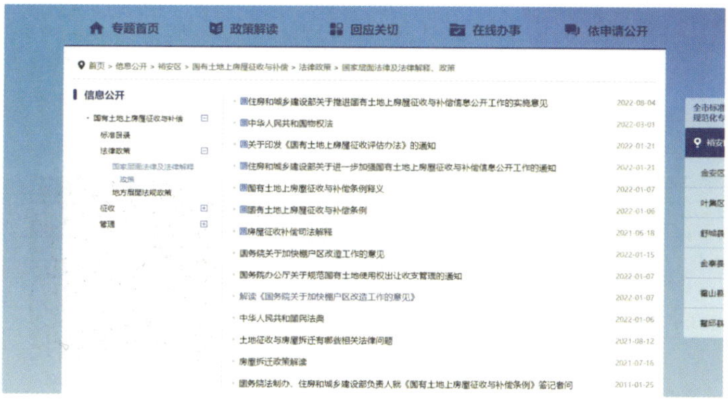

六安市裕安区国家层面法规政策

图 2-12-3　六安市裕安区国家层面法规政策（扫码阅读）

2. 地方层面法规政策

依据《公开标准目录》，地方层面法规政策应发布地方性法规、地方政府规章、规范性文件，其公开渠道为政府网站。图 2-12-4 示例为安徽省六安市裕安区人民政府地方层面法规政策相关内容在政府网站发布情况。

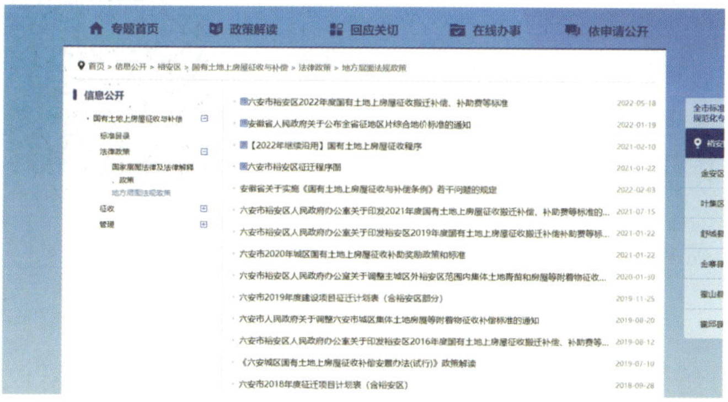

六安市裕安区地方层面法规政策

图 2-12-4　六安市裕安区地方层面法规政策（扫码阅读）

3. 房屋调查登记

依据《公开标准目录》，房屋调查登记应发布入户调查通知、调查结果、认定结果，其公开渠道为入户/现场方式。按照《房屋征收与补偿条例》规定，房屋调查登记是针对房屋征收范围内房屋的权属、区位、用途、建筑面积等情况进行登记。图 2-12-5、图 2-12-6 示例分别为安徽省芜湖市湾沚区人民政府入户调查通知、调查结果相关内容在政府网站发布情况。

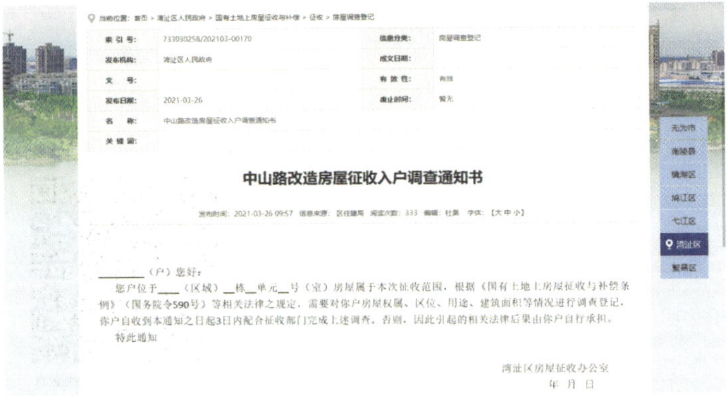

芜湖市湾沚区入户调查通知

图 2-12-5　芜湖市湾沚区入户调查通知(扫码阅读)

芜湖市湾沚区调查登记情况公示表

图 2-12-6　芜湖市湾沚区调查登记情况公示表(扫码阅读)

4. 房屋征收决定

依据《公开标准目录》，房屋征收决定公告应包括补偿方案和行政复议、行政诉讼等事项，其公开渠道包括政务网站和入户/现场。图 2-12-7 示例为湖南省长沙市人民政府房屋征收决定相关内容在政府网站发布的情况。

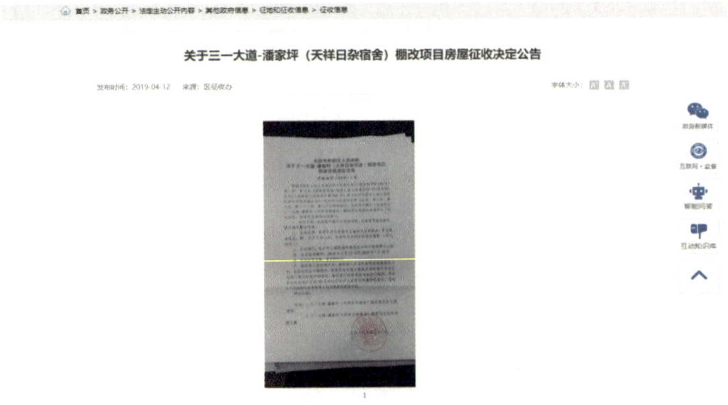

长沙市房屋征收决定

图 2-12-7　长沙市房屋征收决定(扫码阅读)

5. 房地产估价机构确定

依据《公开标准目录》，房地产估价机构确定应发布房地产估价机构选定或确定通知，其公开渠道为入户/现场方式。依据《国有土地上房屋征收评估办法》(建房〔2011〕77 号)，房地产价格评估机构由被征收人在规定时间内协商选定，在规定时间内协商不成的，由房屋征收部门通过组织被征收人按照少数服从多数的原则投票决定，或者采取摇号、抽签等随机方式确定。一般情况下，房地产估价机构选定或确定通知内容可包括确定房地产估价机构的时间、地点、参与人员、选定方式等信息。图 2-12-8 示例为浙江省临海市人民政府房地产估价机构选定通知相关内容在政府网站发布的情况。

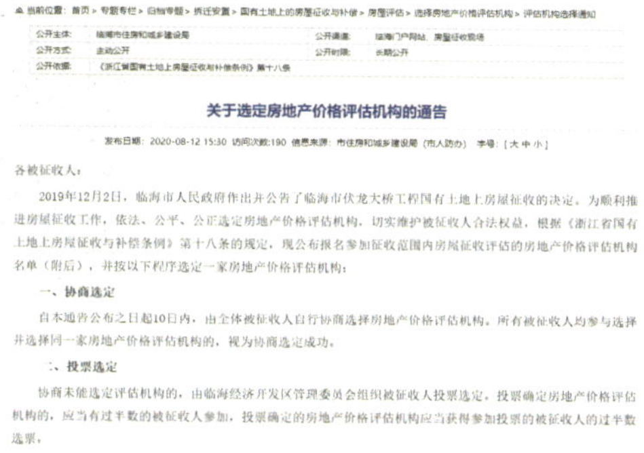

当前位置：首页 > 专题专栏 > 归档专题 > 拆迁安置 > 国有土地上的房屋征收与补偿 > 房屋评估 > 选择房地产价格评估机构 > 评估机构选择通知

公开主体	临海市住房和城乡建设局	公开渠道	临海门户网站、房屋征收现场
公开方式	主动公开	公开时限	长期公开
公开依据	《浙江省国有土地上房屋征收与补偿条例》第十八条		

关于选定房地产价格评估机构的通告

发布日期：2020-08-12 15:30 访问次数:190 信息来源：市住房和城乡建设局（市人防办） 字号：[大 中 小]

各被征收人：

2019年12月2日，临海市人民政府作出并公告了临海市伏龙大桥工程国有土地上房屋征收的决定。为顺利推进房屋征收工作，依法、公平、公正选定房地产价格评估机构，切实维护被征收人合法权益，根据《浙江省国有土地上房屋征收与补偿条例》第十八条的规定，现公布报名参加征收范围内房屋征收评估的房地产价格评估机构名单（附后），并按以下程序选定一家房地产价格评估机构：

一、协商选定

自本通告公布之日起10日内，由全体被征收人自行协商选择房地产价格评估机构。所有被征收人均参与选择并选择同一家房地产价格评估机构的，视为协商选定成功。

二、投票选定

协商未能选定评估机构的，由临海经济开发区管理委员会组织被征收人投票选定。投票确定房地产价格评估机构的，应当有过半数的被征收人参加，投票确定的房地产价格评估机构应当获得参加投票的被征收人的过半数选票，

临海市房地产价格评估机构选定通知

图 2-12-8　临海市房地产价格评估机构选定通知(扫码阅读)

6. 被征收房屋评估

依据《公开标准目录》，被征收房屋评估应公开分户的初步评估结果，其公开渠道为入户/现场方式。依据《国有土地上房屋征收评估办法》(建房〔2011〕77 号)，被征收房屋价值评估应当考虑被征收房屋的区位、用途、建筑结构、新旧程度、建筑面积以及占地面积、土地使用权等影响被征收房屋价值的因素；分户的初步评估结果应当包括评估对象的构成及其基本情况和评估价值。图 2-12-9 示例为安徽省六安市舒城县人民政府被征收房屋评估相关内容在政府网站发布的情况。

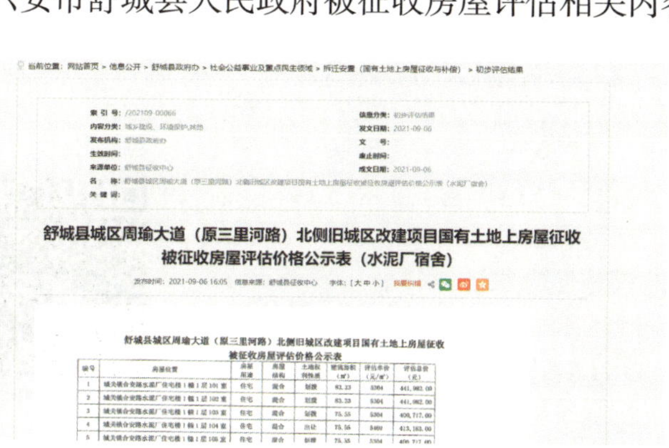

当前位置：网站首页 > 信息公开 > 舒城县政府办 > 社会公益事业及重点民生领域 > 拆迁安置（国有土地上房屋征收与补偿） > 初步评估结果

索 引 号：/202109-00066　信息分类：初步评估结果
内容分类：城乡建设、环境保护,其他　发文日期：2021-09-06
发布机构：舒城县政府办　文 号：
生效时间：　废止时间：
来源单位：舒城县征收中心　成文日期：2021-09-06
名 称：
关 键 词：

舒城县城区周瑜大道（原三里河路）北侧旧城区改建项目国有土地上房屋征收被征收房屋评估价格公示表（水泥厂宿舍）

发布时间：2021-09-06 16:05 信息来源：舒城县征收中心 字体：[大 中 小] 我要纠错

舒城县城区周瑜大道（原三里河路）北侧旧城区改建项目国有土地上房屋征收被征收房屋评估价格公示表

编号	房屋位置	房屋用途	房屋结构	土地权利性质	建筑面积（㎡）	评估单价（元/㎡）	评估总价（元）
1	城关镇合安路水泥厂住宅楼1幢1层101室	住宅	混合	划拨	83.33	5304	441,982.00
2	城关镇合安路水泥厂住宅楼1幢1层102室	住宅	混合	划拨	83.33	5304	441,982.00
3	城关镇合安路水泥厂住宅楼1幢1层103室	住宅	混合	划拨	75.55	5304	400,717.00
4	城关镇合安路水泥厂住宅楼1幢1层104室	住宅	混合	出让	75.56	5469	413,163.00
5	城关镇合安路水泥厂住宅楼1幢1层105室	住宅	混合	划拨	75.55	5304	400,717.00

舒城县被征收房屋评估价格公示表

图 2-12-9　舒城县被征收房屋评估价格公示表(扫码阅读)

7. 分户补偿情况

依据《公开标准目录》，分户补偿情况应发布分户补偿结果，其公开渠道为入户/现场方式。结合各地公开情况，其内容一般包括姓名、征收面积、房屋使用性质、评估报告金额、搬迁奖励资金等信息。图 2-12-10 示例为安徽省六安市裕安区人民政府分户补偿情况相关内容在政府网站发布的情况。

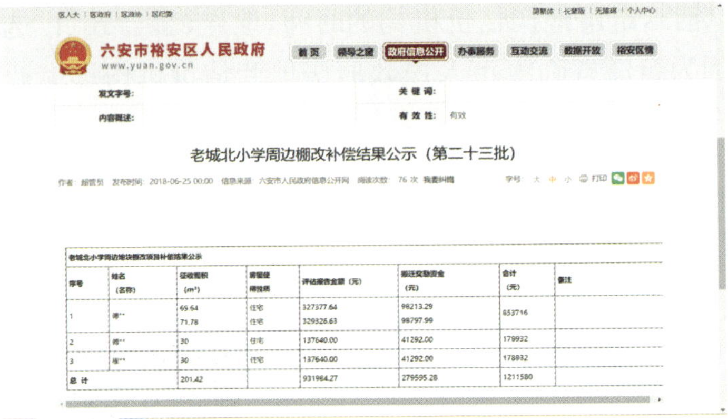
六安市裕安区人民政府
www.yuan.gov.cn
首页 领导之窗 政府信息公开 办事服务 互动交流 数据开放 裕安区情
发文字号：
关键词：
内容概述：
有效性： 有效

老城北小学周边棚改补偿结果公示（第二十三批）

作者：超管员 发布时间：2018-06-25 00:00 信息来源：六安市人民政府信息公开网 阅读次数：76 次

老城北小学周边地块棚改项目补偿结果公示

序号	姓名（名称）	征收面积（m²）	房屋使用性质	评估报告金额（元）	搬迁奖励资金（元）	合计（元）	备注
1	蒋**	69.64 71.78	住宅 住宅	327377.64 329326.63	98213.29 98797.99	853716	
2	傅**	30	住宅	137640.00	41292.00	178932	
3	崔**	30	住宅	137640.00	41292.00	178932	
总计		201.42		931984.27	279595.28	1211580	

六安市裕安区分户补偿情况

图 2-12-10　六安市裕安区分户补偿情况（扫码阅读）

8. 产权调换房屋

依据《公开标准目录》，产权调换房屋应发布房源信息、选房办法、选房结果等信息，其公开渠道为入户/现场方式。结合各地公开情况，房源信息一般包括小区名称、楼栋、房号、建筑面积、结算面积、安置房价格等信息；选房办法一般应明确安置对象、安置房源、安置房分配、证件办理及物业管理、安置房分配程序等信息；选房结果一般包括被征收人姓名、拟安置面积等信息。图 2-12-11、图 2-12-12 示例分别为安徽省六安市舒城县人民政府安置房分配方案、安置对象基本情况及安置房源在政府网站发布的情况。

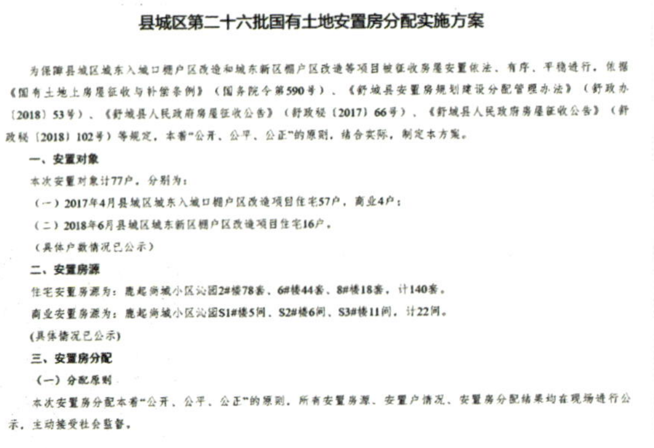
县城区第二十六批国有土地安置房分配实施方案

为保障县城区城东入城口棚户区改造和城东新区棚户区改造等项目被征收房屋安置依法、有序、平稳进行，依据《国有土地上房屋征收与补偿条例》（国务院令第590号）、《舒城县安置房规划建设分配管理办法》（舒政办〔2018〕53号）、《舒城县人民政府房屋征收公告》（舒政秘〔2017〕66号）、《舒城县人民政府房屋征收公告》（舒政秘〔2018〕102号）等规定，本着"公开、公平、公正"的原则，结合实际，制定本方案。

一、安置对象

本次安置对象计77户，分别为：

（一）2017年4月县城区城东入城口棚户区改造项目住宅57户，商业4户；

（二）2018年6月县城区城东新区棚户区改造项目住宅16户。

（具体户数情况已公示）

二、安置房源

住宅安置房源为：鹿起尚城小区沁园2#楼78套、6#楼44套、8#楼18套，计140套。

商业安置房源为：鹿起尚城小区沁园S1#楼5间、S2#楼6间、S3#楼11间，计22间。

(具体情况已公示)

三、安置房分配

（一）分配原则

本次安置房分配本着"公开、公平、公正"的原则，所有安置房源、安置户情况、安置房分配结果均在现场进行公示，主动接受社会监督。

六安市舒城县安置房分配方案

图 2-12-11　舒城县安置房分配方案

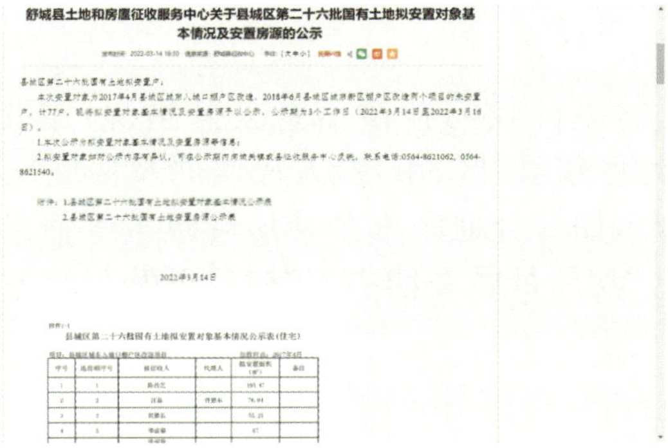

舒城县土地和房屋征收服务中心关于县城区第二十六批国有土地拟安置对象基本情况及安置房源的公示

2022年3月14日

县城区第二十六批国有土地拟安置对象基本情况公示表(住宅)

图 2-12-12　舒城县安置对象基本情况及安置房源（扫码阅读）

9. 房屋征收补偿决定

依据《公开标准目录》，房屋征收补偿决定公开即发布房屋征收补偿决定公告，其公开渠道为入户/现场方式。结合各地公开情况，房屋征收补偿决定公告一般包括被征收人个人信息、被征收房屋信息（含地址、建筑面积、结构、房屋评估金额等）、项目签约期限、补偿方式、补偿与移交手续办理期限和地址、救济渠道等信息。图 2-12-13 示例为安徽省六安市裕安区人民政府房屋征收补偿决定公告在政府网站发布的情况。

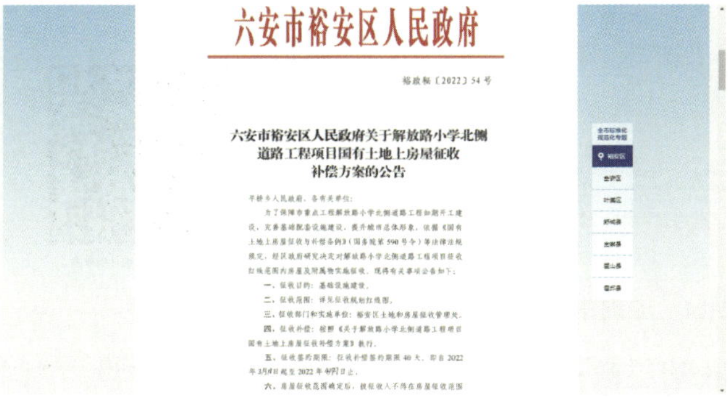

六安市裕安区人民政府

裕政秘〔2022〕54号

六安市裕安区人民政府关于解放路小学北侧道路工程项目国有土地上房屋征收补偿方案的公告

（a）

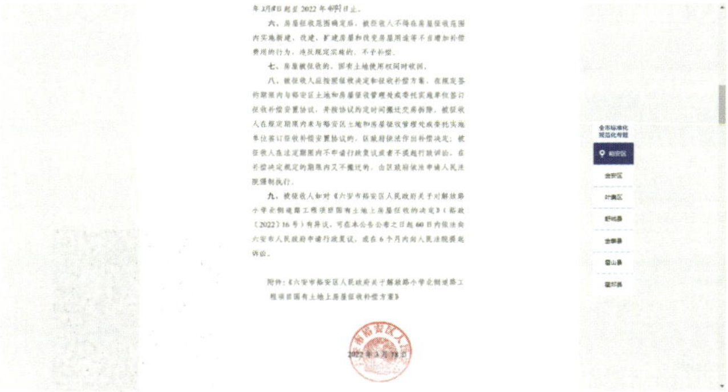

（b）

图 2-12-13　六安市裕安区房屋征收补偿方案（扫码阅读）

（三）公开注意事项

总结各地国有土地上房屋征收与补偿信息公开情况，主要存在如下问题：① 公开主体不全，如部分地区仅县（区、市）级人民政府及房屋征收部门公开了相关信息；② 公开要素不完整，如部分地区未公开法规政策等信息；③ 公开栏目信息发布不规范，如部分地区“房屋征收补偿决定”栏目下发布的主要为房屋征收补偿安置方案公告。

四、公开建议

（一）建设“国有土地上房屋征收与补偿”专题专栏，集中发布信息

深圳市规划和自然资源局建设“房屋征收补偿”专题，集中展示项目信息、年度计划、法规政策，其中项目信息集中展示深圳市下辖各区房屋征收项目信息，便于社会公众全面了解房屋征收相关法规政策、各辖区房屋征收项目等信息，具体如图 2-12-14 所示。

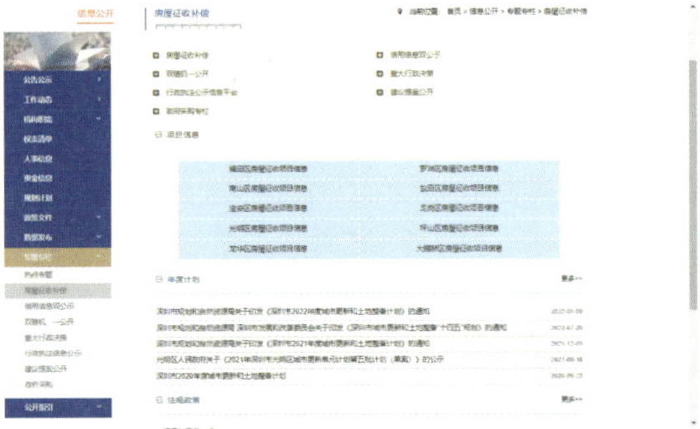

深圳市房屋征收补偿专题

图 2-12-14　深圳市房屋征收补偿专题（扫码阅读）

安徽省六安市下辖县区基层政务公开标准化、规范化专题中设置“国有土地上房屋征收与补偿”专题（图 2-12-15 以安徽省六安市裕安区为示例），专题设置“标准目录”“法律政策”“征收”“管理”“补偿”5 个栏目，归集发布相关信息。

六安市裕安区国有土地上房屋征收专题

图 2-12-15　六安市裕安区国有土地上房屋征收专题（扫码阅读）

（二）公开标准目录设置超链接，确保数据同源

上海市虹口区人民政府“国有土地上房屋征收”专题中，针对该领域公开事项设置超链接，点击后跳转至相关页面，确保数据同源、全面共享。如点击“上海市虹口区人民政府房屋征收决定（附房屋征收补偿方案）跳转链接”后，跳转至“政务公开—执行公开—公共资源配置—旧区改造—房屋征收决定”页面，具体如图 2-12-16、图 2-12-17 所示。

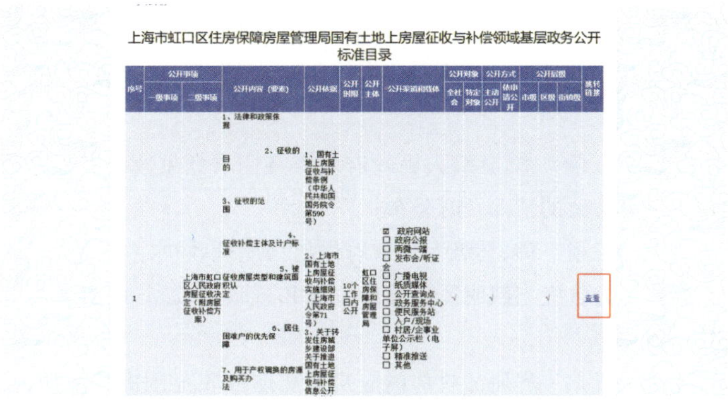

上海市虹口区国有土地上房屋征收专题跳转链接公开

图 2-12-16　上海市虹口区国有土地上房屋征收专题跳转链接公开（扫码阅读）

上海市虹口区国有土地上房屋征收专题跳转链接公开

图 2-12-17　上海市虹口区房屋征收决定页面（扫码阅读）

附件 1：国有土地上房屋征收政策文件要求（表 2-12-1）

表 2-12-1　国有土地上房屋征收政策文件要求

年份	文件名	内容
2011 年	《国有土地上房屋征收与补偿条例》（国务院令第 590 号）	第四条　市、县级人民政府负责本行政区域的房屋征收与补偿工作。市、县级人民政府确定的房屋征收部门（以下称房屋征收部门）组织实施本行政区域的房屋征收与补偿工作； 第十条　房屋征收部门拟定征收补偿方案，报市、县级人民政府。市、县级人民政府应当组织有关部门对征收补偿方案进行论证并予以公布，征求公众意见。征求意见期限不得少于 30 日； 第十一条　市、县级人民政府应当将征求意见情况和根据公众意见修改的情况及时公布； 第十三条　市、县级人民政府作出房屋征收决定后应当及时公告。公告应当载明征收补偿方案和行政复议、行政诉讼权利等事项； 第十五条　房屋征收部门应当对房屋征收范围内房屋的权属、区位、用途、建筑面积等情况组织调查登记，被征收人应当予以配合。调查结果应当在房屋征收范围内向被征收人公布； 第十九条　房屋征收评估办法由国务院住房和城乡建设主管部门制定，制定过程中，应当向社会公开征求意见； 第二十六条　房屋征收部门与被征收人在征收补偿方案确定的签约期限内达不成补偿协议，或者被征收房屋所有权人不明确的，由房屋征收部门报请作出房屋征收决定的市、县级人民政府依照本条例的规定，按照征收补偿方案作出补偿决定，并在房屋征收范围内予以公告； 第二十九条　房屋征收部门应当依法建立房屋征收补偿档案，并将分户补偿情况在房屋征收范围内向被征收人公布。审计机关应当加强对征收补偿费用管理和使用情况的监督，并公布审计结果
2011 年	《国有土地上房屋征收评估办法》（建房〔2011〕77 号）	第九条　房屋征收部门应当向受托的房地产价格评估机构提供征收范围内房屋情况，包括已经登记的房屋情况和未经登记建筑的认定、处理结果情况。调查结果应当在房屋征收范围内向被征收人公布

续表

年份	文件名	内容
2012 年	《关于推进国有土地上房屋征收与补偿信息公开工作的实施意见》(建房〔2012〕84 号)	三、明确信息公开内容和范围。市、县级人民政府及房屋征收部门应当明确信息公开内容,公布下列房屋征收与补偿信息:(一)房屋征收补偿法规政策;(二)房屋征收决定;(三)房屋征收补偿方案;(四)房屋征收补助、奖励政策和标准;(五)征收范围内房屋的调查结果;(六)被征收房屋分户的初步评估结果;(七)被征收房屋分户补偿情况。上述第(一)项事项应当向社会公布。第(二)至(四)项事项应当在征收范围内公布。第(五)至(七)项事项应当在征收范围内向被征收人公布; 四、规范信息公开方式。市、县级人民政府及房屋征收部门应当按照法律法规规定,完善信息公开的有关方式和渠道,及时公开房屋征收与补偿信息,保证房屋征收当事人的知情权
2013 年	《关于进一步加强国有土地上房屋征收与补偿信息公开工作的通知》(建房〔2013〕133 号)	一、深入推进信息公开工作。各地要认真贯彻落实《国有土地上房屋征收与补偿条例》,在继续做好房屋征收补偿方案、补偿标准、补偿结果信息公开的基础上,重点做好房屋征收决定、补助奖励政策和标准在征收范围内公布,征收房屋的调查结果、初步评估结果、分户补偿情况在征收范围内向被征收人公布; 二、不断拓展信息公开渠道,在充分发挥政府网站、政府公报、新闻发布会、报刊、广播电视等平台和载体作用的基础上,进一步加强房屋征收现场公告栏、电子屏的建设,主动公开房屋征收决定、补偿方案、用于产权调换的房屋情况等房屋征收与补偿信息; 三、积极稳妥做好依申请公开。各地要高度重视房屋征收与补偿信息依申请公开工作,规范工作程序,明确工作分工,落实工作责任,确保答复工作依法、规范。加强房屋征收与补偿相关法规政策宣传,积极引导申请人依法提出申请; 四、进一步加强房屋征收信息系统建设,逐步建立房屋征收与补偿信息公开网上发布和查询平台,推行房屋征收补偿协议网上签约,提升房屋征收与补偿信息公开信息化水平
2019 年	《住房和城乡建设部办公厅关于印发保障性住房等基层政务公开标准目录的通知》(建办厅〔2019〕71 号)	印发了《国有土地上房屋征收与补偿领域基层政务公开标准目录》,要求公开政策法规、征收、评估、补偿 4 个一级事项,其中政策法规包含国家层面和地方层面 2 个二级事项,征收包括启动要件、社会稳定风险评估、房屋调查登记、房屋征收补偿方案拟定、房屋征收决定 5 个二级事项,评估包括房地产估价机构确定、被征收房屋评估 2 个二级事项,补偿包括分户补偿情况、产权调换房屋、房屋征收补偿决定 3 个二级事项

第三章　解读回应专题

解读回应是历年政务公开工作的重点内容，是保障公民有效参政议政的重要途径之一，亦是体现我国“以人为本”执政理念的重要载体。国务院办公厅关于印发《2022年政务公开工作要点的通知》（国办发〔2022〕8号）明确要求，“在发布重大政策的同时做好解读工作，主动解疑释惑，积极引导舆论，有效管理预期”。此外，随着新媒体技术的发展，公民对解读回应的公开质量、公开形式等方面提出了更高程度的要求。因此，本专题对政策解读、政府回应社会关切进行深入研究，明确其概念、公开要求、公开形式等内容，并提出在新时代发展下对解读与回应的公开建议。

第一节　政 策 解 读

做好政策解读工作，对政策执行机关、执行人员及社会公众充分了解政策意图，避免政策执行出现偏差，打通政策落地“最后一公里”具有十分重要的意义。《中共中央办公厅　国务院办公厅印发〈关于建立健全信息发布和政策解读机制的意见〉的通知》（中办发〔2014〕21号），提出积极主动做好信息发布和政策解读，同步部署信息发布和政策解读。目前，各地区各部门在开展政策解读工作时仍存在文字解读质量不高、宣发形式不丰富等问题，如简单摘抄原文、罗列小标题等，导致公众无法真正理解政策要义。本节将主要围绕政策解读内涵、注意事项、公开路径等方面展开研究。

一、政策解读的内涵

（一）概念

政策解读是对政府重要政策文件的出台背景、目的、意义及其执行口径、操作方法所作的解释性说明（立法解释除外）。

（二）内容要素

解读要素并非一成不变，近年来国务院办公厅为实现政策解读的减负增效，对于解读要素也作出了相应调整，具体如表 3-1-1 所示。

表 3-1-1 政策解读要素变化

年份	文件依据	解读要素
2016 年	《关于全面推进政务公开工作的意见》（中办发〔2016〕8 号）	政策背景、目标和要点
	《国务院办公厅印发〈关于全面推进政务公开工作的意见〉实施细则的通知》（国办发〔2016〕80 号）	国务院重大政策解读：政策背景、主要内容、落实措施及工作进展
		各地区各部门政策解读：背景依据、目标任务、主要内容、涉及范围、执行标准，以及注意事项、关键词诠释、惠民利民举措、新旧政策差异等
2017 年	《国务院办公厅关于印发 2017 年政务公开工作要点的通知》（国办发〔2017〕24 号）	政策背景、依据、目标任务、涉及范围，以及经济转型发展中的亮点等
	《国务院办公厅关于印发政府网站发展指引的通知》（国办发〔2017〕47 号）	背景依据、目标任务、主要内容和解决的问题等
2018 年	《国务院办公厅关于印发 2018 年政务公开工作要点的通知》（国办发〔2018〕23 号）	政策背景、重点任务、后续工作考虑等
2021 年	《国务院办公厅关于印发 2021 年政务公开工作要点的通知》（国办发〔2021〕12 号）	政策背景、出台目的、重要举措等方面

（三）解读范围

根据各地区、各部门解读工作实际开展情况来看，主要包括两方面内容：一是对于政府规章，行政规范性文件，以及涉及面广、与民生关系密切、社会关注度高或专业性强的重要政策文件和其他政策文件，应进行政策解读。二是围绕本年度中心任务、重点工作推进、重大项目实施等情况，应开展解读工作。

二、政策解读责任主体

根据《国务院办公厅印发〈关于全面推进政务公开工作的意见〉实施细则的通知》（国办发〔2016〕80 号）提出的“谁起草、谁解读”原则，应由政策文件的起草部门负责组织实施解读工作。多个部门共同起草的，由牵头部门负责组织实施解读工作。各单位应以解读本单位牵头起草或制定的政策文件为主,不能仅转载上级单位或其他单位的政策解读,来代替本单位对自身政策的解读。

此外,该文件也提出部门主要负责人是“第一解读人和责任人”,对涉及面广、社会关注度高的法规政策和重大措施,应带头解读政策,传递权威信息。根据《中国政府透明度(2019)》总报告,政策解读主要负责人不限于本单位的“一把手”,只要是本机关相关负责同志即可。

三、政策解读形式与方式

(一)形式

根据《国务院办公厅关于印发政府网站发展指引的通知》(国办发〔2017〕47 号)等文件,解读内容除文字解读之外,还可以通过数字化、图片图表、音频视频、卡通动漫等形式展现。

(1)文字解读。福建省厦门市人民政府解读的《厦门市土地储备实施办法》,从该文件的背景依据、目标任务、工作进展、范围期限、主要内容、其他事项、关键词诠释 7 个方面进行了实质性解读,解读内容全面、条理清晰,并主动公开了联系人及联系电话,便于群众进一步了解政策内涵,具体如图 3-1-1 所示。

当前位置:首页 / 解读回应 / 政策解读 / 文字解读

《厦门市土地储备实施办法》政策解读

2021-08-13 17:03　字号:大 中 小

相关政策文件

一、背景依据

2001年,市政府办公厅印发《厦门市国有土地储备实施办法》,在全国范围内率先以规章的形式规范土地储备工作,服务和保障全市经济社会发展。2011-2020年,全市完成土地收储7591公顷,土地招拍挂供应3455公顷,为提供建设用地保障能力、服务房地产市场调控、促进土地资源节约集约利用发挥了重要作用。

近年来,上级主管及相关部门针对土地储备实务相继出台新政策、新要求。2018年1月,原国土资源部等四部委联合修订《土地储备管理办法》,财政部自2016年以来先后制定《关于规范土地储备和资金管理等相关问题的通知》、《地方政府土地储备专项债券管理办法(试行)》等政策,规范土地储备和资金管理行为。在新的形势下,2001年的办法显露出滞后性,部分内容与出台的新政策、新要求存在不衔接之处,同时,多年来我市积极探索并建立“土地收储、土地整理、土地出让”三位一体的良性运行机制,在推动业务实践过程中形成一系列行之有效的做法和经验,但主要零散体现在相关的文件或会议纪要中,有必要将这些有效的做法以统一的文件进行规范,继续保障土地储备实务的有序运行。

二、目标任务

通过制订《厦门市土地储备实施办法》(以下简称“《实施办法》”),进一步加强土地储备管理,规范土地储备行为,优化土地资源配置,

(a)

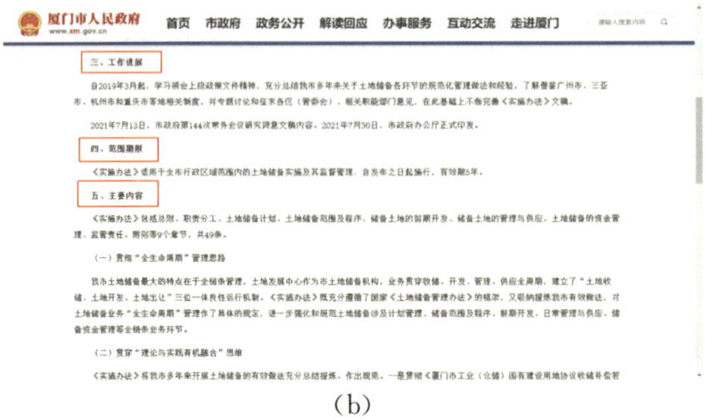
厦门市人民政府 www.xm.gov.cn　首页　市政府　政务公开　解读回应　办事服务　互动交流　走进厦门　请输入搜索内容

三、工作进展

自2019年3月起,学习领会上级政策文件精神,充分总结我市多年来关于土地储备各环节的规范化管理做法和经验,了解借鉴广州市、三亚市、杭州市和重庆市等地相关制度,并专题讨论和征求各区(管委会)、相关职能部门意见,在此基础上不断完善《实施办法》文稿。

2021年7月13日,市政府第144次常务会议研究同意文稿内容。2021年7月30日,市政府办公厅正式印发。

四、范围期限

《实施办法》适用于全市行政区域范围内的土地储备实施及其监督管理,自发布之日起施行,有效期5年。

五、主要内容

《实施办法》包括总则、职责分工、土地储备计划、土地储备范围及程序、储备土地的前期开发、储备土地的管理与供应、土地储备的资金管理、监管责任、附则等9个章节,共49条。

(一)贯彻“全生命周期”管理思路

我市土地储备最大的特点在于全链条管理,土地发展中心作为市土地储备机构,业务贯穿收储、开发、管理、供应全周期,建立了“土地收储、土地开发、土地出让”三位一体良性运行机制。《实施办法》既充分遵循了国家《土地储备管理办法》的框架,又吸纳提炼我市有效做法,对土地储备业务“全生命周期”管理作了具体的规定,进一步强化和规范土地储备涉及计划管理、储备范围及程序、前期开发、日常管理与供应、储备资金管理等全链条业务环节。

(二)贯穿“理论与实践有机融合”思维

《实施办法》将我市多年来开展土地储备的有效做法充分总结提炼,作出规范。一是贯彻《厦门市工业(仓储)国有建设用地协议收储补偿管

(b)

厦门市文字解读

图 3-1-1　厦门市文字解读(扫码阅读)

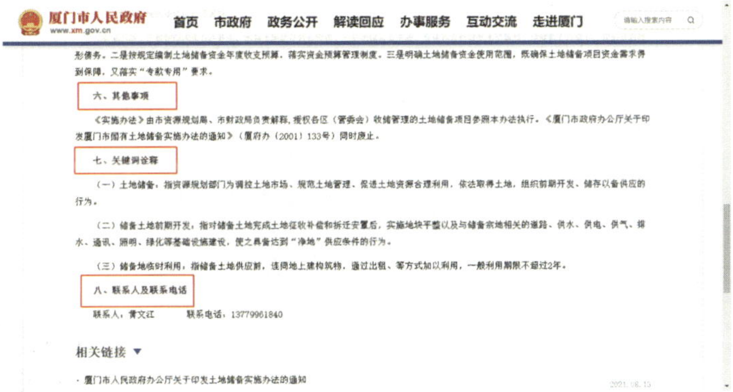

(c)

图 3-1-1 厦门市文字解读(扫码阅读)(续)

(2) 数字化。湖南省人民政府的“三湘解读”专题中运用了多种形式和渠道开展解读工作，其中包括第 5 代超文本标记语言(H5)解读的方式，将文字、图片、音乐等元素有机整合，对传统政策解读的内容进行了丰富与补充，大大增加了政策的可读性和传播性，具体如图 3-1-2 所示。

(a)

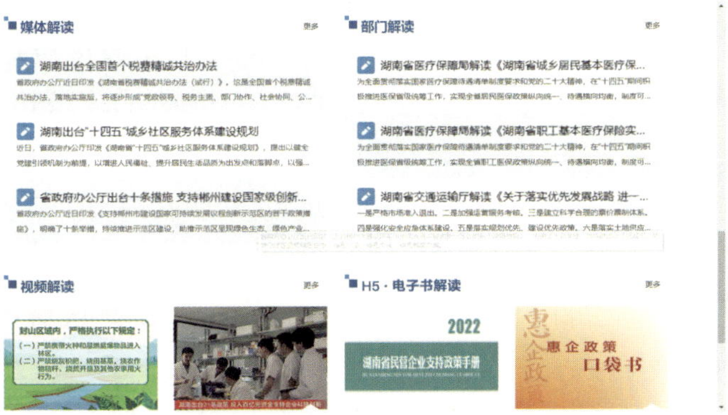

(b)

湖南省数字化解读

图 3-1-2 湖南省数字化解读(扫码阅读)

（3）卡通动漫。中国政府网的“秒懂国务院”专栏，以卡通动漫等群众喜闻乐见、容易理解的形式，解读各类与民生关系密切、与群众利益息息相关的热点问题，让群众看得到、听得懂，增强了群众体验感、获得感，具体如图 3-1-3 所示。

国务院卡通动漫解读

图 3-1-3　国务院卡通动漫解读（扫码阅读）

（二）方式

根据《关于全面推进政务公开工作的意见》（中办发〔2016〕8 号）要求，对涉及面广、社会关注度高、实施难度大、专业性强的政策法规，可以通过新闻发布、政策吹风、接受访谈、发表文章等方式进行解读。《国务院办公厅关于印发 2019 年政务公开工作要点的通知》（国办发〔2019〕14 号）中也提出，要探索运用政策简明问答、网络问政、政策进社区等方式进行解读，真正让群众看得到、能理解。

（1）政策简明问答。山东省济南市济阳区发展和改革局主要负责同志通过政策问答的形式，从制定背景、起草过程、主要内容、关键词诠释、保障措施等方面解读了《济南市济阳区 2020 年重点投资项目计划》，充分体现了负责人解读的权威性、指导性，具体如图 3-1-4 所示。

（2）新闻发布会、政策媒体吹风会。安徽省人民政府通过新闻发布会、政策媒体吹风会等渠道，全方位多角度解读《安徽省人民政府关于扎实推进民生工作的意见》（皖政〔2017〕58 号），有效扩大了政策知晓面，有力推动了政策执行到位，具体如图 3-1-5 所示。

（3）政策进社区。浙江省人民政府通过开展“政策进万家进万企”系列网络宣传活动，面对面为群众解读政策、回应关切；同时设置民生政策在线咨询、惠企政策在线建议、公益法律咨询等栏目，与网民实时在线互动，提高群众对民生政策的知晓率，具体如图 3-1-6 所示。

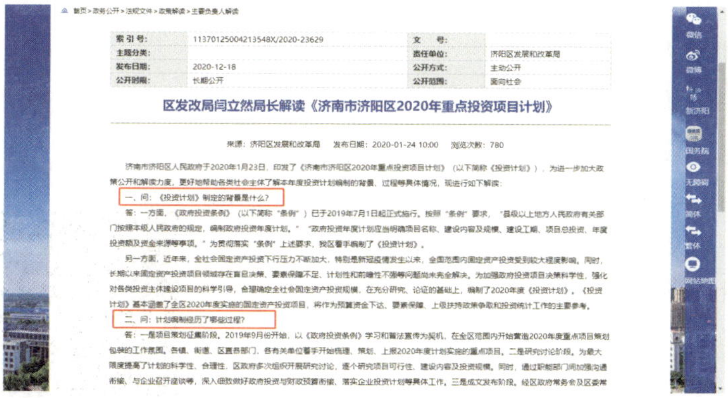

首页 > 政务公开 > 法规文件 > 政策解读 > 主要负责人解读

索引号：	11370125004213548X/2020-23629	文　　号：	
主题分类：		责任单位：	济阳区发展和改革局
发布日期：	2020-12-18	公开方式：	主动公开
公开时限：	长期公开	公开范围：	面向社会

区发改局闫立然局长解读《济南市济阳区2020年重点投资项目计划》

来源：济阳区发展和改革局　发布日期：2020-01-24 10:00　浏览次数：780

济南市济阳区人民政府于2020年1月23日，印发了《济南市济阳区2020年重点投资项目计划》（以下简称《投资计划》），为进一步加大政策公开和解读力度，更好地帮助各类社会主体了解本年度投资计划编制的背景、过程等具体情况，现进行如下解读：

一、问：《投资计划》制定的背景是什么？

答：一方面，《政府投资条例》（以下简称“条例”）已于2019年7月1日起正式施行。按照“条例”要求，“县级以上地方人民政府有关部门按照本级人民政府的规定，编制政府投资年度计划。”“政府投资年度计划应当明确项目名称、建设内容及规模、建设工期、项目总投资、年度投资额及资金来源等事项。”为贯彻落实“条例”上述要求，我区着手编制了《投资计划》。

另一方面，近年来，全社会固定资产投资下行压力不断加大，特别是新冠疫情发生以来，全国范围内固定资产投资受到较大程度影响。同时，长期以来固定资产投资项目领域存在盲目决策、要素保障不足、计划性和前瞻性不强等问题尚未完全解决。为加强政府投资项目决策科学性，强化对各类投资主体建设项目的科学引导，合理确定全社会固定资产投资规模，在充分研究、论证的基础上，编制了2020年度《投资计划》。《投资计划》基本涵盖了全区2020年度实施的固定资产投资项目，将作为预算资金下达、要素保障、上级扶持政策争取和投资统计工作的主要参考。

二、问：计划编制经历了哪些过程？

答：一是项目策划征集阶段。2019年9月份开始，以《政府投资条例》学习和普法宣传为契机，在全区范围内开始营造2020年度重点项目策划包装的工作氛围。各镇、街道、区直各部门，各有关单位着手开始梳理、策划、上报2020年度计划实施的重点项目。二是研究讨论阶段。为最大限度提高了计划的科学性、合理性，区政府多次组织开展研究讨论，逐个研究项目可行性、建设内容及投资规模。同时，通过职能部门间加强沟通衔接、与企业召开座谈等，深入细致做好政府投资与财政预算衔接、落实企业投资计划等具体工作。三是成文发布阶段。经区政府常务会及区委常

(a)

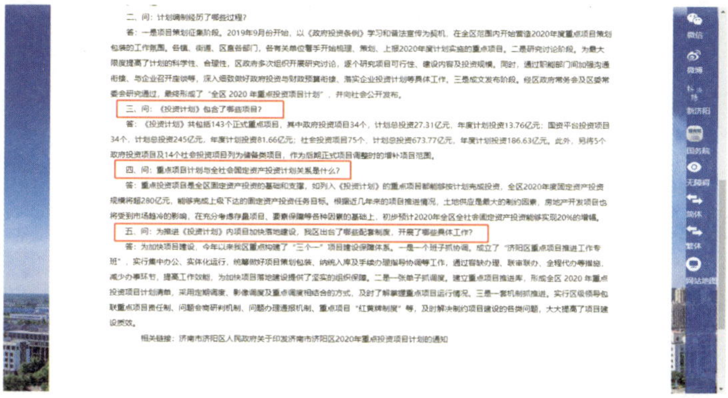

二、问：计划编制经历了哪些过程？

答：一是项目策划征集阶段。2019年9月份开始，以《政府投资条例》学习和普法宣传为契机，在全区范围内开始营造2020年度重点项目策划包装的工作氛围。各镇、街道、区直各部门，各有关单位着手开始梳理、策划、上报2020年度计划实施的重点项目。二是研究讨论阶段。为最大限度提高了计划的科学性、合理性，区政府多次组织开展研究讨论，逐个研究项目可行性、建设内容及投资规模。同时，通过职能部门间加强沟通衔接、与企业召开座谈等，深入细致做好政府投资与财政预算衔接、落实企业投资计划等具体工作。三是成文发布阶段。经区政府常务会及区委常委会研究通过，最终形成了“全区 2020 年重点投资项目计划”，并向社会公开发布。

三、问：《投资计划》包含了哪些项目？

答：《投资计划》共包括143个正式重点项目，其中政府投资项目34个，计划总投资27.31亿元，年度计划投资13.76亿元；国资平台投资项目34个，计划总投资245亿元，年度计划投资81.66亿元；社会投资项目75个，计划总投资673.77亿元，年度计划投资186.63亿元。此外，另将5个政府投资项目及14个社会投资项目列为储备类项目，作为后期正式项目调整时的增补项目范围。

四、问：重点项目计划与全社会固定资产投资计划关系是什么？

答：重点投资项目是全区固定资产投资的基础和支撑，如列入《投资计划》的重点项目都能够按计划完成投资，全区2020年度固定资产投资规模将超280亿元，能够完成上级下达的固定资产投资任务目标。根据近几年来的项目推进情况，土地供应是最大的制约因素，房地产开发项目也将受到市场趋冷的影响，在充分考虑存量项目、要素保障等各种因素的基础上，初步预计2020年全区全社会固定资产投资能够实现20%的增幅。

五、问：为推进《投资计划》内项目加快落地建设，我区出台了哪些配套制度，开展了哪些具体工作？

答：为加快项目建设，今年以来我区重点构建了“三个一”项目建设保障体系。一是一个班子抓协调。成立了“济阳区重点项目推进工作专班”，实行集中办公、实体化运行，统筹做好项目策划包装、纳统入库及手续办理指导协调等工作，通过容缺办理、联审联办、全程代办等措施，减少办事环节，提高工作效能，为加快项目落地建设提供了坚实的组织保障。二是一张单子抓调度。建立重点项目推进库，形成全区 2020 年重点投资项目计划清单，采用定期调度、影像调度及重点调度相结合的方式，及时了解掌握重点项目运行情况。三是一套机制抓推进。实行区级领导包联重点项目责任制、问题会商研判机制、问题办理通报机制、重点项目“红黄牌制度”等，及时解决制约项目建设的各类问题，大大提高了项目建设质效。

相关链接：济南市济阳区人民政府关于印发济南市济阳区2020年重点投资项目计划的通知

(b)

济南市政策简明问答

图 3-1-4　济南市政策简明问答（扫码阅读）

裕安区财务信息

图 3-1-5　安徽省新闻发布会、政策媒体吹风会（扫码阅读）

浙江省“政策进万家进万企”

图 3-1-6　浙江省“政策进万家进万企”(扫码阅读)

四、公开建议

(一) 规范解读程序,强化监督考评

各地区、各部门可通过建立政策解读管理制度,围绕政策解读的责任主体、工作流程、内容范围和形式方式等出台行之有效的工作细则,明确政策文件与解读材料同步起草、同步审签、同步发布,以保障解读的合法性、合规性、准确性、及时性。此外,还可通过强化政策解读监督考评,进一步压实工作责任,将政策解读纳入政务公开年度考核范围。同时,将政策解读作为政务公开培训的重要内容,加强对部门领导同志和相关业务工作人员的培训,切实增强其解读意识,提升工作能力。

(二) 提升解读质量,加强内容把控

各地区、各部门在开展政策解读工作时,要加强政策解读材料质量把控,对政策制定过程中收集到的普遍关注点和疑惑点,要有针对性地予以解答、说明,杜绝简单摘抄文字、罗列文件小标题等形式化解读。通过站在公众视角,运用媒体思维,以通俗易懂的语言,配以生动案例和客观数据,让群众看得懂、信得过。逐步推进政策施行后解读,对政策实施过程中产生的新情况、新问题,文件起草单位要开展二次解读、跟踪解读,讲明讲透政策内涵。

(三) 开展解读服务,打通咨询渠道

各地区、各部门可依托 12345 热线、政务公开专区等开辟政策解读线上线下双渠道,通过主动提供解读人的联系电话、开展政策问答、设立政策咨询综合服务窗口等方式,开展政策解读咨询服务。有条件的地区可以通过开展政策解读进基

层、进社区、进企业等活动，搭建政府与群众沟通交流的桥梁，加强政民互动，进一步提升政策解读宣传效果。

第二节　政府回应社会关切

随着互联网技术的迅猛发展和信息传播方式的深刻变革，政府的施政环境发生重大变化，舆情事件频发多发，社会公众对政府工作知情、参与和监督意识不断增强，2013 年国务院办公厅印发《关于进一步加强政府信息公开回应社会关切提升政府公信力的意见》（国办发〔2013〕100 号），对各级行政机关及时回应公众关切和正确引导舆情提出了更高要求。经过多年努力，各地区、各部门政务公开和舆情回应工作取得较大进展，已基本形成发布、解读、回应衔接配套的政务公开工作格局。但是，与公众对政府治理的期望相比，当前一些地方和部门仍然存在政府信息公开不主动、不及时，面对公众关切不回应、不发声，舆情回应不到位、回应效果不理想等问题，如人教版教材插图事件引发争议，教育部教材局、人教社并未第一时间回应社会舆情，导致事件发酵，对政府形象和公信力造成不良影响。

本节旨在厘清政府回应社会关切的要求并选取地方优秀案例，为各部门提供工作参考。

一、概念界定

（一）政府回应

根据国内学者的相关研究，结合互联网时代的背景，政府回应是指政府在公共管理过程中对公众的诉求和疑惑作出及时的积极的反应并进行负责人的回复，最终能使公众满意的一种公共行政行为。[①]

（二）社会关切

社会关切可以理解为在一定时间段和一定范围内民众所热切关注的问题。社会关切核心可以理解为民意、民心所向的内容。在现实世界中，舆论是社会关切的表现形式。[②]

---

① 宋哲妍. 互联网时代政府回应社会关切研究[D]. 广州：广州大学，2016.
② 席文启. 谈谈回应社会关切[J]. 北京人大，2014(4)：38.

（三）舆论舆情

在《新闻学概论》里面，李良荣将舆论定义为，舆论是指在特定的时间空间里，公众对于特定的社会公共事务公开表达的基本一致的意见或态度。陈力丹在《新闻学理论十讲》中将舆论概括为公众对其关心的人物、事件、现象、问题和观念的信念、态度和意见的总和，具有一定的一致性、强烈性和持续性，对社会发展和社会进程产生影响，其中夹杂着理性与非理性的成分。

从上述定义中可以看出，舆情是指民意状况，涉及公众对社会生活中各个方面的问题，尤其是热点问题的公开意见（外露部分）或情绪反应（可能外露的部分），其本体是意见、态度和情绪。舆论是在一定的舆情基础上形成的，舆论的主体是公众，客体是与公共利益有关的公共事务，其本体是意见，即公众对公共事务的评价性意见。

根据上述概念梳理，政府对社会关切作出回应是一种常态化行政行为，主要表现为在政务公开交流平台上以意见征集、活动建议等形式进行互动回应；而政务舆情则是社会关切的一种特殊表现形式。

二、公开的工作要求

（一）责任主体

根据《中华人民共和国政府信息公开条例》（国务院令第711号），回应社会关切的主体是负责信息制作、保存或公开的相关政府部门。

对于政务舆情，责任主体更加明确。具体来说，对涉及国务院重大政策、重要决策部署的政务舆情，国务院相关部门是第一责任主体。对涉及地方的政务舆情，按照属地管理、分级负责、谁主管谁负责的原则进行回应，涉事责任部门是第一责任主体，本级政府办公厅（室）会同宣传部门做好组织协调工作；涉事责任部门实行垂直管理的，上级部门办公厅（室）会同宣传部门做好组织协调工作。对涉及多个地方的政务舆情，上级政府主管部门是舆情回应的第一责任主体，相关地方按照属地管理原则进行回应。对涉及多个部门的政务舆情，相关部门按照职责分工做好回应工作，部门之间应加强沟通协商，确保回应的信息准确一致，本级政府办公厅（室）会同宣传部门做好组织协调、督促指导工作，必要时可确定牵头部门；对特别重大的政务舆情，本级政府主要负责同志要切实负起领导责任，指导、协调、督促相关部门做好舆情回应工作。①

① 《国务院办公厅关于在政务公开工作中进一步做好政务舆情回应的通知》（国办发〔2016〕61号）第一条。

(二) 回应范围

对于政府常态化回应社会关切,根据政务公开相关文件梳理,其重点内容主要为:党和政府中心工作、重点领域信息、政策实施和重大项目推进过程中出现的误解疑虑以及每年的倾向性热点问题,具体如表 3-2-1 所示。

表 3-2-1　政府回应社会关切政策文件要求

文件名	内容
《国务院办公厅关于印发 2014 年政府信息公开工作要点的通知》(国办发〔2014〕12 号)	适用一般程序查办的制售假冒伪劣商品和侵犯知识产权行政处罚案件的名称、被处罚者姓名或名称,以及主要违法事实和处罚种类、依据、结果等
《国务院办公厅关于印发 2015 年政府信息公开工作要点的通知》(国办发〔2015〕22 号)	党和政府中心工作、公众关切、重点领域信息
《国务院办公厅关于印发 2016 年政务公开工作要点的通知》(国办发〔2016〕19 号)	食品药品监管信息、抽检抽验信息、处罚信息、消费警示信息和产生重大影响的典型案件信息(食品药品监管总局牵头落实)
《国务院办公厅印发〈关于全面推进政务公开工作的意见〉实施细则的通知》(国办发〔2016〕80 号)	建设性意见建议、群众反映的实际困难、公众不了解情况、存在模糊认识的、虚假和不实信息
《国务院办公厅关于印发 2017 年政务公开工作要点的通知》(国办发〔2017〕24 号)	环境政策措施、环境治理工作进展等信息,特别是要加大重污染天气等治理措施、进展、成效方面的信息公开力度,主动回应社会关注的热点问题; 涉及公共利益、社会广泛关注的全国人大代表建议和全国政协委员建议提案
《国务院办公厅关于全面推进基层政务公开标准化规范化工作的指导意见》(国办发〔2019〕54 号)	政策实施和重大项目推进过程中出现的误解疑虑
《国务院办公厅关于印发 2022 年政务公开工作要点的通知》(国办发〔2022〕8 号)	市场主体反映投资和工程建设项目审批问题

对于政务舆情,各地区、各部门需重点回应的政务舆情是:对政府及其部门重大政策措施存在误解误读的、涉及公众切身利益且产生较大影响的、涉及民生领域严重冲击社会道德底线的、涉及突发事件处置和自然灾害应对的、上级政府要

求下级政府主动回应的政务舆情等。舆情监测过程中，如发现严重危害社会秩序和国家利益的造谣传谣行为，相关部门在及时回应的同时，应将有关情况和线索移交公安机关、网络监管部门依法依规进行查处。[①]

（三）回应时间

对于互动回应，国家要求 5 个工作日内进行答复[②]，各地可根据具体工作要求对不同分类的互动留言作出详细时间规定，但最迟不超过国家规定的 5 个工作日。例如，对以电子邮箱形式接收的网民意见建议，要每日查看邮箱信件，及时办理并公开信件办理情况。[③]

对涉及特别重大、重大突发事件的政务舆情，要快速反应、及时发声，最迟 5 小时内发布权威信息、24 小时内举行新闻发布会，对其他政务舆情应在 48 小时内予以回应，并根据工作进展情况，持续发布权威信息。[④]

（四）回应方式

政府回应社会关切主要通过政府网站、新闻发言人制度、政府热线电话和政务新媒体的方式。[⑤]

政府网站发布权威信息，讲清事实真相、有关政策措施以及处理结果等，地方政府和部门负责同志应主动到政府网站接受在线访谈。政府网站上还应搭建统一的互动交流平台，实现留言评论、在线访谈、征集调查、咨询投诉和即时通信等功能，对意见建议受理情况进行反馈并动态更新网民问答知识库。

政府各部门建立健全例行新闻发布制度，利用新闻发布会、组织记者采访、答记者问、网上访谈等多种形式发布信息，增强信息发布的实效。相关部门负责人或新闻发言人应当出席新闻发布会或吹风会。

政府工作单位应进一步清理整合政务热线，推动政务热线与政府网站互动交流系统互联互通、共享共用政策业务咨询问答知识库，除因专业性强、咨询服务量大确需保留的政务热线外，其他政务热线实现“一号对外”。

此外，还应利用政务微博、微信等新媒体，及时发布各类权威政务信息，并以及时、便捷的方式与公众进行互动交流。

---

① 《国务院办公厅关于在政务公开工作中进一步做好政务舆情回应的通知》（国办发〔2016〕61 号）第二条。

② 《政府网站与政务新媒体检查指标》“互动交流—办理答复”。

③ 《国务院办公厅关于印发政府网站发展指引的通知》（国办发〔2017〕47 号）第四条第（四）款第 5 项。

④ 《国务院办公厅印发〈关于全面推进政务公开工作的意见〉实施细则的通知》（国办发〔2016〕80 号）第三条第（四）款。

⑤ 《国务院办公厅关于进一步加强政府信息公开回应社会关切提升政府公信力的意见》（国办发〔2013〕100 号）第（五）条。

三、经验总结及建议

（一）建立健全舆情工作机制，防止风险预期自我实现

建立健全政务舆情的监测、收集、研判、回应机制，准确把握舆情发展方向，降低舆论风险。加快建设与宣传、网信等部门的快速反应和协调联动机制，加强与有关新闻媒体和网站的沟通联系，着力提高回应的及时性、针对性、有效性。

优秀案例：深圳市借助新闻网站搭建舆情监测系统，并在新闻网站上设置舆情频道，对舆情进行播报，具体如图 3-2-1 所示；山东省人民政府和“闪电新闻”联合创办《问政山东 · 回头看》系列访谈节目，邀请省市负责人接受现场问政，具体如图 3-2-2 所示；中共广东省直属机关工作委员会和广东广播电视台联合主办《广东民声热线》，为省直机关回应群众问题提供新的渠道，具体如图 3-2-3 所示；浙江省杭州市打造杭州媒体网站联合辟谣平台。针对不实消息在线打假，同时在专题页面底部设置谣言举报链接，可直接跳转举报平台，具体如图 3-2-4 所示。

广东省深圳市舆情监测和播报

图 3-2-1　广东省深圳市舆情监测和播报（扫码阅读）

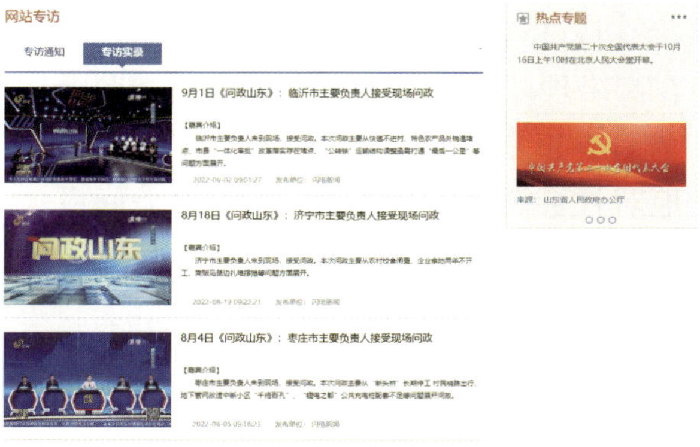

山东省《问政山东·回头看》访谈节目

图 3-2-2　山东省《问政山东 · 回头看》访谈节目（扫码阅读）

广东省《民声热线》节目

图 3-2-3　广东省《民声热线》节目(扫码阅读)

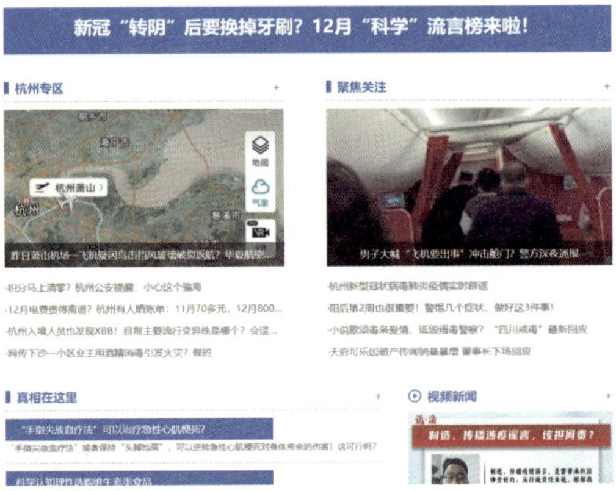

浙江省杭州市媒体网站联合辟谣平台

图 3-2-4　浙江省杭州市媒体网站联合辟谣平台(扫码阅读)

(二) 增加回应频率，优化回复内容

把握好回应的第一时间和最佳时间，针对热点问题适当增加回应的频率。回应内容应围绕舆论关注的焦点、热点和关键问题，实事求是、言之有据、有的放矢，避免自说自话，力求表达准确、亲切、自然。

优秀案例：四川省成都市在网络理政社会诉求平台上高频次公开回复网友信件，具体如图 3-2-5 所示；江西省宜春市常态化举行“你建言，我来办”活动，及时对建言进行反馈公开，有针对性地对社会关切作出回应，同时附上回应人姓名及联系方式，具体如图 3-2-6 所示。

四川省成都市回复公开频率

图 3-2-5　四川省成都市回复公开频率（扫码阅读）

（a）

（b）

江西省宜春市“你建言，我来办”活动

图 3-2-6　江西省宜春市“你建言，我来办”活动（扫码阅读）

（三）整合回应渠道，用好统一平台

统一回应路径，发挥互动交流平台的桥梁作用，连接政府与群众，提升信息达到率，扩大信息传播范围。加强新媒体矩阵建设，政府网站链接微信、微博等新媒体，实现一键同步回应。

优秀案例：浙江省“政民互动平台”上集成展示来信、咨询、投诉、调查征集、回应关切、在线直播、在线访谈等栏目，并关联政视联播，实现一键互联，具体如图 3-2-7 所示；陕西省西安市在“互动”平台中除设置“我要诉求”“市长信箱”“办件公示”“数据统计”等栏目外，还链接了“网上信访”“12388 纪检举报”“市民热线 12345”平台，具体如图 3-2-8 所示。

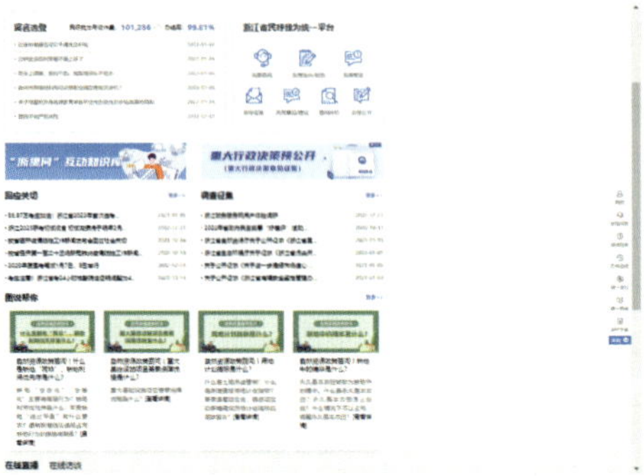

浙江省“政民互动”平台

图 3-2-7　浙江省“政民互动”平台（扫码阅读）

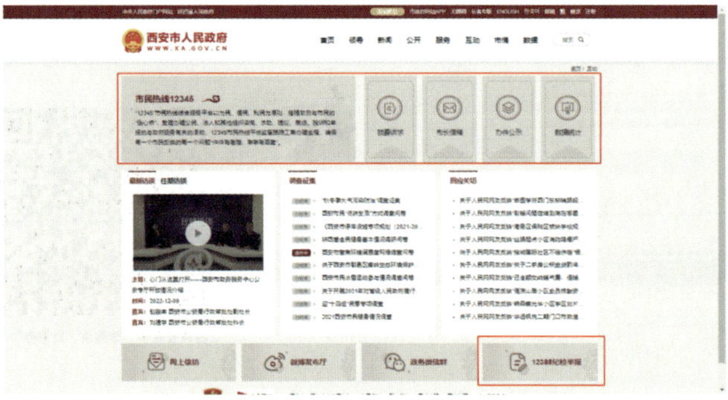

陕西省西安市“互动”平台

图 3-2-8　陕西省西安市“互动”平台（扫码阅读）

（四）关注回应结果，完善社会评议

定期整理回应办理情况，并向社会公开，促进政府工作落实。有条件的地区可完善政府回应工作后的社会评议制度，采用五星制或十分制打分方式，在回应结束后通过短信或者弹窗让群众进行评价打分，保障群众监督权。

优秀案例：天津市按月对“政民零距离”互动交流栏目的办理情况进行整理反馈，具体如图 3-2-9 所示；湖北省荆州市设置回应关切专栏，并对意见征集的采纳结果进行公开，具体如图 3-2-10 所示。

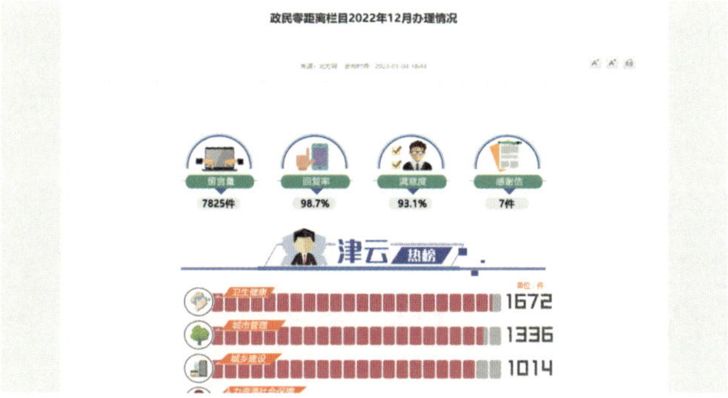

天津市“政民零距离”栏目办理情况

图 3-2-9　天津市“政民零距离”栏目办理结果(扫码阅读)

湖北省荆州市结果反馈

图 3-2-10　湖北省荆州市结果反馈(扫码阅读)

(五) 加强舆情回应台账管理,考评政府回应承诺兑现

细化舆情回应分工,明确各部门的工作职责,并将核查回应内容是否兑现纳入政府相关部门工作考评中,做到“事事有回应,回应有落实”。

第四章　监督保障专题

监督保障体系是聚焦政务公开工作良好运行的制度保障体系，是促进行政机关积极、主动地履行政府信息公开职责，不断增强政府工作透明度的有效举措。根据《中华人民共和国政府信息公开条例》（国务院令第 711 号）、历年国务院办公厅政务公开工作要点的要求，本专题围绕政府信息公开监督保障制度、政府信息公开指南、政府信息公开年度报告、政府公报 4 个方面展开研究，明确各领域公开要求，以期促进政府信息公开监督的有效执行。

第一节　政府信息公开监督保障制度

《中华人民共和国政府信息公开条例》（国务院令第 711 号）规定，我国政府信息公开监督保障制度包括政府信息公开协调机制、政府信息公开审查机制、政府信息管理动态调整机制、政府信息发布机制、依申请公开制度、工作考核制度、社会评议制度以及责任追究制度，在各地实际公开过程中，多数将政府信息公开审查机制与保密机制进行融合发布，政府信息发布机制多以主动公开制度呈现。本节将从定义切入，介绍各机制的公开要求。

一、主动公开制度

建立健全政府信息主动公开机制，增强信息公开工作的主动性和实效性，是保障公众知情权、增强群众获得感的基础。各地应参照《中华人民共和国政府信息公开条例》（国务院令第 711 号），制定本地区主动公开制度。具体内容包括政府信息公开主体、公开原则、法定主动公开内容、公开渠道、公开时间、公开程序等，图 4-1-1 以安徽省阜阳市政务公开主动公开制度作为示例。

政务公开主动公开制度

第一条 为贯彻落实《中华人民共和国政府信息公开条例》，切实保障公民、法人和其他组织依法获取政府信息，充分发挥政府信息对群众生产、生活和经济社会活动的服务作用，制定本制度。

第二条 行政机关及其部门、法律法规授权的具有管理公共事务职能的组织是政府信息公开的主体，对其制作以及从公民、法人或者其他组织获取并保存的政府信息进行公开。

第三条 对符合下列基本要求之一的政府信息应当主动公开：

1.涉及公民、法人或者其他组织切身利益的；

2.需要社会公众广泛知晓或者参与的；

3.反映本行政机关机构设置、职能、办事程序等情况的；

4.其他依照法律、法规和国家有关规定应当主动公开的。

第四条 市政府本级及其部门和各县、市、区在各自的职责范围内，重点公开下列政府信息：

1.政府规章和规范性文件；

2.国民经济和社会发展规划、专项规划、区域规划及相关政策；

3.国民经济和社会发展统计信息；

4.财政预算、决算报告；

5.行政事业性收费的项目、依据、标准；

(a)

6.抢险救灾、优抚、救济、社会捐助等款物的发放情况；

7.乡镇集体企业及其他乡镇经济实体承包、租赁、拍卖等情况；

8.执行计划生育政策的情况。

第六条 属于主动公开范围的政府信息，要在自该政府信息形成或者变更之日起20个工作日内予以公开。法律、法规对政府信息公开期限另有规定的，从其规定。

第七条 行政机关应当按照《中华人民共和国政府信息公开条例》以及上级的要求编制、公布政府信息公开指南和政府信息公开目录，并及时更新。

第八条 行政机关在公开政府信息以前，应当依照《中华人民共和国保守国家秘密法》以及其他法律、法规和国家有关规定对拟公开的政府信息进行审查。

第九条 行政机关对政府信息不能确定是否可以公开时，应当依照法律、法规和国家有关规定报有关主管部门或者同级保密部门确定。对于涉密以及涉及个人隐私的政府信息不得公开。

第十条 行政机关发布政府信息涉及其他行政机关的，应当与有关行政机关进行沟通、确认，保证行政机关发布的政府信息准确一致。行政机关发布政府信息依照国家有关规定需要批准的，未经批准不得发布。

第十一条 主动公开范围内的政府信息要全部在市政府门户网上公开；市政府在档案局、图书馆设立政府信息查阅场所，供群众查阅；对主动公开范围内的政府重大信息要同时以新闻发布会的形式公开。

市直各部门除网上公开外，还应当以政府信息公开栏、政府刊物或利用报纸、电台、电视台等媒体，将其职责内的政府信息予以公开。

第十二条 行政机关有下列情形之一的，由监察机关责令改正，造成不良影响或后果的，视情节轻重，追究行政机关直接负责的主管人员和其他直接责任人员责任；构成犯罪的，依法追究刑事责任：

1.不依法履行政府信息主动公开义务的；

2.公开不应当公开的政府信息的；

3.不及时更新公开的政府信息内容的。

第十三条 教育、医疗卫生、计划生育、供水、供电、供气、供热、环保、公共交通等与人民群众利益密切相关的公共企事业单位在提供社会公共服务过程中制作、获取的信息的主动公开，参照本制度执行。

(b)

阜阳市主动公开制度

图 4-1-1　阜阳市主动公开制度(扫码阅读)

二、依申请信息公开制度

政府信息依申请公开是行政机关依据公民、法人或其他组织的申请，根据本机关的职权范围，按照法定程序公开政府信息的一项制度。依申请信息公开制度使政府信息可以按照公众意愿公开，将主动权从政府交到公众手中，是政府直接面向申请人的一扇窗口，公众可通过依申请公开直接参与政府工作，实现对行政机关的监督。各地应根据《中华人民共和国政府信息公开条例》(国务院令第 711 号)要求，制定本地区的依申请公开制度，具体包括依申请公开内涵、公开内容、依申请公开指南内容要求、申请公开信息的流程、申请表内容、答复时间等内容，图 4-1-2 以安徽省淮南市政府信息依申请公开制度作为示例。

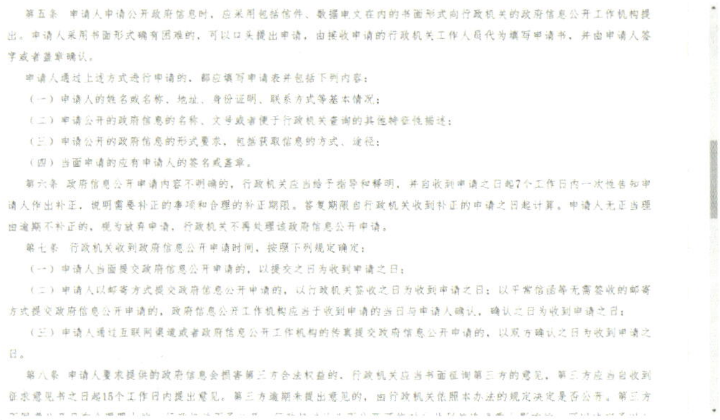

第五条 申请人申请公开政府信息时，应采用包括信件、数据电文在内的书面形式向行政机关的政府信息公开工作机构提出。申请人采用书面形式确有困难的，可以口头提出申请，由接收申请的行政机关工作人员代为填写申请书，并由申请人签字或者盖章确认。

申请人通过上述方式进行申请的，都应填写申请表并包括下列内容：

（一）申请人的姓名或名称、地址、身份证明、联系方式等基本情况；

（二）申请公开的政府信息的名称、文号或者便于行政机关查询的其他特征性描述；

（三）申请公开的政府信息的形式要求，包括获取信息的方式、途径；

（四）当面申请的应有申请人的签名或盖章。

第六条 政府信息公开申请内容不明确的，行政机关应当给予指导和释明，并自收到申请之日起7个工作日内一次性告知申请人作出补正，说明需要补正的事项和合理的补正期限。答复期限自行政机关收到补正的申请之日起计算。申请人无正当理由逾期不补正的，视为放弃申请，行政机关不再处理该政府信息公开申请。

第七条 行政机关收到政府信息公开申请时间，按照下列规定确定：

（一）申请人当面提交政府信息公开申请的，以提交之日为收到申请之日；

（二）申请人以邮寄方式提交政府信息公开申请的，以行政机关签收之日为收到申请之日；以平常信函等无需签收的邮寄方式提交政府信息公开申请的，政府信息公开工作机构应当于收到申请的当日与申请人确认，确认之日为收到申请之日；

（三）申请人通过互联网渠道或者政府信息公开工作机构的传真提交政府信息公开申请的，以双方确认之日为收到申请之日。

第八条 申请人要求提供的政府信息会损害第三方合法权益的，行政机关应当书面征询第三方的意见，第三方应当自收到征求意见书之日起15个工作日内提出意见。第三方逾期未提出意见的，由行政机关依照本办法的规定决定是否公开。第三方

淮南市依申请公开制度

图 4-1-2　淮南市依申请公开制度（扫码阅读）

三、政府信息公开协调机制

政府信息公开协调机制是确保形成畅通高效的信息发布沟通渠道、保障信息权利人获得准确信息的重要机制。《中华人民共和国政府信息公开条例》（国务院令第 711 号）要求，行政机关应当建立健全政府信息公开协调机制，公开政府信息涉及其他机关的，应当与有关机关协商、确认，保证行政机关公开的政府信息准确一致。具体内容应包括信息发布原则、发布主体、部门协调工作程序、答复时间、特殊信息的报批制度等，图 4-1-3 以安徽省亳州市政务公开发布协调制度作为示例。

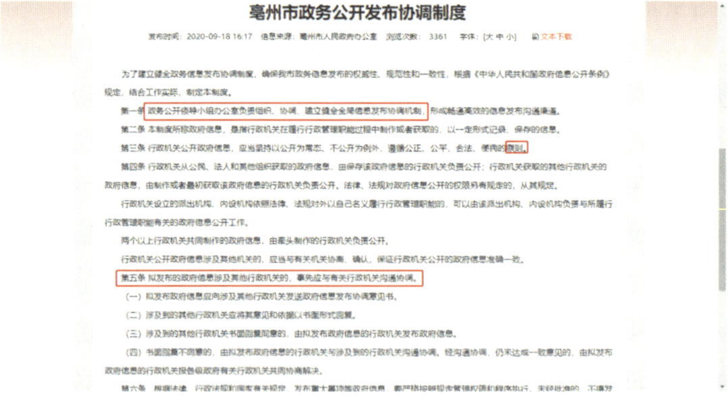

亳州市政务公开发布协调制度

发布时间：2020-09-18 16:17　信息来源：亳州市人民政府办公室　浏览次数：3361　字体：[大 中 小]　文本下载

为了建立健全政务信息发布协调制度，确保我市政务信息发布的权威性、规范性和一致性，根据《中华人民共和国政府信息公开条例》规定，结合工作实际，制定本制度。

第一条 政务公开领导小组办公室负责组织、协调、建立健全全局信息发布协调机制，形成畅通高效的信息发布沟通渠道。

第二条 本制度所称政府信息，是指行政机关在履行行政管理职能过程中制作或者获取的，以一定形式记录、保存的信息。

第三条 行政机关公开政府信息，应当坚持以公开为常态、不公开为例外，遵循公正、公平、合法、便民的原则。

第四条 行政机关从公民、法人和其他组织获取的政府信息，由保存该政府信息的行政机关负责公开；行政机关获取的其他行政机关的政府信息，由制作或者最初获取该政府信息的行政机关负责公开。法律、法规对政府信息公开的权限另有规定的，从其规定。

行政机关设立的派出机构、内设机构依照法律、法规对外以自己名义履行行政管理职能的，可以由该派出机构、内设机构负责与所履行行政管理职能有关的政府信息公开工作。

两个以上行政机关共同制作的政府信息，由牵头制作的行政机关负责公开。

行政机关公开政府信息涉及其他机关的，应当与有关机关协商、确认，保证行政机关公开的政府信息准确一致。

第五条 拟发布的政府信息涉及其他行政机关的，事先应与有关行政机关沟通协调。

（一）拟发布政府信息应向涉及其他行政机关发送政府信息发布协调意见书。

（二）涉及到的其他行政机关应将其意见和依据以书面形式回复。

（三）涉及到的其他行政机关书面回复同意的，由拟发布政府信息的行政机关发布政府信息。

（四）书面回复不同意的，由拟发布政府信息的行政机关与涉及到的行政机关沟通协调。经沟通协调，仍未达成一致意见的，由拟发布政府信息的行政机关报告级政府有关行政机关共同协商解决。

亳州市政府信息发布协调机制

图 4-1-3　亳州市政府信息发布协调机制（扫码阅读）

四、保密审查制度

保密审查制度是确保应当公开的政府信息顺利公开和不应当公开的政府信息绝对不能公开的重要机制。政府信息公开工作机构要对拟公开的政府信息进行保密审查，凡属国家秘密或者公开后可能危及国家安全、公共安全、经济安全和社会稳定的政府信息，不得公开；对主要内容需要公众广泛知晓或参与，但其中部

分内容涉及国家秘密的政府信息，应当经过法定程序解密并删除涉密内容后，予以公开。保密审查制度具体内容应包括保密审查的主体、范围、基本程序等，图 4-1-4 以安徽省蚌埠市政府信息审查保密机制作为示例。

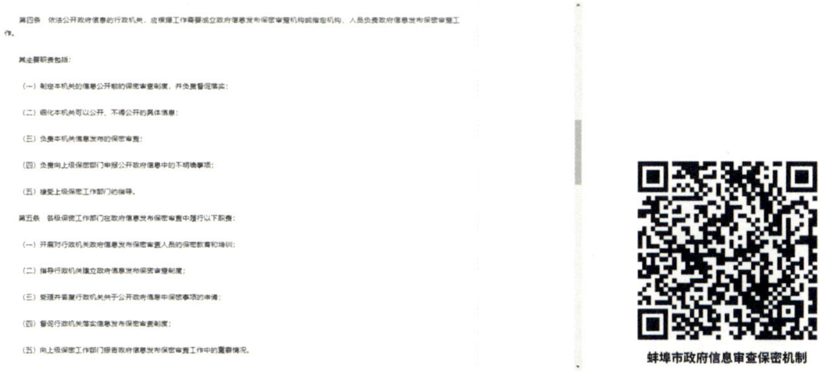

第四条　依法公开政府信息的行政机关，应根据工作需要成立政府信息发布保密审查机构或指定机构、人员负责政府信息发布保密审查工作。

其主要职责包括：

（一）制定本机关的信息公开前的保密审查制度，并负责督促落实；

（二）细化本机关可以公开、不得公开的具体信息；

（三）负责本机关信息发布的保密审查；

（四）负责向上级保密部门申报公开政府信息中的不明确事项；

（五）接受上级保密工作部门的指导。

第五条　各级保密工作部门在政府信息发布保密审查中履行以下职责：

（一）开展对行政机关政府信息发布保密审查人员的保密教育和培训；

（二）指导行政机关建立政府信息发布保密审查制度；

（三）受理并答复行政机关关于公开政府信息中保密事项的申请；

（四）督促行政机关落实信息发布保密审查制度；

（五）向上级保密工作部门报告政府信息发布保密审查工作中的重要情况。

图 4-1-4　蚌埠市政府信息审查保密机制

五、动态调整制度

动态调整制度是指通过对不可公开的政府信息进行审查来确定社会经济变化态势下的政府信息是否公开的制度。国务院办公厅印发《〈关于全面推进政务公开工作的意见〉实施细则的通知》（国办发〔2016〕80 号）要求，“各级行政机关要对照‘五公开’要求，每年对本单位不予公开的信息以及依申请公开较为集中的信息进行全面自查，发现应公开未公开的信息应当公开，可转为主动公开的应当主动公开”。动态调整制度具体内容应包括定期评估审查范围、不履行动态调整的追责等方面，图 4-1-5 以安徽省六安市政府信息管理动态调整机制作为示例。

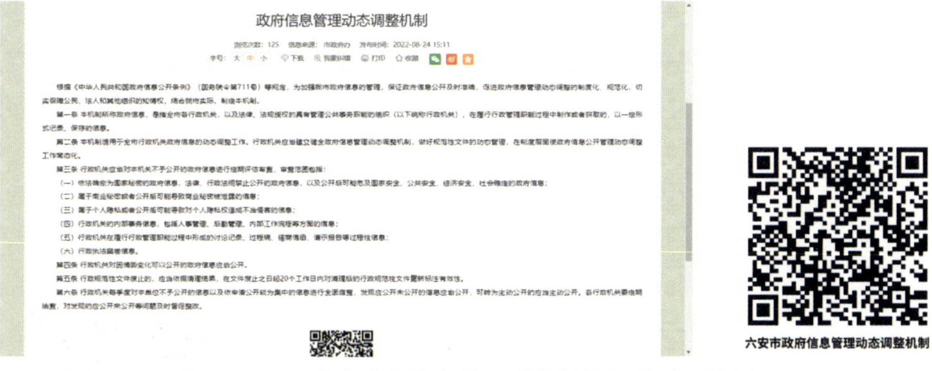

政府信息管理动态调整机制

浏览次数：125　信息来源：市政府办　发布时间：2022-08-24 15:11

字号：大 中 小　下载　我要纠错　打印　收藏

根据《中华人民共和国政府信息公开条例》（国务院令第711号）等规定，为加强我市政府信息的管理，保证政府信息公开及时准确，促进政府信息管理动态调整的制度化、规范化，切实保障公民、法人和其他组织的知情权，结合我市实际，制定本机制。

第一条 本机制所称政府信息，是指全市各行政机关，以及法律、法规授权的具有管理公共事务职能的组织（以下统称行政机关），在履行行政管理职能过程中制作或者获取的，以一定形式记录、保存的信息。

第二条 本机制适用于全市行政机关政府信息的动态调整工作。行政机关应当建立健全政府信息管理动态调整机制，做好规范性文件的动态管理，在制度层面使政府信息公开管理动态调整工作常态化。

第三条 行政机关应当对本机关不予公开的政府信息进行定期评估审查，审查范围包括：

（一）依法确定为国家秘密的政府信息，法律、行政法规禁止公开的政府信息，以及公开后可能危及国家安全、公共安全、经济安全、社会稳定的政府信息；

（二）属于商业秘密或者公开后可能导致商业秘密被泄露的信息；

（三）属于个人隐私或者公开后可能导致对个人隐私权造成不当侵害的信息；

（四）行政机关的内部事务信息，包括人事管理、后勤管理、内部工作流程等方面的信息；

（五）行政机关在履行行政管理职能过程中形成的讨论记录、过程稿、磋商信函、请示报告等过程性信息；

（六）行政执法案卷信息。

第四条 行政机关对因情势变化可以公开的政府信息应当公开。

第五条 行政规范性文件废止的，应当依据清理结果，在文件废止之日起20个工作日内对清理后的行政规范性文件重新标注有效性。

第六条 行政机关每季度对本单位不予公开的信息以及依申请公开较为集中的信息进行全面自查，发现应公开未公开的信息应当公开，可转为主动公开的应当主动公开。各行政机关要定期抽查，对发现的应公开未公开等问题及时督促整改。

图 4-1-5　六安市政府信息管理动态调整机制（扫码阅读）

六、工作考核制度

政府信息公开工作考核制度是指通过设立客观公正、合理科学的考核标准，将政府信息公开工作的评估内容、方式等进行合理归类和划分，实现政府信息公开工作成果具体化，保障客观评价政府信息公开工作，发现并及时纠正政府部门信息公开工作不足。国务院办公厅印发《〈关于全面推进政务公开工作的意见〉实施细则的通知》(国办发〔2016〕80 号)要求，地区各部门将政务公开考核纳入绩效考核体系，政务公开工作分值权重不应低于 4%。政府信息公开工作考核制度具体内容应包括考核工作主管部门、考核对象、原则、考核主要内容、考核周期、考核程序、考核结果运用等方面，图 4-1-6 以安徽省淮南市政务公开考评制度作为示例。

淮南市政务公开考评制度

第一条 根据《中华人民共和国政府信息公开条例》（国务院令第711号）、《安徽省人民政府办公厅关于印发安徽省政务公开考评暂行办法的通知》（皖政办〔2008〕48号）等规定，制定本制度。
第二条 市政务公开办作为全市政府信息公开工作主管部门，负责政府信息公开工作考核的组织领导。市政务公开办按照当年政务公开工作重点，结合工作实际，每年制定详细的考评方案。
第三条 考评对象为各县区人民政府、市直有关单位、部分省驻淮单位。
第四条 考评内容主要为全年政务公开重点工作完成情况。重点考评加强政策解读和回应关切，推进决策和执行公开，深化重点领域信息公开，政务公开平台建设，监督保障和基层标准化规范化建设等方面内容。
第五条 考评方式为综合评议、网上评议（第三方测评、政务公开办测评）、现场考核、社会评议等多种方式。
第六条 考核工作采取平时考核和年度考核相结合的办法。平时考核随机进行；年度考核以平时考核为基础，每年年末或次年年初进行。
第七条 各考评方式及各阶段过程考评均按百分制的量化考核，每年度累计评分。根据评分标准，确定考核等次。
第八条 考核结果分为先进、一般、不合格三个等次，先进等次原则上不超过被考核单位总数的50%。
第九条 行政机关年度内出现违反政府信息公开工作有关规定，情节严重、影响较大，依法依纪给予相关责任人处分的，其年度考核直接评定为不合格等次。
第十条 考核结果经市政务公开领导小组审核后，通报全市，考评结果计入市政府目标管理绩效考核。
第十一条 本制度本制度由市政务公开办负责解释。
第十二条 本制度自发布之日起执行。

淮南市政务公开考评制度

图 4-1-6　淮南市政务公开考评制度(扫码阅读)

七、社会评议制度

社会评议制度是指由政府牵头，通过组织专家、新闻媒体、公众参与，采取问卷、调研、走访等多种形式，收集公众对政府信息公开工作的意见，以促进政府信息公开工作有效实施，进一步推动服务型政府和阳光透明政府建设的一种法律制度。具体内容应包括社会评议工作组织实施单位、对象、主要内容、周期、方式方法和结果运用等方面，图 4-1-7 以安徽省蚌埠市政务公开社会评议制度作为示例。

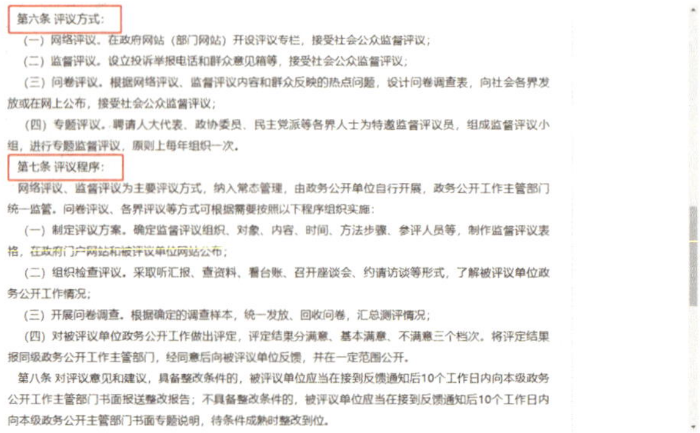
第六条 评议方式：
（一）网络评议。在政府网站（部门网站）开设评议专栏，接受社会公众监督评议；
（二）监督评议。设立投诉举报电话和群众意见箱等，接受社会公众监督评议；
（三）问卷评议。根据网络评议、监督评议内容和群众反映的热点问题，设计问卷调查表，向社会各界发放或在网上公布，接受社会公众监督评议；
（四）专题评议。聘请人大代表、政协委员、民主党派等各界人士为特邀监督评议员，组成监督评议小组，进行专题监督评议，原则上每年组织一次。
第七条 评议程序：
网络评议、监督评议为主要评议方式，纳入常态管理，由政务公开单位自行开展，政务公开工作主管部门统一监管。问卷评议、各界评议等方式可根据需要按照以下程序组织实施：
（一）制定评议方案。确定监督评议组织、对象、内容、时间、方法步骤、参评人员等，制作监督评议表格，在政府门户网站和被评议单位网站公布；
（二）组织检查评议。采取听汇报、查资料、看台账、召开座谈会、约请访谈等形式，了解被评议单位政务公开工作情况；
（三）开展问卷调查。根据确定的调查样本，统一发放、回收问卷，汇总测评情况；
（四）对被评议单位政务公开工作做出评定，评定结果分满意、基本满意、不满意三个档次。将评定结果报同级政务公开工作主管部门，经同意后向被评议单位反馈，并在一定范围公开。
第八条 对评议意见和建议，具备整改条件的，被评议单位应当在接到反馈通知后10个工作日内向本级政务公开工作主管部门书面报送整改报告；不具备整改条件的，被评议单位应当在接到反馈通知后10个工作日内向本级政务公开主管部门书面专题说明，待条件成熟时整改到位。

蚌埠市政务公开社会评议制度

图 4-1-7　蚌埠市政务公开社会评议制度(扫码阅读)

八、责任追究制度

责任追究制度属于行政问责，是指针对行政机关及其工作人员在履行职责时，违反政府信息公开工作相关规定进行追责的制度。国务院办公厅印发《〈关于全面推进政务公开工作的意见〉实施细则的通知》（国办发〔2016〕80 号）要求，对重要信息不发布、重大政策不解读、热点回应不及时的，弄虚作假、隐瞒实情、欺骗公众造成严重社会影响的，应进行通报批评或依纪依法追究相关单位和人员责任等。责任追究制度具体内容应包括适用范围、追究情形、责任划分、追究反馈等方面，图 4-1-8 以安徽省亳州市政务公开工作责任追究制度作为示例。

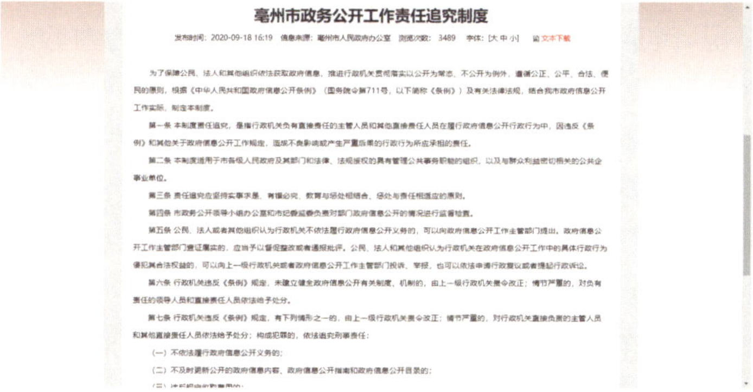
亳州市政务公开工作责任追究制度

发布时间：2020-09-18 16:19 信息来源：亳州市人民政府办公室 浏览次数：3489 字体：[大 中 小] 文本下载

为了保障公民、法人和其他组织依法获取政府信息，推进行政机关贯彻落实以公开为常态、不公开为例外，遵循公正、公平、合法、便民的原则，根据《中华人民共和国政府信息公开条例》（国务院令第711号，以下简称《条例》）及有关法律法规，结合我市政府信息公开工作实际，制定本制度。

第一条 本制度责任追究，是指行政机关负有直接责任的主管人员和其他直接责任人员在履行政府信息公开行政行为中，因违反《条例》和其他关于政府信息公开工作规定，造成不良影响或产生严重后果的行政行为所应承担的责任。

第二条 本制度适用于市各级人民政府及其部门和法律、法规授权的具有管理公共事务职能的组织，以及与群众利益密切相关的公共企事业单位。

第三条 责任追究应坚持实事求是、有错必究、教育与惩处相结合、惩处与责任相适应的原则。

第四条 市政务公开领导小组办公室和市纪委监委负责对部门政府信息公开的情况进行监督检查。

第五条 公民、法人或者其他组织认为行政机关不依法履行政府信息公开义务的，可以向政府信息公开工作主管部门提出。政府信息公开工作主管部门查证属实的，应当予以督促整改或者通报批评。公民、法人和其他组织认为行政机关在政府信息公开工作中的具体行政行为侵犯其合法权益的，可以向上一级行政机关或者政府信息公开工作主管部门投诉、举报，也可以依法申请行政复议或者提起行政诉讼。

第六条 行政机关违反《条例》规定，未建立健全政府信息公开有关制度、机制的，由上一级行政机关责令改正；情节严重的，对负有责任的领导人员和直接责任人员依法给予处分。

第七条 行政机关违反《条例》规定，有下列情形之一的，由上一级行政机关责令改正；情节严重的，对行政机关直接负责的主管人员和其他直接责任人员依法给予处分；构成犯罪的，依法追究刑事责任：

（一）不依法履行政府信息公开义务的；

（二）不及时更新公开的政府信息内容、政府信息公开指南和政府信息公开目录的；

亳州市政务公开工作责任追究制度

图 4-1-8　亳州市政务公开工作责任追究制度（扫码阅读）

第二节　政府信息公开指南

政府信息公开指南是各行政机关必须制定并对外发布的法定文件，是指引公众便捷高效地向本行政机关获取信息的指南，是规范本行政机关政府信息管理、公开和日常维护的工作准则。[①] 明晰准确的政府信息公开指南不仅能更好地提供政府信息公开服务，便于公民、法人或其他组织准确地获取各级政府信息，还能提高政府工作透明度，助力法治政府建设，充分发挥政府信息对人民群众生产、生活和经济社会活动的服务作用。但在实际工作中，各级政府编制的政府信息公开指南体例格式和具体内容不尽统一，因此，本节选取政府信息公开指南为论述对象，通过梳理政府信息公开指南的内容和展示各地优秀案例，为各级政府提供工作参考。

---

① 后向东. 中华人民共和国政府信息公开条例(2019)理解与适用[M]. 北京：中国法制出版社，2019：107.

一、政府信息公开指南的编制主体

依据《中华人民共和国政府信息公开条例》(国务院令第 711 号)(以下简称《条例》)第四条规定,各级政府及县级以上人民政府部门指定政府信息公开工作机构,组织编制本行政机关的政府信息公开指南。

二、政府信息公开指南的内容

依据《条例》第十二条规定,政府信息公开指南包括政府信息的分类、编排体系、获取方式和政府信息公开工作机构的名称、办公地址、办公时间、联系电话、传真号码、互联网联系方式等内容。基于《条例》对政府信息公开指南的基本要求,结合各级政府实际编写情况,政府信息公开指南应当包含 5 个板块的内容。具体如下:

(1) 政府信息的分类和编排体系。主要通过目录导航式、标题关键词和索引号查询三种方式对政府信息进行分类,便于公众通过发文时间、发文单位等条件进行检索。

(2) 本机关持有政府信息的基本情况。主要结合《条例》第二十条的法定主动公开内容,纲要式介绍本机关在实际工作中产生、获取和保存的政府信息,还可对不予公开的政府信息范围进行说明。

(3) 政府信息的公开形式。包含本机关主动公开信息的发布渠道和获取方式,如政府门户网站、政府公报、政府工作报告、新闻发布会、政务新媒体、现场查阅点、报刊、广播、电视等。

(4) 政府信息公开申请。主要介绍依申请公开的受理机构信息、申请内容范围、申请方式、注意事项以及答复期限和收费标准。

(5) 政府信息公开工作机构。主要介绍机构名称、办公地址、办公时间、工作电话、传真号码及互联网联系方式等内容。

三、政府信息公开指南的注意事项

(1) 根据《档案法》的要求,行政机关应当定期向国家档案管理机构移交档案①,移交后的政府信息,行政机关不再持有,也不承担相应的政府信息公开义务②。因此,为了避免无效依申请公开,行政机关可在政府信息公开指南中对不予公开的情况加以说明。

---

① 《中华人民共和国档案法》(2020 年修订)第十五条。

② 后向东. 中华人民共和国政府信息公开条例(2019)理解与适用[M]. 北京:中国法制出版社,2019:108.

（2）政府信息公开申请除当面申请和邮政寄送基本渠道外，其他渠道均以行政机关实际开通并在政府信息公开指南中公示的为准。[①] 因此，行政机关在编写指南时，应当确保所列依申请渠道畅通，并着重强调快递方式是邮政寄送。

（3）政府信息公开工作机构主要用于政府信息公开工作的沟通、交流，在实际工作中，有的地方则将政务公开办公室同时作为政府信息公开机构和申请受理机构；有的地方区分政府信息公开工作机构和依申请公开工作机构。如云南省人民政府办公厅政府信息与政务公开处负责省人民政府和省政府办公厅政府信息主动公开工作，云南省人民政府公报室（云南省人民政府办公厅信息公开申请受理中心）负责受理省人民政府和省政府办公厅政府信息公开申请。

四、政府信息公开指南的案例分享

在政府信息公开指南编制中，各地涌现出一些创新做法。主要表现在指南内容更加丰富，公开形式更加多样，更加方便群众办事。例如，辽宁省人民政府在依申请公开流程图的基础上还公示了邮政快递的填写样式图片（详见图 4-2-1）；云南

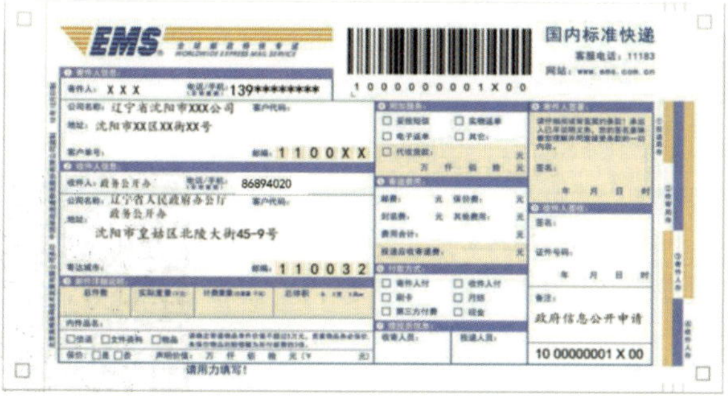

（a）

辽宁省政府信息公开指南

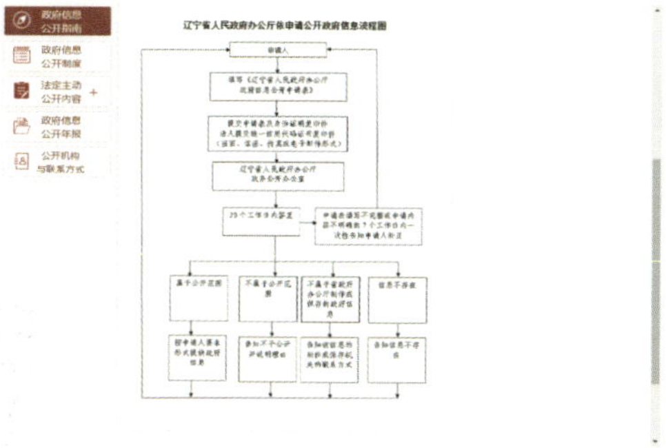

（b）

图 4-2-1　辽宁省政府信息公开指南（扫码阅读）

① 后向东. 中华人民共和国政府信息公开条例（2019）理解与适用[M]. 北京中国法制出版社，2019：108.

省人民政府则在依申请公开专栏、政府公报栏目、图书馆开闭馆时间等多处设置超链接(详见图 4-2-2);江苏省人民政府和浙江省人民政府在政府信息公开渠道中还公开了政府公报的赠阅点(详见图 4-2-3、图 4-2-4);广东省人民政府办公厅则公开了各级档案馆的地址和政府公报征订点的联系方式(详见图 4-2-5)。

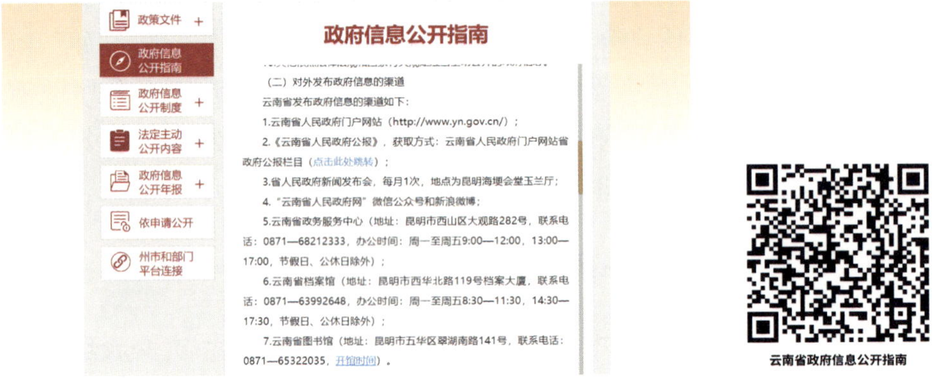

图 4-2-2　云南省政府信息公开指南(扫码阅读)

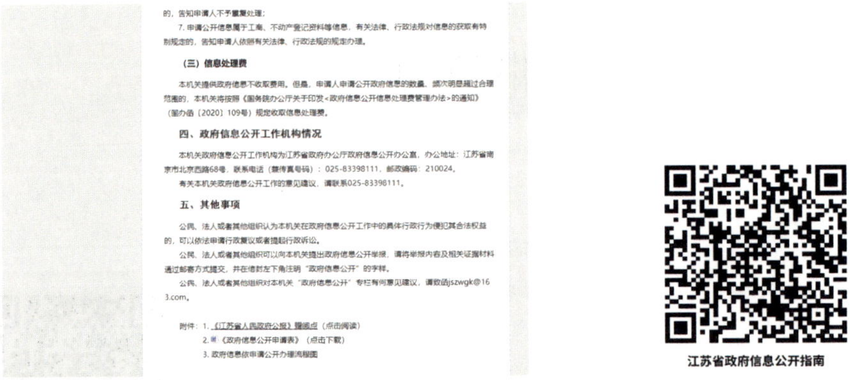

图 4-2-3　江苏省政府信息公开指南(扫码阅读)

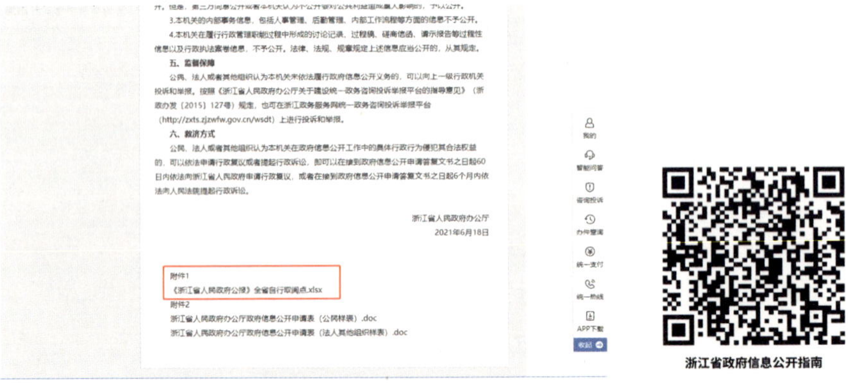

图 4-2-4　浙江省政府信息公开指南(扫码阅读)

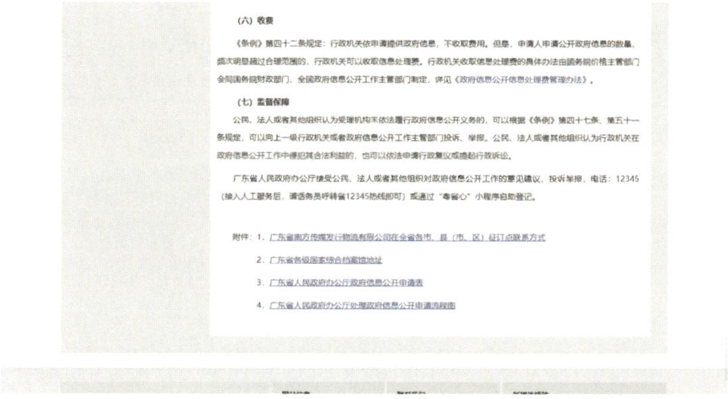
（六）收费

《条例》第四十二条规定：行政机关依申请提供政府信息，不收取费用。但是，申请人申请公开政府信息的数量、频次明显超过合理范围的，行政机关可以收取信息处理费。行政机关收取信息处理费的具体办法由国务院价格主管部门会同国务院财政部门、全国政府信息公开工作主管部门制定，详见《政府信息公开信息处理费管理办法》。

（七）监督保障

公民、法人或者其他组织认为受理机构未依法履行政府信息公开义务的，可以根据《条例》第四十七条、第五十一条规定，可以向上一级行政机关或者政府信息公开工作主管部门投诉、举报。公民、法人或者其他组织认为行政机关在政府信息公开工作中侵犯其合法利益的，也可以依法申请行政复议或提起行政诉讼。

广东省人民政府办公厅接受公民、法人或者其他组织对政府信息公开工作的意见建议、投诉举报，电话：12345（接入人工服务后，请话务员呼转省12345热线即可）或通过“粤省心”小程序自助登记。

附件：1. 广东省南方传媒发行物流有限公司在全省各市、县（市、区）征订点联系方式

2. 广东省各级国家综合档案馆地址

3. 广东省人民政府办公厅政府信息公开申请表

4. 广东省人民政府办公厅处理政府信息公开申请流程图

广东省政府信息公开指南

图 4-2-5　广东省政府信息公开指南（扫码阅读）

第三节　政府信息公开年度报告

政府信息公开工作年度报告作为政府信息公开的一项制度设计，现已逐步成为行政机关接受社会监督的重要途径。《中华人民共和国政府信息公开条例》（国务院令第 711 号）（以下简称《条例》）第五十条规定：“全国政府信息公开工作主管部门应当公布政府信息公开工作年度报告统一格式，并适时更新”。根据此要求，国务院办公厅政府信息与政务公开办公室于 2019 年 11 月、2021 年 9 月先后发布了《中华人民共和国政府信息公开工作年度报告格式（试行）》（国办公开办函〔2019〕60 号）及《中华人民共和国政府信息公开工作年度报告格式》（国办公开办函〔2021〕30 号），对政府信息公开工作年度报告格式作出规范，既有利于客观、规范地反映广大行政机关政府信息公开工作情况，也为全社会了解、研究政府信息公开工作提供严谨、准确的素材。因此，本节结合最新文件要求及研究总结梳理政府信息公开工作年度报告发布主体、发布时间、内容要素、编写建议、主要事项等信息，为各级政府、部门提供参考。

一、政府信息公开工作年度报告发布主体及时间

各级政府及部门的政府信息公开工作年度报告发布时间存在一定差异，具体如下：

（1）县级以上人民政府部门：每年 1 月 31 日前。

（2）县级人民政府：每年 2 月 20 日前。

（3）地市级人民政府：每年 3 月 10 日前。

（4）省级人民政府：每年 3 月 31 日前。

注：乡镇人民政府参照县级以上人民政府部门的要求，于每年 1 月 31 日前发布；实行垂直领导的部门，参照县级以上人民政府的报告要求，于 3 月 31 日前发布。

二、政府信息公开工作年度报告内容要求

（一）总体情况

（1）内容要素：本项主要报告本机关政府信息公开工作总体情况，主要包括主动公开、依申请公开、政府信息管理、政府信息公开平台建设情况、监督保障等方面（其中各级人民政府监督保障版块应包含《条例》第五十条第四款规定的“工作考核、社会评议和责任追究结果情况”）。

（2）编写建议：总体情况版块编写应突出重点工作落实情况及效果，如通过具体工作举措取得的实质效果等内容，避免主动公开、依申请公开方面均为数据堆积的情况。

（3）注意事项：总体情况篇幅原则上不超过 1000 字。

（二）行政机关主动公开政府信息情况

（1）内容要素：本项主要以数据形式展示《条例》第二十条规定的部分法定主动公开内容。

（2）编写建议：首先数据填写应准确，数据统计节点和口径应提前统一要求，数据统计后与以往数据简单对比一下，避免出现数据统计错误的问题；其次建议表格中数据均填写完整，不建议数据填写处为空白或填写“无”“/”等。

（3）注意事项：① 按照《中华人民共和国政府信息公开工作年度报告格式》（国办公开办函〔2021〕30 号）文件要求调整“主动公开政府信息情况”表格格式；② 各项数据核定时间点为报告年度的 12 月 31 日；③ 行政许可、行政处罚、行政强制处理决定数量数据包括已公开和依法未公开的全部处理决定；④ 注意行政事业性收费金额数据填写单位为“万元”，避免数据填写有误；⑤ 若总体情况内容中涉及“主动公开政府信息情况”报表中的数据，注意数据一致性。

（三）行政机关收到和处理政府信息公开申请情况

（1）内容要素：本项主要以数据形式展示政府信息公开申请人类别及申请接收、办理情况。

（2）编写建议：数据填写完后注意检查核算，确保准确全面。

（3）注意事项：① 按照《中华人民共和国政府信息公开工作年度报告格式》

（国办公开办函〔2021〕30 号）文件要求调整“收到和处理政府信息公开申请情况”表格格式；② 各项数据“总计”列数据应准确；③ “本年新收政府信息公开申请数量”与“上年结转政府信息公开申请数量”之和等于“本年度办理结果”与“结转下年度继续办理”之和；④ “部分公开”情形数据，若存在区分处理的，只计入“部分公开”这一情形，不计入其他情形；⑤ “上年结转政府信息公开申请数量”与上年度政府信息公开工作年度报告中“结转下年度继续办理”数据保持一致。

（四）因政府信息公开被申请行政复议、提起行政诉讼情况

（1）内容要素：本项主要以数据形式展现政府信息公开复议处理和诉讼处理情况。

（2）编写建议：区分统计“未经复议直接起诉”和“复议后起诉”数据。

（3）注意事项：行政复议机关作为共同被告的行政诉讼案件，只计算原行为主体的案件数量，不计算行政复议机关的案件数量。

（五）政府信息公开工作存在的主要问题及改进情况

（1）内容要素：本项主要报告本机关在政府信息公开工作中存在的主要问题及改进情况，查找的问题需具有针对性，改进举措须有实效性。

（2）编写建议：存在问题的分析应结合本机关工作实际，并根据问题提出切实有效的改进措施，避免出现年年雷同的现象。

（3）注意事项：内容重在实事求是、明确具体，避免笼统模糊、泛泛而谈。

（六）其他需要报告的事项

（1）内容要求：本项主要报告内容有：① 本机关认为需要报告的其他事项；② 有关文件专门要求通过年度报告予以报告的事项；③ 各行政机关依据《政府信息公开信息处理费管理办法》（国办函〔2020〕109 号）收取信息处理费的情况。

（2）编写建议：如实报告本机关全年依据《政府信息公开信息处理费管理办法》收取信息处理费情况。根据研究发现，部分单位如上海市普陀区，在此处融入要点落实情况、年度政务公开创新工作，编写单位可以借鉴此类做法。

（3）注意事项：① 其他需要报告事项不得填写“无”；② 应注意信息处理费统计口径，各级人民政府该项内容应汇总下级行政机关所有数据。

三、政府信息公开工作年度报告的变化

2020 年至 2021 年政府信息公开年度报告具体变化如下：

（1）总体情况增加了字数要求，“总体情况重在聚焦主题、简明客观，篇幅原

则上不超过一千字”。

(2) 明确各项数据统计时间节点,“各项数据核定时间点为报告年度的 12 月 31 日”。

(3) 明确行政许可、行政处罚、行政强制数据统计要求,“包括已公开和依法未公开的全部处理决定”。

(4) 增加其他需要报告的事项内容,“各行政机关依据《政府信息公开信息处理费管理办法》(国办函〔2020〕109 号)收取信息处理费的情况,在其他需要报告的事项版块专门报告”。

(5) 调整数据统计表格式及内容:

① 主动公开政府信息情况报表(详见图 4-3-1):

A. 规章及行政规范性文件统计内容修改为本年制发件数、本年废止件数、现行有效件数。

B. 行政许可、行政处罚、行政强制取消“对上一年项目数量、本年增/减量”的统计,仅统计本年处理决定数量。

C. 行政事业性收费删除“上一年项目数量、本年增/减量”的统计,修改为对本年收费金额(单位:万元)的统计。

D. 取消政府集中采购的统计。

第二十条第(一)项			
信息内容	本年制发件数	本年废止件数	现行有效件数
规章			
行政规范性文件			
第二十条第(五)项			
信息内容	本年处理决定数量		
行政许可			
第二十条第(六)项			
信息内容	本年处理决定数量		
行政处罚			
行政强制			
第二十条第(八)项			
信息内容	本年收费金额(单位:万元)		
行政事业性收费			

图 4-3-1 主动公开政府信息情况报表要求

② 收到和处理政府信息公开申请情况报表(详见图 4-3-2)。

细化第三项“本年度办理结果”中的第六种情形“其他处理”情形,由原来的“其他”细化为“1. 申请人无正当理由逾期不补正、行政机关不再处理其政府信息公开申请;2. 申请人逾期未按收费通知要求缴纳费用、行政机关不再处理其政府信息公开申请;3. 其他”三个子项。

三、本年度办理结果	（三）不予公开	1. 属于国家秘密							
		2. 其他法律行政法规禁止公开							
		3. 危及“三安全一稳定”							
		4. 保护第三方合法权益							
		5. 属于三类内部事务信息							
		6. 属于四类过程性信息							
		7. 属于行政执法案卷							
		8. 属于行政查询事项							
	（四）无法提供	1. 本机关不掌握相关政府信息							
		2. 没有现成信息需要另行制作							
		3. 补正后申请内容仍不明确							
	（五）不予处理	1. 信访举报投诉类申请							
		2. 重复申请							
		3. 要求提供公开出版物							
		4. 无正当理由大量反复申请							
		5. 要求行政机关确认或重新出具已获取信息							
	（六）其他处理	1. 申请人无正当理由逾期不补正、行政机关不再处理其政府信息公开申请							
		2. 申请人逾期未按收费通知要求缴纳费用、行政机关不再处理其政府信息公开申请							
		3. 其他							
	（七）总计								
四、结转下年度继续办理									

图 4-3-2 “本年度办理结果”中“其他处理”情形要求

第四节 政 府 公 报

政府公报是刊登行政法规和规章标准文本的法定载体，是政府机关发布政令的权威渠道，其刊发效力等同于红头文件；[①]在推进政务公开、促进依法行政、密切党和政府同人民群众联系等方面发挥着重要作用。但也要看到，有的地方和部门公报工作还存在法定载体作用发挥不充分、工作机制不健全、查询使用不便捷等

① 2000 年 3 月颁布的《中华人民共和国立法法》（主席令第三十一号）第七十七条规定：“部门规章签署公布后，及时在国务院公报或者部门公报和在全国范围内发行的报纸上刊登。地方政府规章签署公布后，及时在本级人民政府公报和在本行政区域范围内发行的报纸上刊登。在国务院公报或者部门公报和地方人民政府公报上刊登的规章文本为标准文本。”

问题，难以适应新时代要求，不能很好满足公众对政府信息公开日益增长的需要。

因此，做好政府公报工作，着力将政府公报打造成权威、规范、便民的政务公开平台具有重大意义。本节旨在通过梳理政府公报的公开要求，为相关部门提供工作参考。

一、政府公报的历史溯源

（一）依附发展阶段

戈公振先生在《中国报学史》一书中，将我国古代至民国初期由中央政府所创办的官报进行了初次梳理，书中指出：据文献记载和实物考证，我国最早的官报发行于唐代。在唐代有两种不同性质的官报，一种是由朝廷发布，用于刊载国家盛典和朝廷政事，并向民众发放的官报，被称为“报状”或“报”；另一种是出现在唐朝中后期的“邸报”，它是由各藩镇留驻京城的机构所编发的有关朝廷内外的各项重要事务，并且藩镇长官是其唯一读者，可见此时“邸报”所载内容具有一定的机密性和情报性。

至晚清时期，随着西方思潮的冲击和内忧外患局面的形成，民间一批开眼看世界的有识之士开始兴办“公报”，并以此来区分清政府的“官报”。

（二）独立发展阶段

晚清“官报”的历史随着武昌起义的胜利而终结，进入中华民国时期，“公报”取而代之成为政府机关报。

新中国成立后，在公报和政报的交叉更迭发展中，政府公报逐渐完成了从报刊到公文的性质转变。1954 年第一届全国人民代表大会作出《国务院公报》的决定；1955 年经国务院常务会议决定，由国务院办公厅出版了面向国内外公开发行的《中华人民共和国国务院公报》，成为各地方政府政报的办刊样本。

（三）规范化发展阶段

2000 年前后，随着《中华人民共和国立法法》施行、“政务公开”工作推进以及加入世界贸易组织的形势需要，“政报”开始相继更名为“人民政府公报”，各省“公报”全面取代了“政报”。“公报”开始成为各地人民政府办公厅主办，经国家新闻出版总署批准公开发行的政府出版物，并延续至今。

二、政府公报的内涵界定

在 1979 年版的《辞海》中，“公报”一词主要有三层意思：“第一，国家、政府、政党、团体或其领导人所发表的关于重大事件或会议经过和决议等的正式报道（也有以会议的名义发表的公报）。第二，两个或两个以上的国家、政府、政党、团体的代表在会谈中或会谈后共同发表的关于会谈进展、经过，或就某些问题达成协议的正式文件，称为‘公报’‘联合公报’或‘新闻公报’。有时其中包含有关于会谈国家间相互权利和义务的协议，具有条约的性质。第三，由一国政府编印的专门登载法律、法令、决议、命令、条约、协定或其他官方文件的刊物”。

在这个解释中，“公报”都与政府事务或政府文件有关，主要指一种程式化的公文发布。1988 年出版的《汉语大词典（第二卷）》对“公报”的解释与此完全一致。本节所谈的政府公报主要指的是第三种解释中所指，即由一国政府编印的专门登载法律、法令、决议、命令、条约、协定或其他官方文件的刊物。

三、政府公报的公开要点

2018 年，国务院办公厅印发《关于做好政府公报工作的通知》（国办发〔2018〕22 号），以专项文件的形式对政府公报工作提出了明确要求（表 4-4-1、表 4-4-2）。此外《2015 年政府信息公开工作要点》（国办发〔2015〕22 号）、2015—2019 年以及 2021 年政务公开工作要点均对政府公报作出了相关要求。根据文件梳理可以看出：一方面政府公报逐渐适应互联网时代的发展，政府公报从最初的纸媒到完成历史公报的电子化和数字化建设，并在数据库、移动端和政务新媒体上积极探索政府公报公开新思路，满足不同公众的需求，实现了集公文刊物和政务公开平台两种功能于一身。另一方面伴随着政府公报的发展，政府公报的公开要求也逐步完善。具体要求如下：

第一，中央、省、市三级政府必须发布政府公报。要在确保三级公报体系的基础上，稳步推进设区的市、自治州公开政府公报，积极探索其他市县级的政府公报公开。

第二，政府公报的发布内容是本级政府的行政法规、规章、规范性文件和发文机关配套解读材料，除此之外，还可刊登发文机关配套解读材料等。但原则上不刊登上级政府及上级政府所属部门文件，不得刊登商业性广告。

第三，政府公报的网站建设要适应电子化数据化新要求。优化电子版阅读界面，实现与纸质版内容格式一致。电子版应与纸质版同步发行，有条件的地方可在政府公报清样定稿后优先发布电子版。要充分利用电子签名、电子水印等防护手段，确保电子版安全可信、不被篡改。通过设置专栏、目录导航和内容检索等功能，发挥政府公报数据库的支撑作用。

第四，政府公报要以赠阅为主要发行方式，赠阅范围应覆盖本地区国家档案馆、公共图书馆、政务(行政)服务大厅等政府信息公开查阅场所和公共服务场所，以及乡镇政府、街道办事处、社区、村(居)委会等基层单位和法院、检察院等司法机关。

第五，政府公报发行机关要参照《党政机关公文格式》国家标准，统一公报编排格式，增强公报规范性；缩短出刊周期，优化出刊方式，提高公报时效性。

表 4-4-1　政府公报政策文件要求

文　件	要　求
《2015 年政府信息公开工作要点》(国办发〔2015〕22 号)	统筹做好信息公开、政策解读、舆情处置、政府网站、政务微博微信和政府公报等工作，并在经费、设备等方面提供必要保障
《2016 年政务公开工作要点》(国办发〔2016〕19 号)	办好政府公报，着力提升规章、规范性文件的发布质量和时效，并做好网上发布工作，发挥好标准文本的指导和服务作用
《2017 年政务公开工作要点》(国办发〔2017〕24 号)	适应互联网发展要求，积极推进政府公报同步上网，加快历史公报数字化工作
《2018 年政务公开工作要点》(国办发〔2018〕23 号)	在办好政府公报纸质版的基础上，加快政府公报电子化进程，推进政府公报数据库建设，有序开放政府公报数据。完善国务院部门为国务院公报提供文件工作机制。推行政府及其所属部门文件由本级政府公报统一发布制度
《2019 年政务公开工作要点》(国办发〔2019〕14 号)	推进政府公报创新发展。办好政府公报电子版，实现电子版与纸质版同步发行，逐步推行政府公报移动端展示。建设政府公报网上数据库，加快推进历史公报入库管理，向社会有序开放。进一步完善和强化国务院部门向国务院公报编辑部门报送部门规章和规范性文件工作机制。建立健全地方政府部门规范性文件向政府公报编辑部门报送制度，由政府公报统一刊登本级政府规章和规范性文件以及所属部门规范性文件
《2021 年政务公开工作要点》(国办发〔2021〕12 号)	稳步推动设区的市、自治州开设政府公报，完善政府公报数据库，推进数字化利用，通过政务新媒体等渠道加强政府公报内容传播

表 4-4-2 《国务院办公厅关于做好政府公报工作的通知》(国办发〔2018〕22 号)

总体要求	具体细则	
分级权威发布	1. 建立以中央、省、市三级为主的政府公报体系	国务院公报应及时刊登行政法规和国务院文件,逐步实现统一刊登国务院部门的规章和规范性文件
		省级人民政府和设区的市、自治州人民政府要办好本级政府公报,统一刊登本级政府规章和规范性文件以及所属部门规范性文件,逐步做到施行前刊登
	2. 形成行政法规、规章和规范性文件的权威发布平台	其他市、县级人民政府可结合实际积极探索创办政府公报,地方政府所属部门以及乡镇政府、街道办事处不办政府公报
		政府公报原则上不刊登上级政府及上级政府所属部门文件,不得刊登商业性广告
		要加强对公报刊登内容的校对审核,杜绝责任差错,确保公报准确性
		参照《党政机关公文格式》国家标准,统一公报编排格式,增强公报规范性
		缩短出刊周期,优化出刊方式,提高公报时效性
完善工作机制	1. 各地区、各部门要建立健全规范性文件公开审查机制和督促约束机制,建立完善部门文件报送制度、联络员制度和报送刊登情况通报制度	
	2. 发文机关应做好公开属性审查,将主动公开文件转送政府公报编辑部门在政府公报上刊登	国务院各部门要及时将部门规章和规范性文件送国务院办公厅,供国务院公报刊登
		地方人民政府所属部门制发的规范性文件应及时送本级人民政府办公厅(室),供本级政府公报刊登
	3. 要完善政府公报编校审发等办刊工作规范和制度体系,优化流程,健全机制,严格管理,严把质量关口,实现政府公报工作科学化、规范化、制度化	
办好政府公报电子版	要充分发挥互联网覆盖面广、传播迅速、便于查询的优势,着力办好政府公报电子版,进一步扩大公报受众面	在政府网站首页设立政府公报专栏,重点展示政府公报电子版,并提供目录导航和内容检索等服务
		优化电子版阅读界面,实现与纸质版内容格式一致
		电子版应与纸质版同步发行,有条件的地方可在政府公报清样定稿后优先发布电子版
		要充分利用电子签名、电子水印等防护手段,确保电子版安全可信、不被篡改
		要适应移动互联网发展趋势,推出适合移动平台展示的电子版,提升用户体验,满足手机用户需求

续表

总体要求	具体细则	
建设政府公报数据库	要建立政府公报数据库并向公众开放，提供文件检索功能，方便公众查阅和开发利用	完善数据库建设标准规范，做好数据采集和维护工作，推动数据交换整合，实现各级政府公报数据互联互通和资源共享
		加强政府公报数据库安全管理，确保数据完整、准确
		推进政府公报数字化工作，实现创刊以来刊登内容全部入库管理
		鼓励依托政府公报数据库创新数字化产品，向社会公众提供多样化服务
		政府公报数据库要与政府网站资源统筹开发利用，避免重复建设
提升服务效果	1. 要强化政府公报服务公众的功能，以赠阅为主要发行方式，赠阅范围应覆盖本地区国家档案馆、公共图书馆、政务（行政）服务大厅等政府信息公开查阅场所和公共服务场所，以及乡镇政府、街道办事处、社区、村（居）委会等基层单位和法院、检察院等司法机关	
	2. 要适时了解受赠单位政府公报使用情况，优化调整赠阅范围和数量，不断提升政府公报使用效果	
	3. 在确保行政法规、规章和规范性文件应登尽登的基础上，政府公报还可刊登发文机关配套解读材料等	
	4. 可通过编印赠阅政策读本、文件汇编等方式，进一步提升政府公报工作服务水平	
	5. 要充分利用政府网站、报刊、电视电台以及微博、微信、移动客户端等媒体，加大宣传力度，扩大政府公报的知晓度和影响力	
加强组织领导	1.地方人民政府办公厅（室）是本地区政府公报工作的主管部门，要加强组织领导，明确责任分工，加强协调配合，把政府公报工作纳入政务公开工作统一部署、统一推进、统一考核	
	2.要指定专门机构和人员负责政府公报工作，加强业务培训、交流研讨和调查研究，不断创新工作方式，强化能力建设，打造一支政策水平高、责任意识强、文字编辑能力过硬、勇于开拓创新的政府公报工作队伍	
	3.要将政府公报工作所需经费列入财政预算，不得自筹或向企业、社会摊派	
	4.上级政府公报主管部门要加强督促检查和业务指导，推动政府公报工作规范有序开展	

四、政府公报的经验总结和公开建议

(1) 以旬刊、半月刊的出刊周期增加政府公报的更新频率，提高政府公报的时效性。例如，国务院以旬刊形式发布政府公报(详见图 4-4-1)，辽宁省人民政府采用了增刊的方式增加了政府公报的年度期数(详见图 4-4-2)。

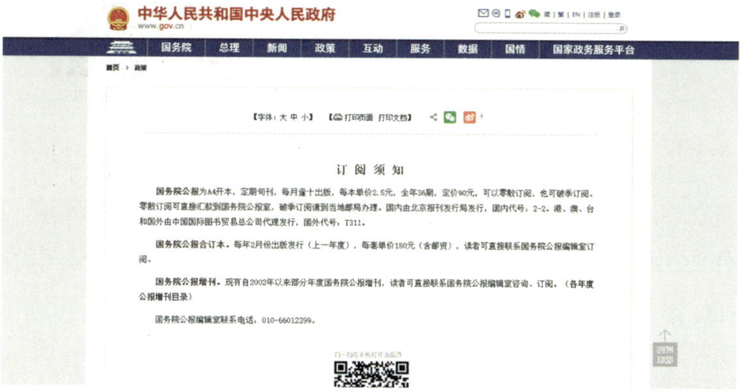

国务院政府公报旬刊

图 4-4-1　国务院政府公报旬刊(扫码阅读)

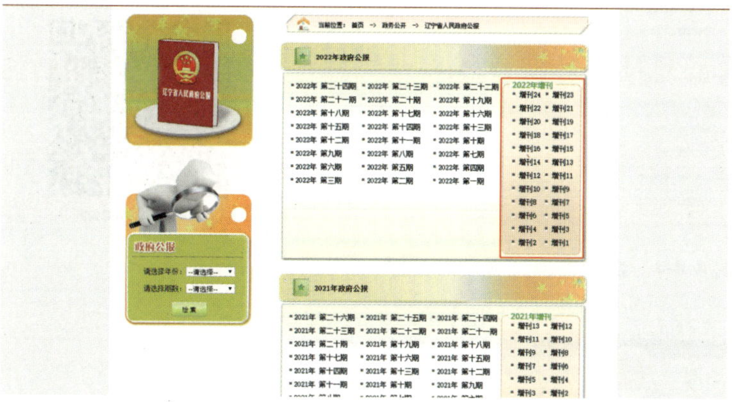

辽宁省政府公报增刊

图 4-4-2　辽宁省政府公报增刊(扫码阅读)

(2) 省级政府可积极建立政府公报数据库，集成行政区域内各级政府及部门的政府公报，建设统一查询平台。例如，福建省人民政府通过建设政府公报查询平台，方便公众搜索查询省、市、县三级政府的政府公报，详见图 4-4-3。

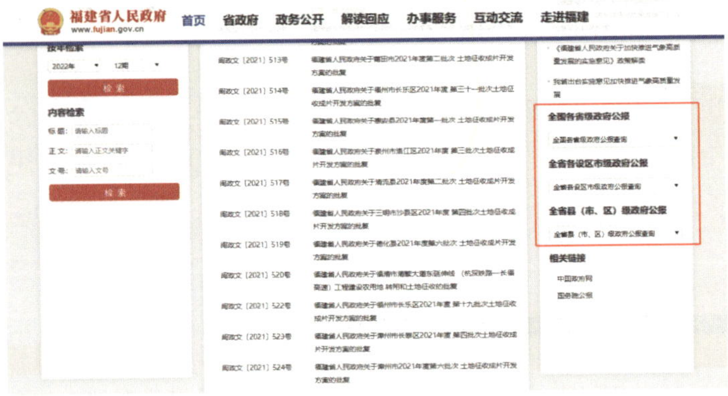

福建省政府公报数据平台

图 4-4-3　福建省政府公报数据平台（扫码阅读）

（3）在保证“中央—省—市”三级政府公报公开体系的前提下，县级政府可逐步推进政府公报公开工作。例如，安徽省合肥市庐江县、黄山市歙县、六安市霍邱县等都公开了县政府公报，详见图 4-4-4、图 4-4-5、图 4-4-6。

合肥市庐江县政府公报

图 4-4-4　合肥市庐江县政府公报（扫码阅读）

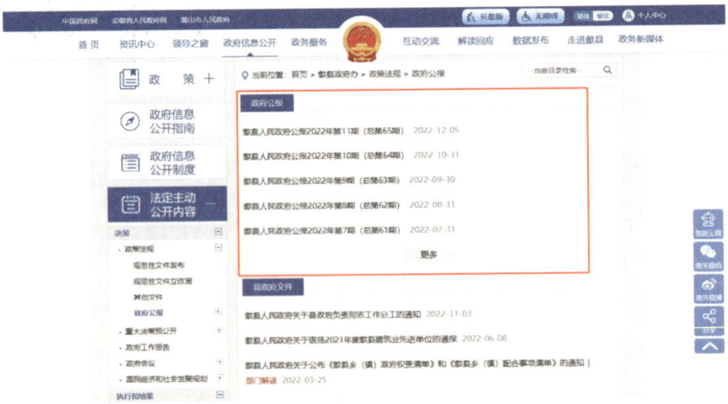

黄山市歙县政府公报

图 4-4-5　黄山市歙县政府公报（扫码阅读）

图 4-4-6　六安市霍邱县政府公报(扫码阅读)

(4) 除公开政府公报电子版原文之外,政府公报的发行机关还可在政府网站上公开诸如政府公报出版信息、订阅信息、检索说明、责任部门的联系方式和政府公报赠阅点名称等信息,做好信息咨询服务。例如,宁夏回族自治区人民政府公开了政府公报的编辑委员会(详见图 4-4-7),四川省人民政府公开了政府公报的出版信息(详见图 4-4-8),广东省人民政府公开了政府公报的历史沿革信息(详见图 4-4-9),吉林省人民政府公开了省、市级的政府公报赠阅点信息(详见图 4-4-10)。

图 4-4-7　宁夏回族自治区政府公报编辑委员会(扫码阅读)

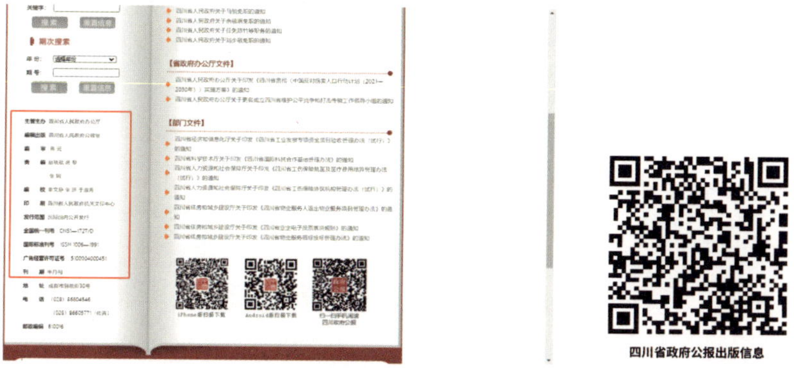

图 4-4-8　四川省政府公报出版信息(扫码阅读)

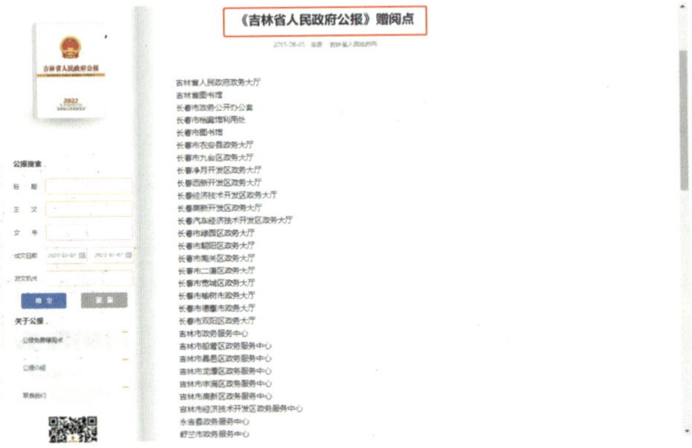
《吉林省人民政府公报》赠阅点

吉林省人民政府政务大厅
吉林省图书馆
长春市政务公开办公室
长春市档案馆利用处
长春市图书馆
长春市农安县政务大厅
长春市九台区政务大厅
长春净月开发区政务大厅
长春西新开发区政务大厅
长春经济技术开发区政务大厅
长春高新开发区政务大厅
长春汽车经济技术开发区政务大厅
长春市绿园区政务大厅
长春市朝阳区政务大厅
长春市南关区政务大厅
长春市二道区政务大厅
长春市宽城区政务大厅
长春市榆树市政务大厅
长春市德惠市政务大厅
长春市双阳区政务大厅
吉林市政务服务中心
吉林市船营区政务服务中心
吉林市昌邑区政务服务中心
吉林市龙潭区政务服务中心
吉林市丰满区政务服务中心
吉林市高新区政务服务中心
吉林市经济技术开发区政务服务中心
永吉县政务服务中心
舒兰市政务服务中心

吉林省政府公报赠阅点

图 4-4-9　吉林省政府公报赠阅点（扫码阅读）

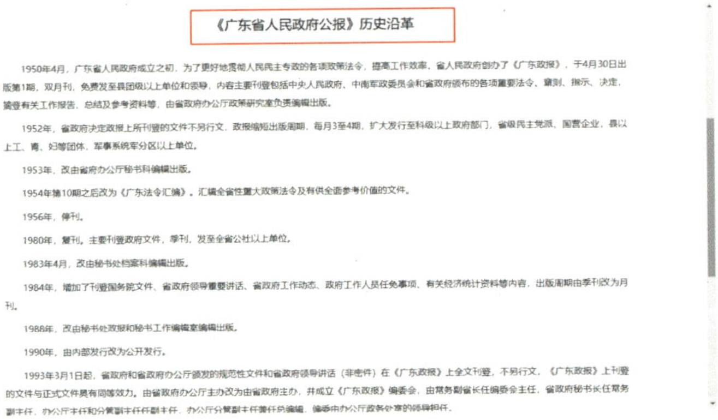
《广东省人民政府公报》历史沿革

1950年4月，广东省人民政府成立之初，为了更好地贯彻人民民主专政的各项政策法令，提高工作效率，省人民政府创办了《广东政报》，于4月30日出版第1期，双月刊，免费发至县团级以上单位和领导，内容主要刊登包括中央人民政府、中南军政委员会和省政府颁布的各项重要法令、章则、指示、决定，摘登有关工作报告、总结及参考资料等，由省政府办公厅政策研究室负责编辑出版。

1952年，省政府决定政报上所刊登的文件不另行文，政报缩短出版周期，每月3至4期，扩大发行至科级以上政府部门，省级民主党派、国营企业，县以上工、青、妇等团体，军事系统军分区以上单位。

1953年，改由省府办公厅秘书科编辑出版。

1954年第10期之后改为《广东法令汇编》。汇编全省性重大政策法令及有供全面参考价值的文件。

1956年，停刊。

1980年，复刊。主要刊登政府文件，季刊，发至全省公社以上单位。

1983年4月，改由秘书处档案科编辑出版。

1984年，增加了刊登国务院文件、省政府领导重要讲话、省政府工作动态、政府工作人员任免事项、有关经济统计资料等内容，出版周期由季刊改为月刊。

1988年，改由秘书处政报和秘书工作编辑室编辑出版。

1990年，由内部发行改为公开发行。

1993年3月1日起，省政府和省政府办公厅颁发的规范性文件和省政府领导讲话（非密件）在《广东政报》上全文刊登，不另行文，《广东政报》上刊登的文件与正式文件具有同等效力。由省政府办公厅主办改为由省政府主办，并成立《广东政报》编委会，由常务副省长任编委会主任，省政府秘书长任常务副主任，办公厅主任和分管副主任任副主任，办公厅分管副主任兼任总编辑，编委由办公厅政务处室的领导担任。

广东省政府公报历史沿革

图 4-4-10　广东省政府公报历史沿革（扫码阅读）

（5）在“应公开尽公开”的前提下，有条件的地方还可积极探索政府公报这一传统纸媒形式的变革之路。摆脱“把纸媒直接移植到 PC 端和移动端上”的固化思维，继续发挥传统纸媒的天然优势，扩大政府公报纸质版的赠阅范围；同时关注公众对政府公报的网上信息公开需求，借助“掌上公报”等新政务媒介，以互动公开的新思路孵化政府公报公开新模式。例如，福建省人民政府通过建设政府公报微信公众号，实现了公众随时随地查询公报，详见图 4-4-11。

福建省人民政府公报微信

图 4-4-11　福建省政府公报微信公众号（扫码阅读）

第五章 依申请公开专题

依申请公开是我国政府信息公开制度的重要组成部分，对推动我国政府治理体系和治理能力现代化建设、经济社会发展具有重大意义。但是，在实践中，依申请公开在制度层面尚有程序盲点，受理部门"自由裁量权"较大、办理流程不统一、答复混乱，在一定程度上制约了依申请公开制度功能的发挥。因此，本专题从依申请公开内涵、受理流程、常见问题处理等方面进行梳理。

一、内涵

《中华人民共和国政府信息公开条例》(国务院令第 711 号)(以下简称《条例》)第二十七条规定，除行政机关主动公开的政府信息外，公民、法人或者其他组织可以向地方各级人民政府、对外以自己名义履行行政管理职能的县级以上人民政府部门(含派出机构、内设机构)申请获取相关政府信息，即除主动公开信息、依法确定为国家秘密的政府信息、公开后可能会危及"三安全一稳定"(国家安全、公共安全、经济安全、社会稳定)的政府信息、涉及商业秘密和个人隐私等公开会对第三方合法权益造成损害的政府信息、行政机关内部事务信息和履行行政管理职能过程中形成的过程性信息以及行政执法案卷信息，其他信息均可申请获取。

根据《条例》第二条所指的政府信息，必须是已经制作、现实存在的信息，行政机关的信息公开义务仅在于提供已存在的记录，没有义务对信息另行收集、制作、加工，提供给申请人。

二、办理流程

根据《条例》及各地公开实践，依申请公开办理一般包括申请人申请、接收、登记、受理、审核、作出答复、送达、存档 8 个流程，部分申请办理还存在补正和征求第三方意见等流程，详见图 5-1-1。

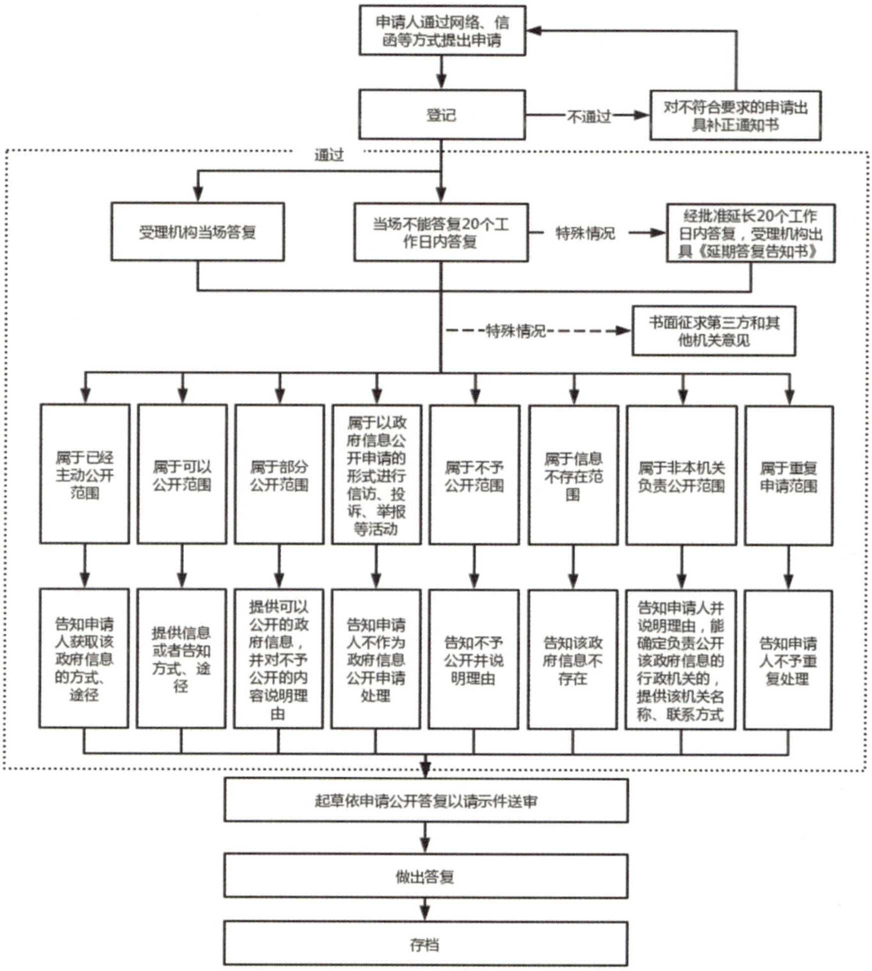

图 5-1-1　依申请办理流程

（一）申请人申请

政府信息公开申请流程主要从判断提出申请的行政机关对象、提出申请的步骤和注意事项两个方面来保障申请人申请获取政府信息。

1. 判断申请的行政机关对象

申请政府信息公开，首先要确定制作该信息的行政机关，各行政机关依据其行政管理职能制作相关政府信息，如公安部门制作治安管理类信息、自然资源部门制作土地征收类信息。因此，申请人可根据所需政府信息类型，向相应行政机关提出政府信息公开申请，行政机关具体职责可在相应政府网站查询。

2. 提出申请的步骤和注意事项

申请人向行政机关申请政府信息，可按以下三个步骤提出申请：第一步，访问该行政机关网站，仔细阅读“政府信息公开指南”，了解有关办理流程和注意事项。第二步，照“政府信息公开指南”相关规定，填写《政府信息公开申请表》，主要包括申请人的姓名或者名称、身份信息、联系方式；申请公开的政府信息的名称、文号或者其他特征描述，所需政府信息描述应尽可能准确、具体，以便行政机关精准查找；申请公开的政府信息的形式要求，包括获取信息的方式、途径。第三步，向该行政机关政府信息公开工作机构提交《政府信息公开申请表》和身份证明。采取邮政寄送方式提交申请的，应寄送至该行政机关的政府信息公开工作机构，可在信封标明“政府信息公开申请”字样，以防造成遗漏、延误。

（二）接收

1. 接收机构

各级行政机关的政府信息工作机构负责接本机关的政府信息公开申请。本机关其他内设机构或人员收到政府信息公开申请的，应及时转交给政府信息公开工作机构；信访部门收到申请人向本级政府提交信息公开申请的，应及时转交本级政府办公室（厅）政府信息公开工作机构。

2. 接收渠道

各级行政机关应当把“政府网站申请”“邮政寄送”“当面提交”作为政府信息公开申请的主要渠道。为进一步方便申请人，优化政府服务，各级行政机关还可拓展其他接收渠道。行政机关应当将本单位所开通的申请接收渠道及具体的使用注意事项，在《政府信息公开指南》中专门说明并向社会公布，并对已经专门说明并公告的申请接收渠道承担相应法律义务。行政机关没有按照上述要求专门说明并公告的，应当充分尊重申请人的选择，如申请人通过邮政以外的快递邮寄形式提交政府信息公开申请的，行政机关不可拒收。

3. 接收规范

针对不同接收渠道收到的政府信息公开申请，应按照如下规范予以办理。① 对申请人通过政府网站申请的，在申请人成功提交申请后，政府网站应提供电子回执或短信通知，告知申请人答复期限及查询索引。行政机关及政府信息公开工作机构应及时查收。② 申请人采取邮寄方式申请的，行政机关信件收发机构负责接收。对邮寄给政府信息公开工作机构的信件，政府信息公开工作机构应及时取件，信件收发机构与政府信息公开工作机构应做好交接登记。③ 对申请人当面提交申请的，行政机关应尽可能安排在配备监控记录设备的固定场所接收。接收人员应文明礼貌地接待申请人，在查验申请人身份信息后，接收申请人提交的申请。④ 对于委托申请的，应查验委托证明、委托人和受托人身份信息。申请人需要当场填写的，接收人员应提供政府信息公开申请表，指引申请人正确填写。

申请人采用书面形式确有困难的，接收人员代为填写，并由申请人确认。接收人员接收申请后，应出具回执，写明接收日期和答复期限。⑤ 对申请人采用其他已开通渠道提交申请的，政府信息公开工作机构也应及时接收，并予以确认。

（三）登记

1. 登记要素

政府信息公开工作机构收到信息公开申请后，应及时登记，详细记载申请的主要信息，包括申请人姓名（名称）、联系方式、接收日期、申请方式、申请内容、答复期限、送达方式等。

2. 期限计算

根据《条例》《国务院办公厅政府信息与政务公开办公室关于政府信息公开期限有关问题的解释》（国办公开办函〔2015〕207 号），期限计算规则如下：① 政府信息公开申请答复期限，自行政机关收到申请之日的次日起计算。② 申请人当面提交信息公开申请的，以提交之日为收到申请之日。③ 申请人以邮寄方式提交信息公开申请的，以行政机关签收之日为收到申请之日。申请人以平常信函等无须签收的邮寄方式提交政府信息公开申请的，政府信息公开工作机构应当于收到申请的当日与申请人确认，确认之日为收到申请之日，申请人未提供联系电话或提供的联系电话无法接通的，政府信息公开工作机构应当做好登记，自恢复与申请人的联络之日启动处理程序并起算期限。④ 申请人通过政府信息依申请公开在线平台、电子邮箱提交信息公开申请的，以平台、电子邮件系统接收之日为收到申请之日。⑤ 申请人通过行政机关的传真提交政府信息公开申请的，以传真收到并双方确认之日为收到申请之日。

（四）补正

当申请人提交的政府信息公开申请内容不明确、不完备或存在其他要素欠缺时，行政机关应当告知申请人作出更改、补充，进行补正。申请人无正当理由逾期不补正的，视为放弃申请，行政机关不再处理该政府信息公开申请。

（1）补正条件。符合以下四种条件之一时，行政机关应告知申请人作出补正：一是未能提供申请人的姓名或者名称、身份证明、联系方式；二是申请公开的政府信息的名称、文号或者其他特征性描述不明确或有歧义；三是申请公开的政府信息的形式要求不明确，包括未明确获取信息的方式、途径等；四是委托申请未能提供委托书、委托人及受托人证件信息的；五是申请人向行政机关申请公开涉及特定对象的政府信息，需要申请人提供相关利益证明的。

（2）补正告知。行政机关需要申请人补正的，自收到申请之日起 7 个工作日内一次性告知申请人作出补正，说明需要补正的事项和合理的补正期，答复期限自行政机关收到补正的申请之日起计算。补正告知应以书面告知为主，采用其他方式能达到补正效果的，应及时留存记录。

（五）受理

1. 判断是否属于依申请公开

对内容明确的申请，行政机关根据申请内容进一步确定是否作为政府信息公开申请处理。以下两种情况不作为依申请公开处理：

（1）不属于政府信息。申请公开的信息可以明确判断为不是《条例》第二条所指政府信息的，如党务信息。

（2）不作为政府信息公开申请处理。① 申请人以政府信息公开申请的形式进行信访、投诉、举报等活动，行政机关应当告知申请人不作为政府信息公开申请处理并可以告知通过相应渠道提出。② 法律、法规对政府信息公开的权限另有规定，如查询国家档案信息等。

2. 判断是否属于不予处理情形

针对重复申请、大量反复申请、申请公开出版物等情形的，不予处理：① 不予重复处理。行政机关已就申请人向同一行政机关提出的政府信息公开申请作出答复，申请人重复申请公开相同政府信息的，告知申请人不予重复处理；其他行政机关已作出答复，申请人向本机关提出申请的，应当予以处理。② 无正当理由大量反复申请。申请人申请公开政府信息的数量、频次明显超过合理范围，行政机关可以要求申请人说明理由。行政机关认为申请理由不合理的，告知申请人不予处理。③ 要求提供公开出版物。申请人提出的申请内容为要求行政机关提供政府公报、报刊、书籍等公开出版物的，行政机关可以告知获取途径。④ 补正后申请内容仍不明确。申请人补正政府信息申请后，申请内容仍不明确，并经进一步联系申请内容仍无法确定，行政机关可作出无法提供的事实判断。

3. 检索申请公开信息

对申请人所申请获取的政府信息，行政机关应当认真查找、检索，确认申请信息是否存在。

（1）经检索没有所申请公开信息。经检索查找，行政机关未制作、获取相关信息；已制作或获取相关信息，但由于超过保管期限、依法销毁、资料灭失等原因，行政机关客观上无法提供的，根据《条例》第三十六条第四项规定告知申请人“经检索该政府信息不存在”。

（2）本机关不掌握相关政府信息，不属于本机关公开职责。根据《条例》第三十六条第五项规定，申请公开的信息属于其他行政机关职责范围、本机关不掌握的，行政机关告知申请人并说明理由；能够确定负责公开该政府信息的行政机关的，告知申请人该行政机关的名称、联系方式。申请公开的信息已经主动公开的，可以便民告知申请人获取该信息的方式和途径。

行政机关职权发生变更的，由负责行使有关职权的行政机关承担相应政府信息的公开责任；行政机关职权划入党的工作机关的，如果党的工作机关对外加挂行政机关牌子，其对外以行政机关名义独立履行法定行政管理职能过程中形成的信息，适用《条例》。申请人向职权划出行政机关申请相关政府信息公开的，职权划出行政机关可在征求职权划入行政机关意见后作出相应处理，也可告知申请人向职权划入行政机关另行提出申请。

（3）没有现成信息需要另行制作。除能够作区分处理外，需要行政机关对现有政府信息进行加工、分析的，行政机关可以不予提供，也可以视加工分析难易情况予以区分提供。

4. 判断是否予以公开

行政机关对持有的申请公开的政府信息，依法决定是否予以公开。

（1）予以公开情形：① 所申请公开信息已经公开，根据《条例》第三十六条第一项规定，行政机关告知申请人获取方式和途径；也可以应申请人请求，直接提供该信息。② 所申请公开信息可以公开的，根据《条例》第三十六条第二项规定，行政机关向申请人作出书面决定并提供该政府信息；对近期内将主动公开的，告知申请人获取该政府信息的方式、途径和时间。

（2）不予公开情形：① 国家秘密类豁免。依法确定为国家秘密的政府信息不予公开。② 法律、行政法规禁止类豁免。法律、行政法规禁止公开的政府信息不予公开。③“三安全一稳定”类豁免。公开后可能危及国家安全、公共安全、经济安全、社会稳定的政府信息不予公开。④ 第三方合法权益保护类豁免。涉及商业秘密、个人隐私等公开会对第三方合法权益造成损害的政府信息不予公开。第三方同意公开，行政机关一般予以公开，或者第三方不同意公开，但行政机关认为不公开会对社会公共利益造成重大影响的，予以公开。⑤ 内部事务信息。行政机关的内部事务信息，包括人事管理、后勤管理、内部工作流程等方面的信息，可以不予公开。⑥ 过程性信息。行政机关在履行行政管理职能过程中形成的讨论记录、过程稿、磋商信函、请示报告等过程性信息，可以不予公开。法律、法规、规章规定应当公开的，从其规定。⑦ 行政执法案卷。行政执法案卷信息可以不予公开。法律、法规、规章规定应当公开的，从其规定。申请公开的信息中含有不应当公开的内容，但是能够作区分处理的，行政机关应当向申请人提供可以公开的政府信息内容，并对不予公开的内容说明理由。⑧ 行政查询事项。所申请公开信息属于工商、不动产登记资料等信息，有关法律、行政法规对信息的获取有特别规定的，告知申请人依照有关法律、行政法规的规定办理。

（六）征求第三方意见

行政机关认为申请公开的政府信息涉及商业秘密、个人隐私，公开后可能损害第三方合法权益的，应当书面征求第三方的意见，并书面告知申请人。第三方不同意公开或逾期不予答复，但行政机关认为不公开可能对公共利益造成重大影响的，可以决定予以公开，并将决定公开的政府信息内容和理由书面告知第三方。

行政机关征求第三方意见所需时间不计算在20个工作日的答复期限内。

（七）审核

政府信息公开工作机构对拟公开的政府信息进行审查，对拟答复意见进行审核，对相关部门单位提出的存在明显瑕疵的拟答复意见，政府信息公开工作机构应要求其说明理由或修改完善。

对于政府信息不予公开或不存在的答复，法制工作机构或法律顾问应当参与审核。

（八）作出答复

信息公开答复是正式的行政行为，一般应采取书面形式。行政机关应当严格按照新《条例》规定的方式作出答复。答复书应具备以下要素：标题、文号、申请人姓名（名称）、申请事实、法律依据、处理决定、申请人复议诉讼的权利和期限、答复主体、答复日期及印章。

如需延期答复的，应当经政府信息公开工作机构负责人同意，在20个工作日内书面告知申请人，延长的期限最长不得超过20个工作日。

（九）送达①

邮寄送达。采取邮寄方式送达的，行政机关应通过邮政企业送达，不得通过不具有国家公文寄递资格的其他快递企业送达。

电子送达。申请人要求电子邮件或政府网站在线答复的，行政机关应上传加盖印章的答复书扫描件或拍摄的彩色图片作为附件。

送达期限。采取直接送达、委托其他行政机关代为送达等方式送达的，以申请人及其法定代理人签收之日为期限计算时点。采取邮寄送达方式送达的，以交邮之日为期限计算时点。采用电子送达的，送达日期以网络系统发出之日为期限

① 《国务院办公厅政府信息与政务公开办公室关于政府信息公开处理决定送达问题的解释》（国办公开办函〔2016〕235号）。

计算时点。

（十）存档

（1）存档内容。存档材料包括政府信息公开申请表原件（含信封）、申请人证件及其他证明材料、申请人提供的其他材料、接收回执、补正告知书、第三方意见征询书、办理单、其他行政机关的协办意见、法律顾问咨询建议书、答复书及附件材料、邮寄单据（含挂号信凭证、挂号信回执单、EMS邮寄单等）及相关签收单据、文件查阅和借阅记录等材料。

存档方式。政府信息公开工作机构应当配置扫描仪等必要设备，将案卷材料制成电子档案，实现对案卷材料电子化保存，有条件的可在系统办理平台中设计电子化保存文档。对于纸质原件材料，应当按照日期和文号进行编号装卷，确保储存环境良好。

数据分析和运用。政府信息公开工作机构应定期汇总、统计政府信息依申请公开登记情况。有条件的可在依申请公开办理平台设置自动统计功能，加强依申请公开办理数据的分析和运用，促进法治政府建设。

三、常见问题处理[①]

（一）哪些行政机关承担政府信息依申请公开义务？

《条例》第二十七条规定，公民、法人或者其他组织可以向地方各级人民政府、对外以自己名义履行行政管理职能的县级以上人民政府部门（包括依照法律法规对外以自己名义履行行政管理职能的派出机构、内设机构，一般情况下，除办公厅（室）外，行政机关的其他内设机构，不能以自己的名义对外作出政府信息公开处理决定）申请获取相关政府信息。

后向东先生在《中华人民共和国政府信息公开条例（2019）理解与适用》一书中表示，确定政府信息公开义务主体范围时，需要把握行政性、外部性和独立性三个标准。行政性，是指作为政府信息公开义务主体的行政机关，应当是行政性的行政机关，而不包括立法机关和司法机关；外部性，是指作为政府信息公开义务主体的行政机关，应当是那些对外履行行政职责、其行为能够直接影响当事人权益的行政机关；独立性，是指作为信息公开义务主体的行政机关，应当是在组织上相对独立地履行职责的行政机关。

---

① 笔者推荐从业人员阅读《中华人民共和国政府信息公开条例（2019）理解与适用》《中华人民共和国政府信息公开条例（2019）百问百答》。

（二）行政机关依申请提供政府信息应当如何收费?

《条例》第四十二条规定,“行政机关依申请提供政府信息,不收取费用。但是,申请人申请公开政府信息的数量、频次明显超过合理范围的,行政机关可以收取信息处理费。”具体收费参照《政府信息公开信息处理费管理办法》要求可以按件计收,也可以按量计收,均按照超额累进方式计算收费金额。如果条件允许,尽量按照申请人要求的物理形态向其提供政府信息,但如果存在成本过高、可能损害政府信息原件等条件不具备或者不充分的现象,则可以采取其他适当的变通方式,例如申请的政府信息部分涉及已主动公开的,告知其获取途径,降低行政成本。

1. 按件计收

按件计收适用于所有政府信息公开申请处理决定类型。申请人的一份政府信息公开申请包含多项内容的,行政机关可以按照“一事一申请”原则,以合理的最小单位拆分计算件数。

按件计收执行下列收费标准:

(1) 同一申请人一个自然月内累计申请10件以下(含10件)的,不收费。

(2) 同一申请人一个自然月内累计申请11—30件(含30件)的部分:100元/件。

(3) 同一申请人一个自然月内累计申请31件以上的部分:以10件为一档,每增加一档,收费标准提高100元/件。

2. 按量计收

按量计收适用于申请人要求以提供纸质件、发送电子邮件、复制电子数据等方式获取政府信息的情形。相关政府信息已经主动对外公开,行政机关依据《条例》第三十六条第(一)项、第(二)项的规定[①],告知申请人获取方式、途径等的,不适用按量计收。按量计收以单件政府信息公开申请为单位分别计算页数(A4及以下幅面纸张的单面为1页),对同一申请人提交的多件政府信息公开申请不累加计算页数。

按量计收执行下列收费标准:

(1) 30页以下(含30页)的,不收费。

(2) 31—100页(含100页)的部分:10元/页。

(3) 101—200页(含200页)的部分:20元/页。

---

① 《中华人民共和国政府信息公开条例》(国务院令第711号)第三十六条第(一)项,“所申请公开信息已经主动公开的,告知申请人获取该政府信息的方式、途径”;第(二)项,“所申请公开信息可以公开的,向申请人提供该政府信息,或者告知申请人获取该政府信息的方式、途径和时间”。

(4) 201 页以上的部分:40 元/页。

(三)《中华人民共和国档案法(2020 修订)》(主席令第四十七号)施行后,政府信息依申请公开答复的新要求

根据《中华人民共和国档案法(2020 修订)》(主席令第四十七号)第十五条第二款规定:"提前将档案交档案馆保管的,在国家规定的移交期限届满前,该档案所涉及政府信息公开事项仍由原制作或者保存政府信息的单位办理。移交期限届满的,涉及政府信息公开事项的档案按照档案利用规定办理。"《中华人民共和国档案法实施办法(2017 修订)》第十三条第二款规定:"属于中央级和省级、设区的市级国家档案馆接收范围的档案,立档单位应当自档案形成之日起满 20 年即向有关的国家档案馆移交;属于县级国家档案馆接收范围的档案,立档单位应当自档案形成之日起满 10 年即向有关的县级国家档案馆移交。""档案形成之日"是指政府信息盖章落款日期。依申请公开的答复应区别对待,在移交期限届满之前的档案无论本机关保管或者档案馆保管,该档案所涉及政府信息公开事项仍由原制作或者保存政府信息的单位(确定政府信息公开属性:主动公开、依申请公开、不予公开)办理。对于期限届满移交的,涉及政府信息公开事项的档案按照档案利用规定办理。

(四)政府信息公开处理决定送达应该采用什么方式?

《国务院办公厅政府信息与政务公开办公室关于政府信息公开处理决定送达问题的解释》(国办公开办函〔2016〕235 号)明确三个方面基本内容:第一,行政机关作出的信息公开处理决定,是正式的国家公文,应当以权威、规范的方式依法送达申请人。参照有关法律规定,送达方式包括直接送达、委托其他行政机关代为送达和邮寄送达。第二,采取邮寄送达方式送达的,根据《中华人民共和国邮政法》第五十五条规定,以及我国国家公文邮寄送达实际做法,应当通过邮政企业送达,不得通过不具有国家公文寄递资格的其他快递企业送达。第三,采取邮寄送达方式送达的,行政机关可以依照《条例》及有关规定收取邮寄成本费用,但不得以要求申请人向邮政企业支付邮寄费的方式收取。

(五)公共企事业单位是否有责任处理信息公开申请?

《国务院办公厅关于印发〈公共企事业单位信息公开规定制定办法〉的通知》(国办发〔2020〕50 号)规定,"公共企事业单位信息公开的方式,以主动公开为主,原则上不采取依申请公开的方式。公共企事业单位信息公开规定对依申请公开作出规定的,应当明确办理期限、处理方式、监督救济渠道等内容,确保依申请公

开程序具备可操作性”。如湖北省生态环境厅办公室印发《湖北省生态环境领域公共企事业单位信息公开管理办法(暂行)》(鄂环办〔2022〕42 号)要求,公共企事业单位应当受理和处理向本单位提出的信息公开申请。

(六)涉及“三安全一稳定”条款的依申请信息应如何公开?

《条例》第十四条规定:公开后可能危及国家安全、公共安全、经济安全、社会稳定的政府信息,不予公开。行政机关若主张申请人申请公开的政府信息属于公开后可能危及国家安全、公共安全、经济安全、社会稳定的政府信息,应对公开后可能引发的不稳定后果进行科学的研判分析,经过专家论证或经有关部门出具风险评估报告,不公开的理由应当充分。

行政机关在审查判断信息是否可以公开时,应当严谨负责,准确把握保障公民知情权和维护社会稳定之间的关系。对含有部分公开后可能危及“三安全一稳定”的政府信息,依据《条例》第三十七条,对能够作区分处理的,向申请人提供可以公开的政府信息,并对不予公开的内容说明理由,在维护社会稳定的同时,最大限度地保障公民的知情权。